主控战略移动平均线

——透析平均线战法的完全攻略秘笈

(台湾)黄韦中　著

图书在版编目(CIP)数据

主控战略移动平均线：透析平均线战法的完全攻略秘笈 / 黄韦中著. —2 版.
—北京：地震出版社，2012.9

ISBN 978-7-5028-3905-5

Ⅰ.①主… Ⅱ.①黄… Ⅲ.①股票投资－基本知识 Ⅳ.①F830.91

中国版本图书馆 CIP 数据核字(2011)第 172422 号

地震版 XM2377

著作权合同登记 图字:01-2012-3328
繁体字原版作者：黄韦中

主控战略移动平均线

——透析平均线战法的完全攻略秘笈

(台湾)黄韦中 著

责任编辑：刘素剑

责任校对：庞娅萍

出版发行：地震出版社

北京民族学院南路 9 号　　邮编：100081

发行部：68423031 68467993　　传真：88421706

门市部：68467991　　传真：68467991

总编室：68462709 68423029　　传真：68455221

http://www.dzpress.com.cn

E-mail:zqbj68426052@163.com

经销：全国各地新华书店

印刷：三河市鑫利来印装有限公司

版(印)次：2012 年 9 月第二版 2012 年 9 月第一次印刷

开本：787×1092 1/16

字数：235 千字

印张：15.25

印数：0001～6000

书号：ISBN 978-7-5028-3905-5/F(4576)

定价：39.80 元

序

站在巨人的肩膀上

在科学的领域中，我们都认识牛顿、爱因斯坦这些伟大的科学家，对于他们提出的万有引力定律和相对论，也都不陌生。但是牛顿却曾经说过一句话：“我不过是站在巨人的肩膀上。”因为没有前人的筚路蓝缕，对科学研究的付出与执着，就无法堆砌目前的成就，就算是以前的科学理论是偏颇的、错误的，但仍可以带给我们警惕，并减少再犯相同错误的机会。

虽然我不是牛顿或是爱因斯坦，但是我很幸运的是，在研究技术分析的路上，可以站在许多巨人的肩膀上。我不否认一开始研究技术分析是懵懂的，甚至方向是偏颇的，但也因为有这一段青涩的岁月，才能有反思的空间与自省的能力。

我最感谢的还是李进财教授和谢佳颖老师，有两位恩师的肩膀让我依靠、让我伫立，我也才有机会在技术分析这一条路上学到正确的观念，而能够看得更远，思考得更深入。个人并不期待“主控战略”系列的技术分析书籍——包含这一本关于移动平均线的讨论，能成为各位读者朋友的肩膀，但是至少是各位的垫脚石，只要能将基础垫好，再爬到巨人的肩膀上就会容易许多了。

当然，在研究技术分析的路上，仍有不少可靠的肩膀，读友们的鼓励与鞭策，内人无条件的支持都是促使个人可以前进的动力。这一本书可以顺利完成，也要感谢大陆股票软件设计公司博庭信息授权使用“奇狐胜券”股票分析软件中的图形，更感谢台湾代理商简爱洋行的一休兄无条件提供软件的免费试用。文中描述若有疏漏之处，也请各位朋友不吝提出指正，谢谢大家。

关于书中有任何论述不足或是针对书中内容有所疑惑的部分，欢迎驾临笔者所架设的网站共同讨论，依照惯例，本书仍然会为本书读者开设一个专属讨论区，请在本站免费注册取得会员资格之后，e-mail 给我说明是本书读者(不需任何证明)，就可以取得进入该专区的权限，谢谢大家支持。

网站名称：阿民的网站

网站网址：http://h870500.ez-88.com

黄韦中(阿民)

目 录

第一章

移动平均线的基础

说起来，在不少的股民认知上，移动平均线是一个平淡而无味的技术指标。

殊不知简单平凡中，才能够看见其不平凡之处，许多在金融市场的前辈不断地告诫我们，如果能真正认识股价波动的意涵，就算是平凡易见的技术指标，也能够带给我们操作上丰厚的利润，而移动平均线正是这样一个指标。

在还没有开始进入有关移动平均线的任何讨论之前，我必须强调，任何金融市场商品的操作，首重趋势，而趋势是由 K 线组合而成的，因此认识趋势与 K 线的种种组合变化，是投资朋友学习技术分析的基础课程。有了这些基础，就可以很容易地切入不同指标的研判，而关于趋势、K 线等等基础的观念，已经在拙作：《主控战略 K 线》、《主控战略开盘法》这两本书中作过介绍。书中曾经介绍过的专有名词，在本书举例说明的过程中会不断的出现，这里不再针对名词定义等相关问题重复叙述。

“登高必自卑，行远必自迩”。没有良好的基石无法建构出美丽的殿堂，因此移动平均线的基本原理、特性与基本运用法则，将在这一个单元作简单的说明。

第一节 计算原理

移动平均线(MA，Moving Average)是指在固定时间周期内，表示其平均变动价格的技术指标。它的原理是利用统计学中对数字描述的一种技术，此观念由李察•唐奇所证明，以“平均数”代表对该数字群的资料描述。这样的优点是代表的数字仅有一个，且群组中每一个数字都被采样；缺点是少数特别大或特别小的数值影响其整体的代表性。

利用这样的方法来计算某种金融商品在固定周期的“变动平均成本”，可以避免人为短线的作价，也正因为如此，可以明确地找出固定周期中股价趋势的变动方向。同时利用移动平均线的观念，并可变换多种不同敏感度的技术指标，如乖离率(BIAS)、双乖离值(DMA)及MACD指标等等。

所谓的变动平均成本，请看图1-1所示，标示A的地方其5日平均价为16.80元，代表相对于X范围的平均成本，也就是在A处买进的人其平均成本视为16.80元，而标示标示B的地方其5日平均价为17.04元，代表相对于Y范围的平均成本，也就是在B处买进的人其平均成本视为17.04元。

从图中观察，在B处进场的人相对于在A处进场的人，其平均成本要高出17.04－16.80＝0.24元的成本。从这里就可以看出其“变动”的趋势是“向上调整”，也就是说投资人愿意花费较高的成本买进该档股票，因此视为买气不减，股价也会持续向上调整。同样的道理，标示C的地方其5日平均价为17.32元，前一日比较其变动成本增加了：17.32－17.04＝0.28元，亦即股价仍然向上变动，也就是此时处于一个上升的行情。

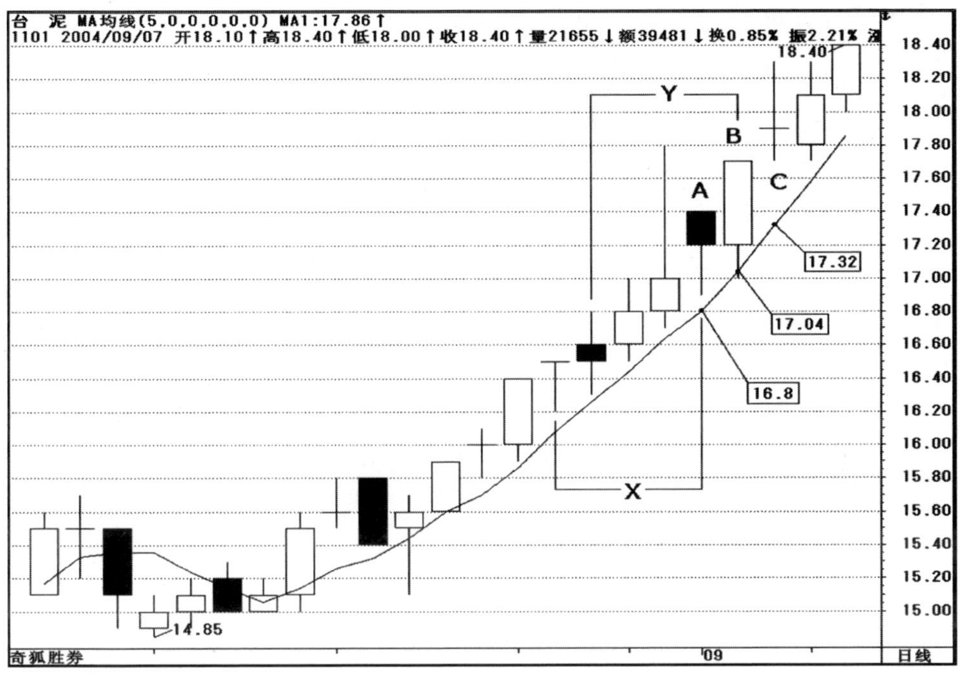

图 1-1 台泥股票在 2004 年 9 月 7 日时，股价与均线位置图

图 1-1 所采用的移动平均线，是利用最简单的算数平均取出 5 日的平均成本，其实移动平均线的算法颇多，因此在了解移动平均线的使用方法之前，先来认识众多移动平均线的计算方法，一一讨论如下：

算术式平均数

(Simple Mathmatic Moving Average)

算术式是最常用的移动平均线算法，一般股票分析软件都会附上该指标，在网络上许多免费的线图也会附加该指标，是运用最广泛的技术指标之一，其公式如下：

$$MA=\frac{C_1+C_2+\cdots\cdots+C_n}{N}$$

上式 C_l 为当日收盘价，C_n 为最后一天（n 日前）的收盘价；MA 称为 n 日移动平均数，如果计算的是 5 日平均成本，那么 $n=5$，我们习惯称为 5MA。以下举例说明。

编号	收盘价	5日总合值	5日平均值	变动成本	均线趋势
第1天	28.9				
第2天	27.9				
第3天	28.8				
第4天	30.8				
第5天	30.3	146.7	29.34		
第6天	30.5	148.3	29.66	0.32	↑
第7天	29.9	150.3	30.06	0.4	↑
第8天	30.6	152.1	30.42	0.36	↑
第9天	29.5	150.8	30.16	−0.26	↓
…	…	…	…	…	…

以相同的方法就可以计算出不同周期的移动平均线，图1-2是将5天、10天、21天为周期计算出来的移动平均线数值，将它以连续线条的方式画在K线图上，以方便使用者观察指标与股价之间的联动关系。关于周期设定及基本使用技巧，留待以后章节再继续探讨。

当然所有公式的收盘价 C 可以用其他数字取代，比如说最高价 H 或是最低价 L，也可以用需求值 $(H+L+C\times2)\div4$ 来取代，完全由设计者自行决定，当然设计过程需要合理，是否具有实战功能尚需验证。

图 1–2　台股加权 K 线图与 *MA* 指标的图例

线性加权式移动平均数

(Linear Weighted Moving Average)

本公式算法是根据不同的位置赋予不同的比例，意思是所占比例越重的位置，影响整体的因子就会越大。

公式如下：

$$LWMA=\frac{C_1\times 1+C_2\times 2+C_3\times 3+\cdots+C_n\times N}{1+2+3+\cdots+N}$$

式中，C_l 为当日收盘价，C_n 为最后一天（n 日前）的收盘价，那么从公式可以得知短期的变化所占的比例较小，对于长期影响力依序递减，这样可以求取相对稳定性，不致于使短期变化影响整体性，缺点是周期的设定颇令使用者费思量，因为周期设定太长的时候，离目前股价越远的收盘价反而影响最重，这样显然不尽合理，故这一个指标的周期设定建议不宜过长，且最好针对股价波动的特性来决定 N 的参数值。

图 1-3 是利用上述公式，计算出 5 日线性加权式移动平均线的图例，各位读者可以与图 1-4 利用算术平均式求得的 5*MA* 互相比较，很清楚，在指标走势与股价对指标的相互关系上，有着明显的差异。使用者可以依据自己的需求，变化出不同周期的指标数据，提供操作时的参考。

当然我们也可以将比例数据改变，比如说加重倍数：

图 1-3 台股加权 K 线图与 5 日 *LWMA* 指标的图例

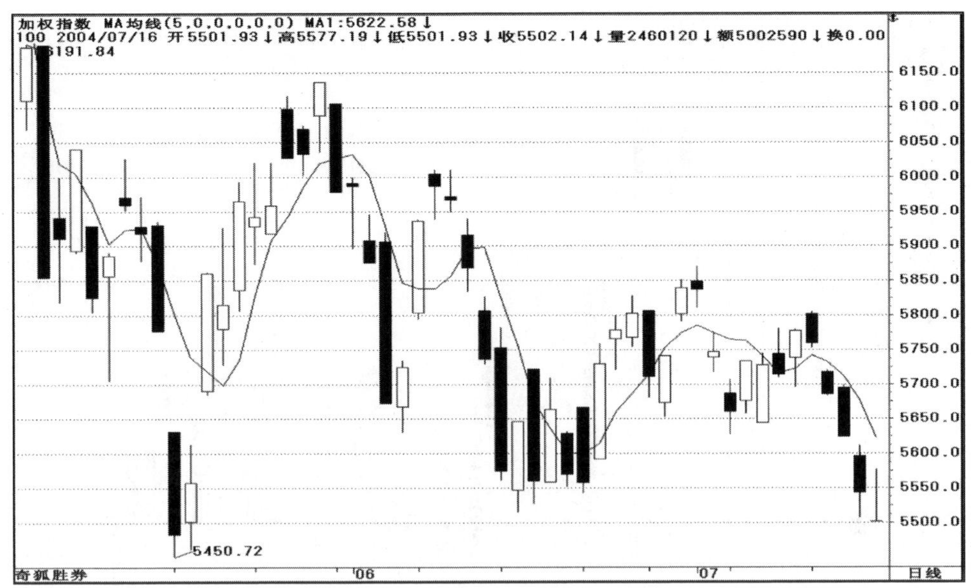

图 1-4　台股加权 K 线图与 5 日 *MA* 指标图

$$LWMA=\frac{C_1\times 1+C_2\times 2+C_3\times 3+\cdots+C_n\times N}{1+2+3+\cdots+N}$$

或者是将权数加重的范围颠倒过来，变成近期收盘价所占比例的较重，请看图 2-5，公式如下：

$$LWMA=\frac{C_1\times N+C_2\times (N-1)+C_3\times (N-2)+\cdots+C_n\times 1}{1+2+3+\cdots+N}$$

除此之外，还有其他不同的加权方式，列举如后。

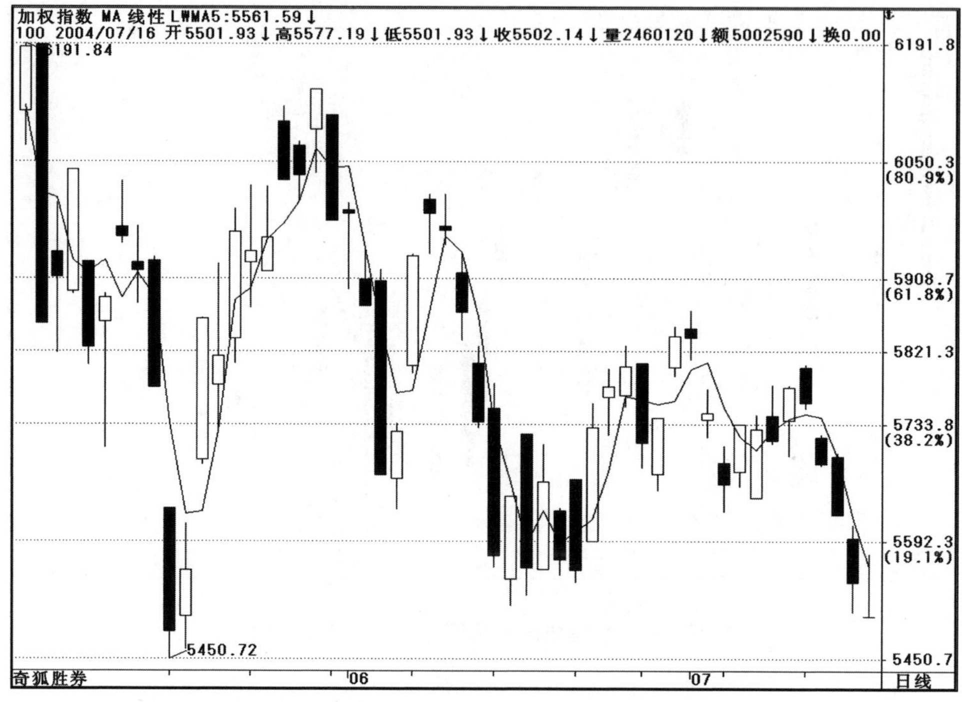

图 1-5　台股加权 K 线图与 5 日 *LWMA* 指标图

阶梯加权式移动平均数

(Step Weighted Moving Average)

$$SWMA=\frac{(C_1+C_2)\times 1+(C_2+C_3)\times 2+\cdots+(C_{n-1}+C_n)\times(N-1)}{2\times 1+2\times 2+2\times 3+\cdots+2\times(N-1)}$$

平方系数加权移动平均数

(Square Factor Weighted Moving Average)

$$SFWMA=\frac{C_1\times 1+C_2\times 4+C_3\times 9\cdots+C_n\times N^2}{1^2+2^2+3^2+\cdots+N^2}$$

指数平滑移动平均数 (Exponentail Smoothing Moving Average)

这一公式是除算术式平均数之外，运用最广泛的计算式之一。它是依据统计学中对于每一个不同的数字之间的差异性而有加重最后数的权位概念。

正常而言，近期的收盘价位容易影响现阶段的操作情绪与操作策略，而离现阶段比较远的收盘价位影响就会降低，如果不计较一个周期中某一日的收盘对于未来的影响力似乎不太合理，因此，加重最近几日收盘对于第二日的影响力的加权式平均数是合理的。

其公式为：

$$N\text{日}\ EMA=\frac{C\times 2+EMA[1]\times(N-1)}{(N+1)}$$

其中，$EMA[1]$指的是昨日的 EMA 值。

假设要计算 5 日 EMA，从初始日（一般是股票第一天上市的日期）开始，并没有昨日 EMA 值可以运用，所以要先算出 $5MA$，也就是上市第 5 天只算出 5 日算数式平均值，到第 6 天的时候，才可以算 5 日 EMA 值。此时：

$$5EMA=\frac{\text{第 6 天收盘}\times 2+\text{昨日算出的 }5MA\text{ 值}\times 4}{6}$$

而以后的 EMA 值，就把每天的收盘价代入：

$$5EMA=\frac{C\times 2+5EMA[1]\times 4}{6}$$

同样的道理，要计算不同周期的 *EMA* 值，就依循上述的模式，而常用的 *MACD* 指标就是运用 26*EMA* 和 13*EMA* 这两条指标线去演化出来的指标。

改良式指数移动平均线

(Modified Exponential Moving Average)

算术式移动平均线因为没有加重权值计算，在短周期的移动平均线尚可以反映目前股价的波动，当时间周期拉长，会使移动平均线的敏锐度降低，有时候股价产生剧烈的波动，算术式移动平均线却变化不大，导致参考性降低。

而 EMA 因为会考虑到所有收盘价的影响性，并将最后一日给予加权计算，使得近期收盘价影响整体的程度提高。当出现剧烈波动时，较能实际反应现实的状况，同时也因为敏锐度增加，短期与长期指标之间的误差减少，导致部分时间较算术式移动平均线出现较多的假突破信号，或是提早买卖的信号。

而 MEMA 正好在这两者之间取的一个平衡，可以比算术式移动平均线平滑，但是不至于有因为权重比例过高，导致一些假突破信号，同时也可以比较明确地反应趋势的走向。它的公式是：

$$N\text{日 } MEMA=\frac{C\times 1+MEMA[1]\times(N-1)}{N}$$

其中，*MEMA*[1]指的是昨日的 *MEMA* 值。我们常见的 *KD* 指标和平滑式 *RSI* 指标，就是利用上述公式计算出来的。

我们尝试将三条 21*MA*、21*EMA* 和 21*MEMA* 放在一起来相互比较。请看图 1-6，发现 21*MEMA* 这一条指标线相对平滑，同时从 7135 最高点到最低的 5255 这一段走势中，可以很明确地发现在画圈圈之处，股价多少对 21*MA*、21*EMA* 出现突破的现象。但是 21*MEMA* 却没有突破，并维持一个向下的走势，在这里很显然可以看出 *MEMA* 较具有趋势性。但是不可讳言，它的反应嫌慢了一些，对于一些短线操作者而言可能就不太适合。

其他关于 *EMA* 和 *MEMA* 的深入研判，只能请读者们有兴趣自行钻研，本书仍然以算数式移动平均线为讨论主轴。

图 1-6　三种移动平均线的比较图

多空指标线

一般进出量不大的散户投资人，比较追求短期的获利，对于着重长期操作策略并不感到兴趣，又利用短期移动平均线却太过于敏感，故有修正这些缺失的必要。

一种指标有其优点亦有其缺点，平均线能够表示股价

“趋势”的方向，所以愈长期的平均线越安定，不轻易上下震荡，要等股价涨势真正明朗才向上延伸，而安定的另一种意义就是短线操作会有延迟的现象。又如果采用短、中、长期不同均线交叉所得到的研判方式，容易产生茫然不知所从的误判，为了修正这样的缺失并让指标具有短、中、长期指标的特性，就将短中、长、长期的不同周期均线，予以平滑计算，因此“多空指标”就应运而生。

一般的公式是至少将三条以上分别代表短、中、长期的移动平均线相加除以三，当成波段参考点，但是这三条的差异不宜过大。假设短期移动平均线以 *SMA* 代表，中期移动平均线以 *MMA* 代表，长期移动平均线以 *LMA* 为代表，那么笔者建议以 $SMA\times2\leqslant MMA\leqslant SMA\times4$、$SMA\times4\leqslant LMA\leqslant SMA\times6$ 这两个式子为决定参数的参考。

比如说我们用 5*MA* 代表短期移动平均线，则中期移动平均线(*MMA*)合理应该在 $10MA\leqslant MMA\leqslant20MA$ 这一个范围，而长期移动平均线(*LMA*)合理应该在 $20MA\leqslant LMA\leqslant30MA$ 这一个范围。而在取值时，中期与长期最好也有比例关系，不宜太过于靠近。

因此，

良好的多空指标设计：

$(5MA+10MA+20MA)\div3$ 或 $(5MA+15MA+30MA)\div3$

不理想的多空指标设计：

$(5MA+15MA+20MA)\div3$ 或 $(5MA+20MA+30MA)\div3$

当然我们也可以让指标线更平滑一些，用更长的周期来计算，比如说：$(30MA+60MA+120MA)\div3$，除此之外，也有投资人采用 3 条以上的移动平均线来平滑计算的，如 $(10MA+20MA+30MA+40MA)\div4$，但是不管用几条线下去平均，必须合乎数学的逻辑，至少比例要相等或者近似，不能自由心证。

也有投资人在计算移动平均线时就先做了变化，如先计算需求值＝(C×2＋H＋L)÷4，再由需求值计算不同周期的移动平均线，也有将最高价或是最低价求移动平均线后再给于平滑计算的。但是无论如何设计，这些公式必须经过长期验证，而且必须依循数学逻辑，运用上与一般移动平均线的观念大致相同，除非在设计指标时已经清楚其目的为何，自然可以加入其他研判的参考准则。

在图 1-7 中展示的多空 1 是采用(5MA＋10MA＋20MA)÷3 这一条式子，多空 2 是采用(60MA＋120MA＋240MA)÷3 这一条式子，从图形中可以清楚地发现多空 1 的走势与股价波动相当吻合，并可以粗略地标示出简单的 ABC 浪潮走势，而多空 2 正好点出了反弹高点的压力所在。

图 1-7　两条不同公式的多空指标线

请看图 1-8。

多空 1 指标线＝(30MA＋60MA＋120MA)÷3

多空 2 指标线＝(34MA＋55MA＋144MA)÷3

两者的差异在于均线的取舍，多空 2 指标是采用在多空 1 指标相对应数字附近的费波那奇数字来计算的。从图形中可以发现，在标示 A、B、C 三处所呈现的技术现象，多空 2 与实际走势的对应程度较佳，但是就实战角度而言，并不影响我们做研判，所以不必受使用参数的迷惑。当然要使用比较贴切的参数并不反对，只是要特别注意研判方法是否正确，以避免未来走势出现不同形态对应时，反而出现研判上的误导或是错判。

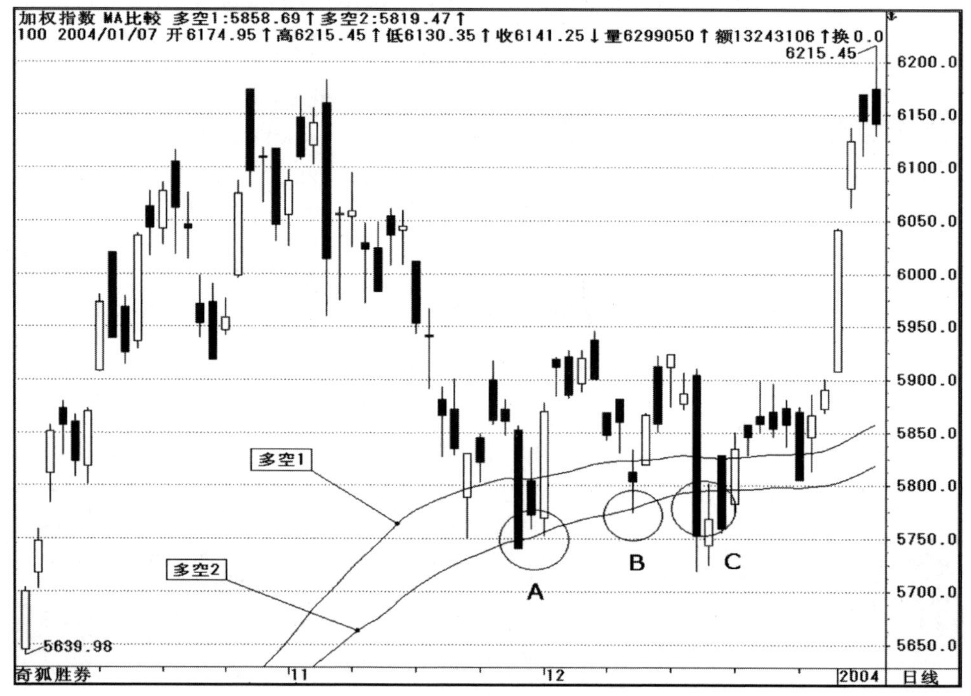

图 1–8 指标线的用法不能脱离 K 线的研判范畴

请看图 1-9。部分技术分析研究者会改变一些参数设定上的小技巧，使指标走势相符，但是数字点位略有差异。

多空 1 指标线＝(5MA＋10MA＋20MA)÷3，直接用 C 计算。

多空 2 指标线＝(5MA＋10MA＋20MA)÷3，其中 5MA 用每

日高价计算，20*MA* 用每日低价计算。

我们可以发现，多空 2 计算分考虑到最高价和最低价，因此比较起来似乎比较贴近股价变化，但是在实战运用上的差异并不明显，投资人可以自行决定是否采用。

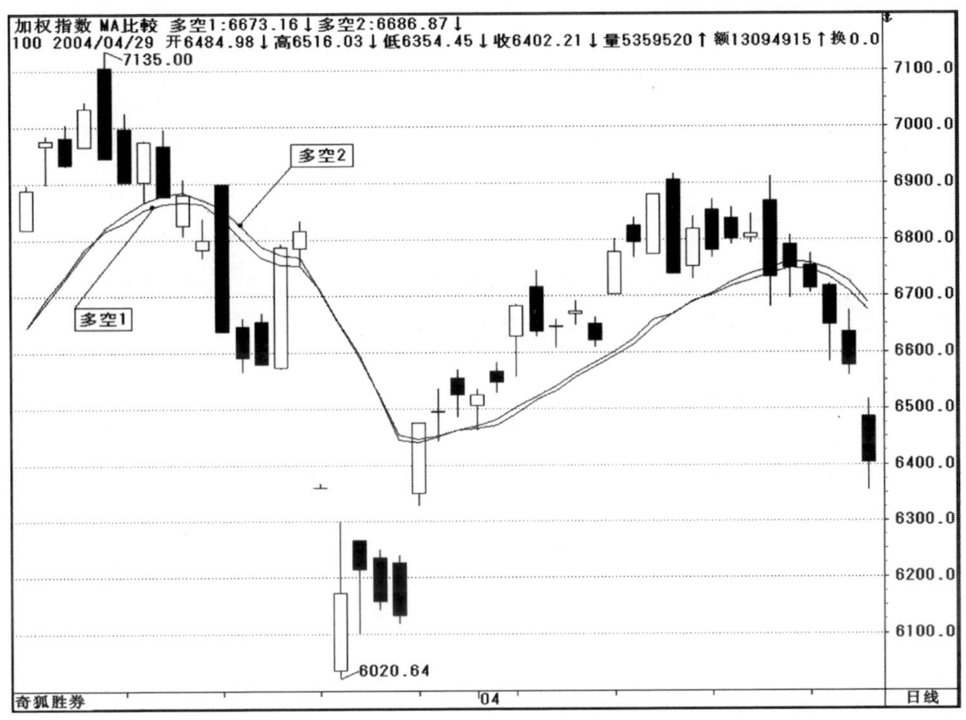

图 1-9　多空指标的细微修正，对整体而言影响不大

第二节　移动平均线的特性

根据统计与实证的结果，移动平均线可归纳出四大基本特性，分别是趋势的特性、稳重安定的特性、助涨的特性和助跌的特性，现说明如下：

趋势的特性

移动平均线能够表示出股价变动的趋势，比如说，移动平均线始终维持往右上方移动，而且股价维持在移动平均线上方，表示趋势为“多头格局”，又可以称为正乖离走势。此时纵使股价滑落到移动平均线下方，因为移动平均线的方向没有改变，故移动平均线将出现支撑的作用，在支撑成立的背景下，仍可以提供投资人做出适当的方向研判。

如果移动平均线始终维持往右下方移动，而且股价维持在移动平均线下方，表示趋势为“空头格局”。又可以称为负乖离走势。此时纵使股价反弹到移动平均线上方，因为移动平均线的方向没有改变，故移动平均线将出现压力的作用。

我们可以从图 1-10 中明显看出股价的趋势。图形中采用 65*MA* 为参考移动平均线，股价稳定地随着该均线的上下起伏而波动着。当 65*MA* 向上时，股价也呈现向上的涨势，反之亦然，这就是均线趋势的特性。

图 1-10　均线趋势的特性

稳重、安定的特性

移动平均线不像收盘价线，受一日行情影响，会忽起忽落地上下震荡，由于平均线已经经过计算平滑，会呈现比较平稳的走势。

如果将短期移动平均线与长期移动平均线比较，可发现，越长期的移动平均线因为采用的收盘价样本较多，经过计算后其平滑程度较高，上下起伏的程度变化越小，所代表的安定特性就越佳。

由于越长期的平均线越不容易忽上忽下震荡，必须等到股价走势真正明朗，平均线才会开始调整。当移动平均线维持向上移动，股价处于多头开始回档初期，平均线尚无明显反应，等到股价回跌显著时，移动平均线才开始往下移动，此为平均线最大的特色。

愈短期的移动平均线，安定性愈差；愈长期的移动平均线，安定性愈强。因此，平均线有“延迟”与“落后”反应的特性。而“落后反应”正是在某一个区间内，尤其是盘整格局中，减少交易次数的不二法门。

请看图 1-11，短期的移动平均线上下波动的次数越频繁，长期的移动平均线则越平滑、稳定，提供的买卖次数也比较少，投资人可以根据股性或是个人操作习惯，调整自己适用的参数，也可以长短期互相搭配，找到有效的狙击攻击点。

助涨的特性

当股价从移动平均线下方向上突破后，平均线也开始向右上方移动，平均线转变成多头支撑线，如果此时股价再度回档至平均线附近，便产生支撑，此为短线买进时机，平均线在这里的定位为助涨作用。

当股价上涨趋势变缓慢或是开始回跌，移动平均线也从上升开始往右减速移动，也就是上涨的速度减慢，甚至走

图 1-11　均线稳重安定的特性

平，当股价再度与平均线接触时，平均线便失去助涨效果，股价可能将重返平均线下方，故此时不需急于买进。

在图 1-12 中，我们以 21*MA* 和 65*MA* 相互搭配来说明，当 65*MA* 向上时（如标示 A），称为中线助涨力道，那么股价再回测均线时会呈现支撑，只要短线出现多头转强，则股价将会持续上涨。

在标示 B 和标示 D 均属于股价回测 65*MA* 之后，再度使 21*MA* 转强向上的走势，也就是说，逢中期支撑后出现短期趋势上涨，为多头中的多头行情。

而在标示 C 的位置则是短期趋势走跌，长期趋势走扬，所以只是多头中的空头，当遇到中线支撑后，因为中线助涨力道的帮助，仍然可以恢复成多头走势。

图 1-12　均线助涨的特性

助跌的特性

当股价从移动平均线上方向下跌破后，平均线也开始向右下方移动，平均线转变成空头压力线，如果此时股价再度回升至平均线附近，便产生压力，此为短线卖出时机，平均线在这里的定位为助跌作用。

当股价下跌趋势变缓慢或是开始回升，移动平均线也从下降开始往右减速移动，也就是下跌的速度减慢，甚至走平，当股价再度与平均线接触时，平均线便失去助跌效果，股价可能将重返平均线上方，故此时不需急于卖出或放空。

在图 1-13 中，我们以 21*MA* 和 65*MA* 相互搭配来说明，当 65*MA* 向下时(如标示 A)，称为中线助跌力道，那么股价再反弹测试均线时会呈现压力，只要短线出现空头转强，则股

图 1-13 均线助跌的特性

价将会持续下跌。

在标示 B 和标示 D 均属于股价反弹测试 65*MA* 之后，再度使 21*MA* 转弱向下的走势，也就是说逢中期压力后出现短期趋势下跌，为空头中的空头行情。

而在标示 C 和标示 E 的位置则是短期趋势走扬，长期趋势走跌，所以只是空头中的多头，当遇到中线压力后，因为中线助跌力道的帮助，仍然可以恢复成空头走势。

第三节 移动平均线的周期分类与时间共振

由于移动平均线有“多空排列”、“短长线交叉”与“延迟落后”等买卖信号特性，但是如何决定最适当的平均线周期颇令人为难，尤其是在不同涨跌“基期”的类股，更不易求得最佳组合。

一般技术分析指标如 KD、MACD 之类，并不建议更动原始参数，而移动平均线虽然可以根据每档股票股性之不同而加以更改，但是在设定时也要注意短、中、长期参数的合理性，以达到相互搭配、辅助的效果，不能自由心证。

在逻辑上，已经在上一节中建议采用以下法则来定位：

$$SMA\times2\leqslant MMA\leqslant SMA\times4，SMA\times4\leqslant LMA\leqslant SMA\times6$$

其中，*SMA* 是短期移动平均线；*MMA* 是中期移动平均线；*LMA* 是长期移动平均线。其中这些移动平均线也最好具有等比例放大的关系存在。

台湾目前一般是采 5 日、10 日、20 日、60 日、120 日及 240 日的周期，60 日为季线，120 日为半年线，240 日为年线。笔者习惯上采用 5 日、10 日、21 日、65 日、130 日、260 日的这一组参数。国内因为散户众多，与国外经纪人制度有别，所以采用比国外还短的周期操作股票。如美国和香港地区技术分析人员惯用 10 日、20 日、30 日做为短中期投资参考。在美国，长期投资，尤以期货市场大都采用 200 日，这也是葛兰碧最推崇的一条均线。

台湾股市过去一周交易日有 6 日，所以短期参数的取用以 6 日、12 日、24 日的周期为主，现在因为改成一周交易日只有 5 日，除了可以用交易日设计周期，也可以依个人习惯调整，要保留旧有参数来运用也行。其中以 5 日为取样的区间，是指一周 5 个营业日，代表一周的平均成本。10 日的移动平均线是代表两周，此两者皆能确实反映短期股价平均成本变动的趋势，故可做为短线进出的依据。而 20 日或 21 日的移动平均线则代表一个月，基本搭配的组合以这一组为参考。

中期交易组合可以采用 21 日、42 日、65 日的组合，也有人采用 20 日、40 日、60 日或 24 日、48 日、72 日的组合，其中 65 日的周期称为季线，又称“法人线”，意思是法人多空参考多以该线为原则。由于季线对“波段”的有效性极高，尤其在股市尚未十分明朗前，能够预先显示股价未来变动可能性的方向，而周期越长的移动平均线对于股价之支撑或压力之力道越大，在与浪潮搭配研判时，季线更扮演相当重要的角色。

长期交易的均线组合，可以参考 65 日、130 日、260 日的组合，或 60 日、120 日、240 日与 72 日、144 日、288 日的组合。欧美股市技术分析所采用的长期移动平均线，多以 200 日为准。因为经过美国投资专家葛蓝碧研究与试验移动平均线系统后，认为 200 日移动平均线最具代表性。在国内则是公司派操盘人、主力作手、投信基金为市场的主导，操作股票时参考的依据除了 K 线、浪潮之外，由于采波段操作，进出数量比较大，投资操作期长，所以更必须要了解年平均成本变动情形，故参考 200 日的长期移动平均线不在少数。但是台湾地区由于周转率过高，一般行情在 65 日(季线)均线下，且季线仍维持下降走势，就可以视为“空头市场”。反之则为“多头市场”。

另外，在市场上有不少人喜欢以 10 年均线和 20 年均线作为超长期的研判依据，因为需要用到这两条均线的几率不高，加上筹码稀释的效应，所以通常是因为市场中过度解读，而造成心理的影响居多，实际上的参考意义已经不大。也就是说，我们利用近期股价变化，经过计算或是乖离法则研判，一样可以掌握高档出现的止涨行为，那么就没有必要把这种时间周期久远的均线抬出来去作 K 线图说明，因为这种研判是缓不济急的，且有猜谜的味道，不如直接以最近的走势推估，反而可以得到比较贴切的答案。

在图 1-14 中我们用了 2600*MA*(相当于十年线)作为说明的参考，在台湾加权指数涨升到 6484 点之后，也就是标示 A

的地方，股价正巧呈现止涨，然后出现强势回档的空头走势。如果我们依样画葫芦，在标示 B 的地方卖出持股(约 6500 点)，显然会错失将近 650 点的空间，万一当时采取的是指数放空，那么还有被轧空的危机。其实利用浪潮很容易就可以推测到相当接近实际高点的相对满足点，所以利用这么长期的移动平均线来观测，有时候会失去参考性，甚至产生研判点的迷思。

图 1-14 长期均线的迷思

时间周期与时间共振的概念

虽然我们已经谈过了关于移动平均线周期的设定，那么该如何去运用这些不同的周期去研判股价的买卖信号呢？一部分的重点我们留待后面的章节再来说明，这里着重在时间周期与均线的搭配运用上加以说明。

如果我们仔细观察股价的波动，将会发现股价造成的谷底与谷底、谷峰与谷峰之间，其时间间隔隐约出现一些规则。一般来说，较不显著的谷峰或谷底会比较接近，较显著的谷峰或谷底间隔会比较远，介于谷峰或谷底间具有规则的时间常被称为“股市的循环周期”。习惯上我们都采用谷底来观察，因此股市的循环周期也被称为“低点周期”。

研究这些股价波动周期需要相当的耐心与时间，如果要找出许多不同股票的周期共通性，所耗费的精力恐怕不符合投资报酬率。所以这里利用移动平均线的基本概念，提出简单的运用法门，让股价自动调整去释放它该有的周期。而操作者只要在出现该信号时，能够适切地执行恰当的操作，那么就可以在股票市场中获取合理的投资报酬。

我们先理解一下每个周期应该具有的市场行为。

请看图 1-15。图中分成 1、2、3、4 个阶段，分别有买进、卖出、放空、回补四种实际动作，分别讨论如下。

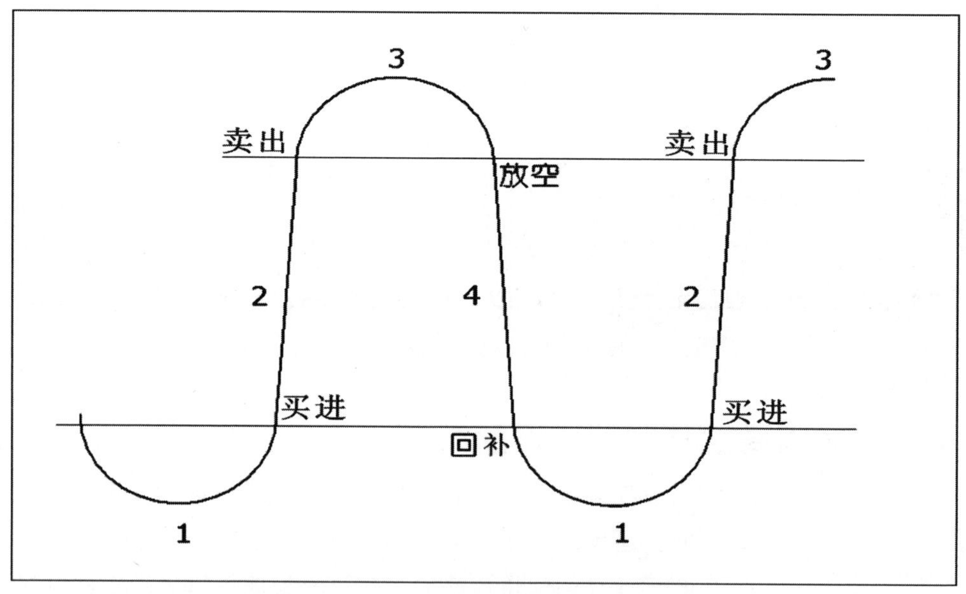

图 1-15 股价循环四大阶段图

第一阶段：股价循环周期已经达到谷底，而且即将反转向上。此时价格将出现“跌势结束”的信号，因此必须将放空的操作进行回补的动作，但是还没有开始上涨，因此这一个阶段属于按兵不动的观望期，操作策略是伺机介入多单。

第二阶段：股价已经开始上涨，故应做多买进，这里通常以加速度的上涨走势来表态，因此这一个阶段是多单抱牢，并且伺机在股价进入第三阶段时将多单持股卖出。

第三阶段：股价循环周期已经达到谷顶，而且即将反转向下。此时价格将出现“涨势结束”的信号，因此必须将做多的操作转为卖出的动作，但是还没有开始下跌，因此这一个阶段属于按兵不动的观望期，操作策略是伺机介入空单。

第四阶段：股价已经开始下跌，故应做空卖出，这里通常以加速度的下跌走势来表态，因此这一个阶段是空单抱牢，并且伺机在股价进入第一阶段时将空单持股回补。

一般来说，如果较长的市场周期处于第二阶段或第四阶段，则较短期的市场周期将会被较长期的市场周期所左右。比如说当较短周期出现第二阶段的走势，而较长周期出现第四阶段的走势，那么短期周期会被长期周期牵引到第四阶段，因此股价还会有剩余力道再往下滑。

如果较长周期走进第一阶段和第三阶段时，对短期周期市场的行为影响力就没有那么深远，我们通常称这一个阶段时盘整，当然包含了盘头或是盘底的行为。那么，在如此长短周期交错的股价波动行为中，怎么样去找到有效的信号？恐怕是研究技术分析者的重要课题。

这里提供一个“共振法则”的概念，请各位读者可以先将整本书的概念浏览过后再回过头来看这一段说明，应该可以更明确了解，如何运用所有均线指标特性的买卖原理到本法则当中。

从图 1-16 中我们可以简略地画出三种不同短、中、长周期的波动折线图。一般来说，周期越短者，则其波幅(或称为高低振幅)就会越小。而不管周期的大小，总有大家走向一致的时候，我们可以从图中很明显地看出，标示 A 的直线右侧，其走向是向下的，当出现这样的现象时，我们就称为观察中的周期有“共振”的行为；标示 B 的右侧，则出现同时往上的走势，因此 B 的位置正好是同时转向的基点，故称为“共振点”，该点往往是短中长期的起涨点。学习技术分析的目的即是要掌握该点，并且在确认转折向上时介入做多。

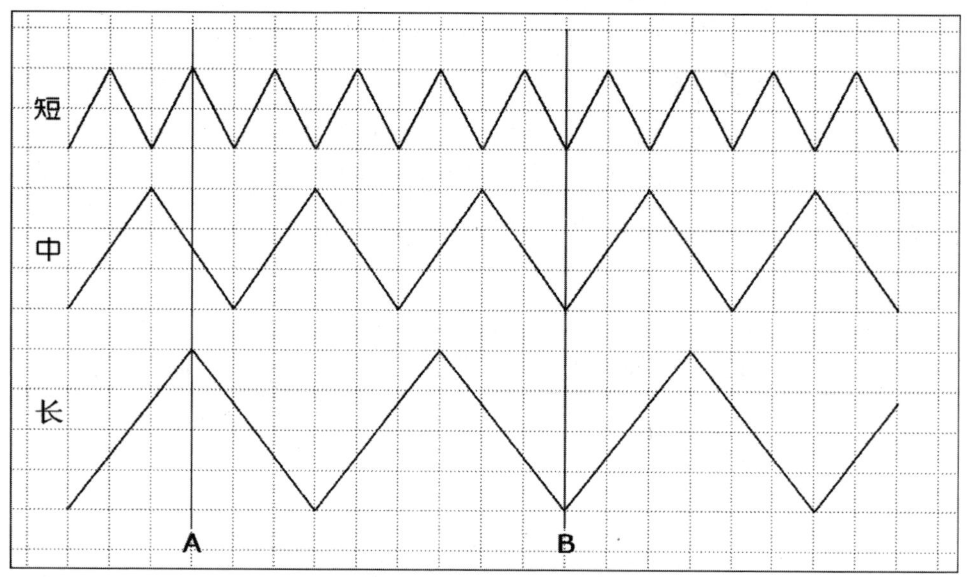

图 1-16 共振周期示意图

如果周期发生共振行为，则在股价的四大阶段中，往往是第二或是第四阶段属于趋势盘，也是投资人获利最丰厚的时候。如果周期的共振行为没有发生，也就是不同周期走向并不一致的时候，我们戏称为“乱振”现象。不同的周期产生互相干扰的行为，往往是第一或是第三阶段，是属于盘整盘或是调整盘，只有短线利润，而且操作难度较高，通常采取观望的策略为宜，或是利用箱型区间采行低买高卖进行操作。

在图 1-17 中，台泥这一只股票站上 65*MA* 之后开始出现缓步震荡走高的趋势，这是正常的波动模式，也是上涨力道趋缓的暗示。图形中第二个字段出现的上下箭头，是分别代表不同周期均线的走势，比如说第一排的箭头，代表的是 5*MA* 的走势，出现↑符号是均线向上，出现↓符号是均线向下，而▲符号是均线走平，走平时以前一个符号来定位。

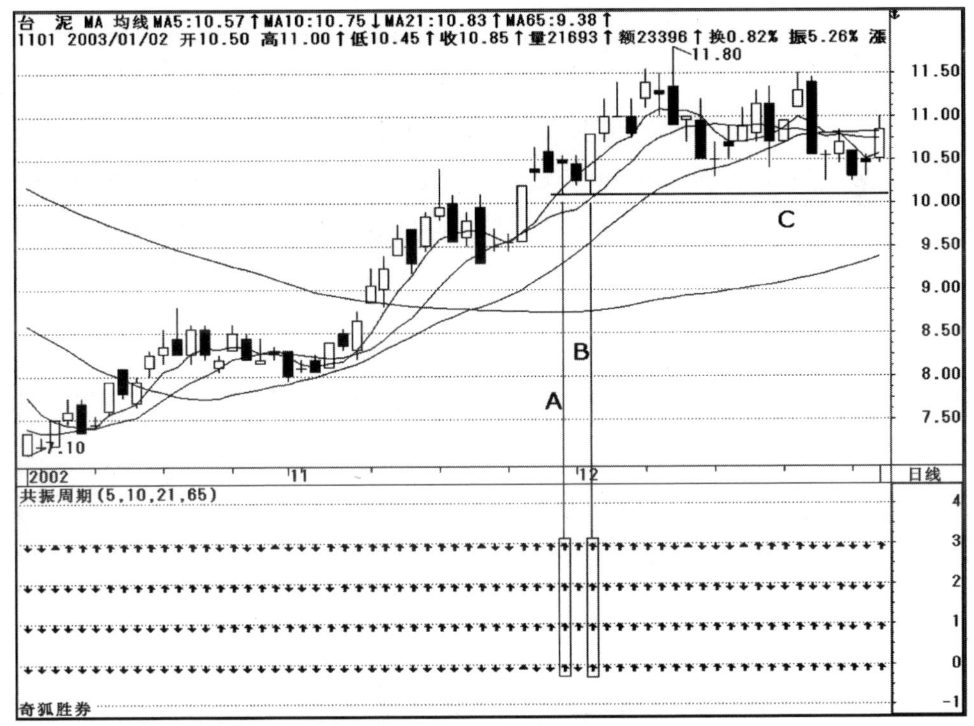

图 1-17　台泥在 2002 年 12 月初产生的共振现象

标示 A 的地方是第一次全部的箭头向上，也就是股价站上季线后出现的第一次“共振”行为，对应上去的 K 线我们在其低点画出一条水平颈线观察，隔了一天，再度于标示 B 的地方出现共振，很巧合的是这两处的低点是一致的，所以只要画出一条颈线(如 C 所示)就可以了。

标示 A 和 B 的对应位置，就是所谓的“共振点”。其中在多头产生的共振，以长白线的力道较强，在空头产生的共振，以长黑线的力道较强。产生多头共振，就是暗示这里出现多头转强，只要能够防守“共振低点”，即图形中水平颈线位置，那么多头就会维持一个强势。

而股价在 11.80 元见高点之后，开始出现不同周期箭头向下的情形，这里就是“乱振”的现象，一开始都会先定位股价进入“震荡整理”的走势。接下来才是研判的重点，因为在穿越中期均线后的高档整理，通常会酝酿未来另一波的攻击(后续章节详述)，如何利用共振做支撑防守？如何利用共振做出买进信号？请看下一个图档分解。

我们接着观察台泥后续的走势，请看图 1-18。我们可以很明显看出股价一直维持在利用共振行为画出的颈线之上震荡，整理形态一直维持到标示 A 的地方出现“真正的”多头表态。

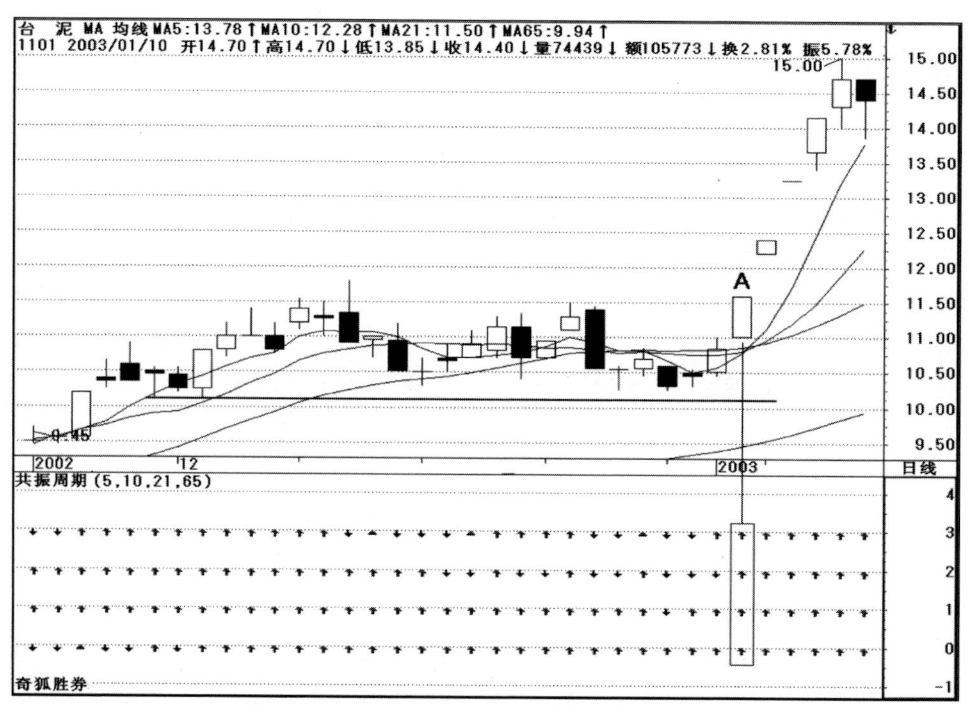

图 1-18 台泥在 2003 年 1 月初产生的共振现象

在底下的字段，出现共振行为(4 个箭头同时向上)，而 K 线的行为是出现高开走势，并且拉出一笔收高的长白线，意味着整理结束，多头的攻击波段行情即将展开，而共振周期指标后续也维持全部箭头向上，更确认了多头涨势。

在图 1-19 中，标示 C 的区域可以看出所有箭头是向下的，其中有一个▲符号是走平信号，与前一天符号相同，故仍视为向下。当第一排符号出现第一个向上的符号，我们可以说出现反弹行情走势，或是进入盘整周期，也就是标示 B 的地方，当然反弹到标示 A 的地方出现止涨，是受制于季线压力，并形成对空有利“镊顶”组合的缘故。

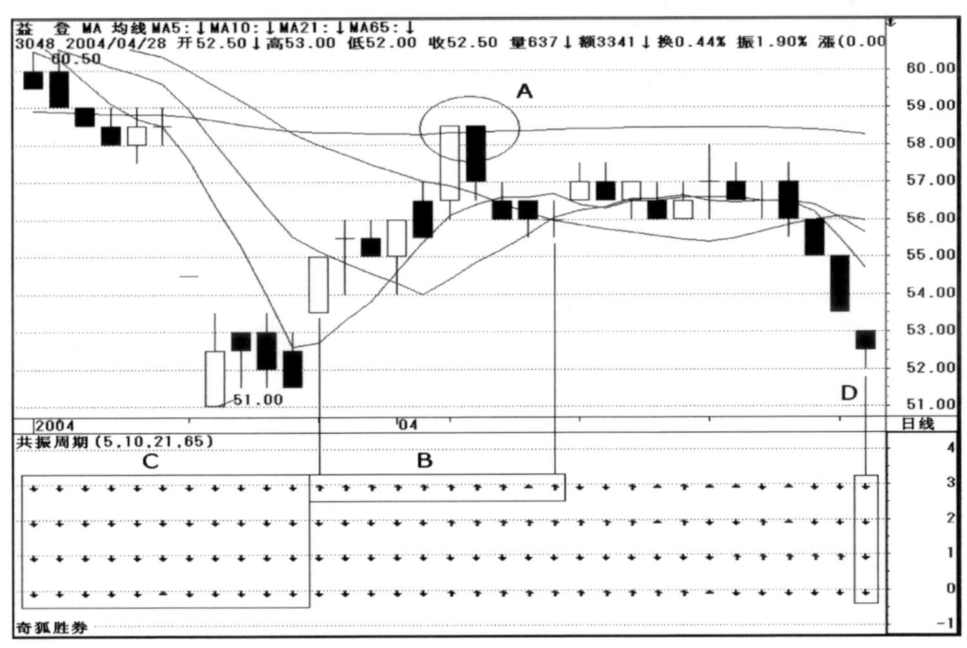

图 1-19　益登在 2004 年 3 月以后的图形

当股价整理之后出现下跌走势，到标示 D 的地方出现了 4 个箭头同时向下，因此暗示所有均线都产生助跌的力道，这里就是空头走势中的“共振”行为，标示 D 这一笔棒线就是“共振点”。

请看图 1-20，标示 A 的区域是属于“乱振”的指标行为，也是空头走势中的反弹波动，而标示 B 的区域全都是箭头向下的走势，也就是说在共振点出现之后，均线同时出现助跌的力道，股价随即下杀，此处通常为某个浪潮中的主跌段行为。

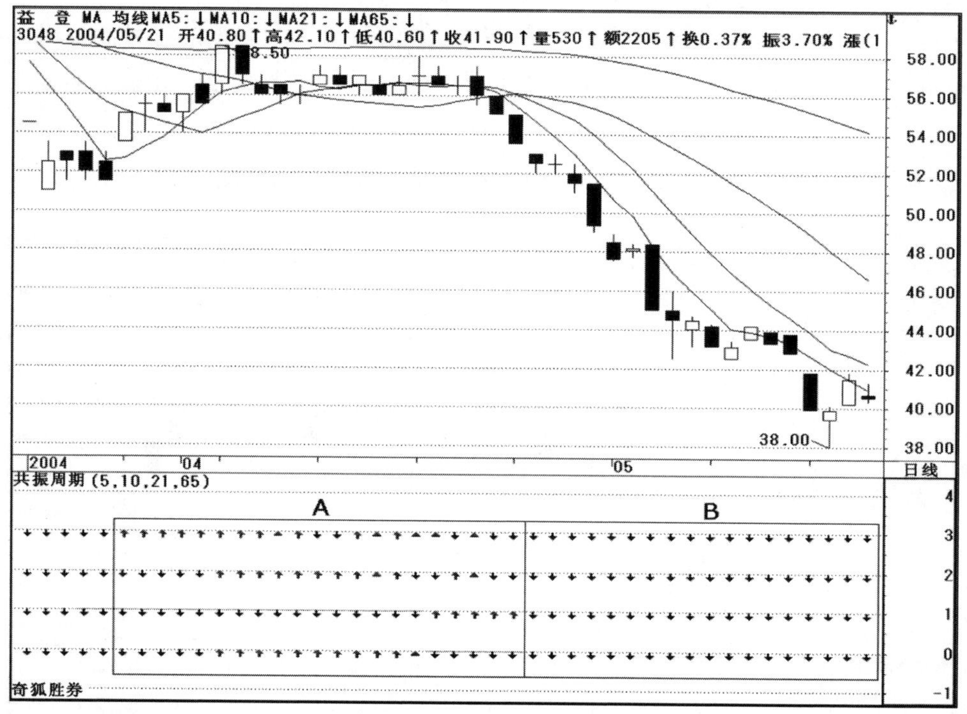

图 1-20　益登在 2004 年 4 月以后的图形

【本章自我练习题】

练习 1：每一笔棒线对应所写的数字是代表该笔棒线的收盘价，请尝试利用这些数字，计算出最后一笔当时的 5 日和 10 日移动平均线的数值。

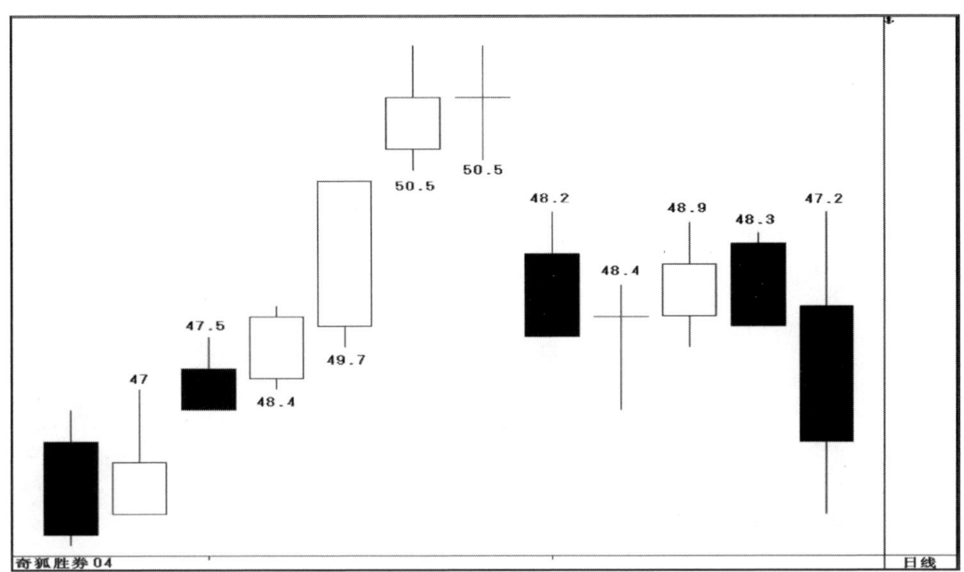

练习 1 的图形

练习 2：在下图中，65*MA* 的走势是向上的，股价行进到标示 A 的时候进入震荡整理，当股价整理到标示 B 的时候，正好逢 65*MA* 的支撑，股价后续持续上涨，我们可以说股价能够持续上涨，是受到均线四大特性中哪一种特性的影响？

练习 2 的图形

第二章

葛兰碧八大法则的运用

一般读者初学移动平均线，首先要克服的问题就是葛兰碧 (Granville)发表的八种法则以判断股价买卖时机，几乎市面上所有的参考书籍仅将八大法则列出供读者参考，对于实际运用上的关键与浪潮间的对应关系却极少深入探讨，因此有心深入移动平均线实务领域的读者都必须经历一段痛苦的“盲点”研判过程。

根据艾略特波浪理论的循环法则，股价的基本走势就是5波上升和3波下降的基本循环，在这一章节中尝试与浪潮中五升三降的基本走势配合说明。本章的后半段，再利用乖离率来破解八大法则中乖离过大的研判盲点，并且利用乖离率来说明个人独创的领先研判法则心得。

葛兰碧八大法则

葛兰碧于 1960 年所著《每日股票市场获最大利益之战略》一书中，发表八种法则以判定股价买卖的时机。这些法则是根据艾略特波浪理论的“股价循环法则”，通过观察美国股价的结构，以 200 日为周期，预测股价未来的走势，做为买卖的参考。

在图 2-1 中，我们以一、二、三、四、五代表股价上涨的 5 波(属于推动波)，也就是多头市场；再以 A、B、C 表示修正 3 波(属于调整浪)，也就是空头市场，当我们将它与一条可靠的移动平均线配合在一起的时候，理想的情形就如图所示。其中以 1、2、3……7、8 数字标示的，分别对应葛兰碧八大法则。

在后续的说明中，标楷体字形代表的是一般书籍中可以看见的基本法则，其他字体是更详细的解释与说明，请各位读者自行搭配图 2-1 研读。每一个法则之后都会附上实例说明。

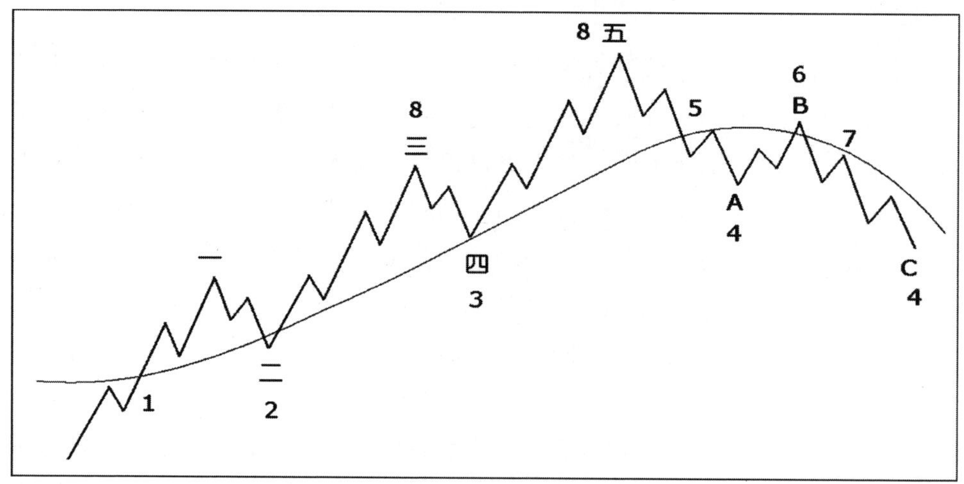

图 2-1 股价浪潮循环与均线多空循环示意图

法则 1：移动平均线在下降后逐渐走平或上扬，而股价由下往上突破移动平均线的时候是买进信号。

此为空头转换成多头的现象，为买点。通常发生平均线从下降 (空头走势)逐渐走平或开始缓慢上升，股价从均线的下方向上突破平均线时，K 线形态一般处于底部形态。

依据实战操作经验，股价刚刚从空头转换成多头的买点，最好经过“打底”后突破均线，代表中期股价尝试“空转多”，此时为第一买进点，但是必须持续观察移动平均线走平之后是否能随着股价上涨而于短期内扬升，避免股价再度跌破均线，万一跌破后将进行“扩底”，如果扩底走势失败，将会呈现转多失败。

而打底的目的是为了让移动平均线走平，股价与均线间的距离减少，这样才容易有空转多的行为，后续股价上涨过程中，也会因为“扣抵”到底部区的低价，使移动平均线变成向上走势，进而产生对股价的助涨作用。

经过打底阶段之后正式突破均线产生的上涨走势，可以视为波浪理论中的“初升段”走势。

请看图 2-2，所有的例子均以 21*MA*(月线)来做说明。友达的股价在 2003 年 11 月底开始反弹，当时的乖离率较大，K 线没有先打底且 21*MA* 移动平均线下降角度较陡，所以当反弹到标示 A 的地方撞到下降中的 21*MA*，理应出现反压，又出现对多头不利的“夜星”反转形态，因此股价将会再度拉回。

图 2-2 葛兰碧法则一的说明图之一

当股价打到 38.40 元之后，出现开始盘底的 K 线走势，盘底可以让移动平均线渐渐走平，当底部成型出现编号 B 的长白棒线，且同时突破移动平均线，故为葛兰碧法则中的第一买点。

请看图 2-3，股价回到 18.10 元之后，股价开始进行盘底，在标示 A 的地方首度突破 21*MA*。通常第一次突破，都会出现震荡压回的走势，尤其是受制于前一波的母线压力，在标示 A 之后开始震荡，一直达到标示 B 的位置。这里出现一个关键的行为，就是标示 B 之中有一笔棒线突破母线高点，这一个行为称为“解套”。

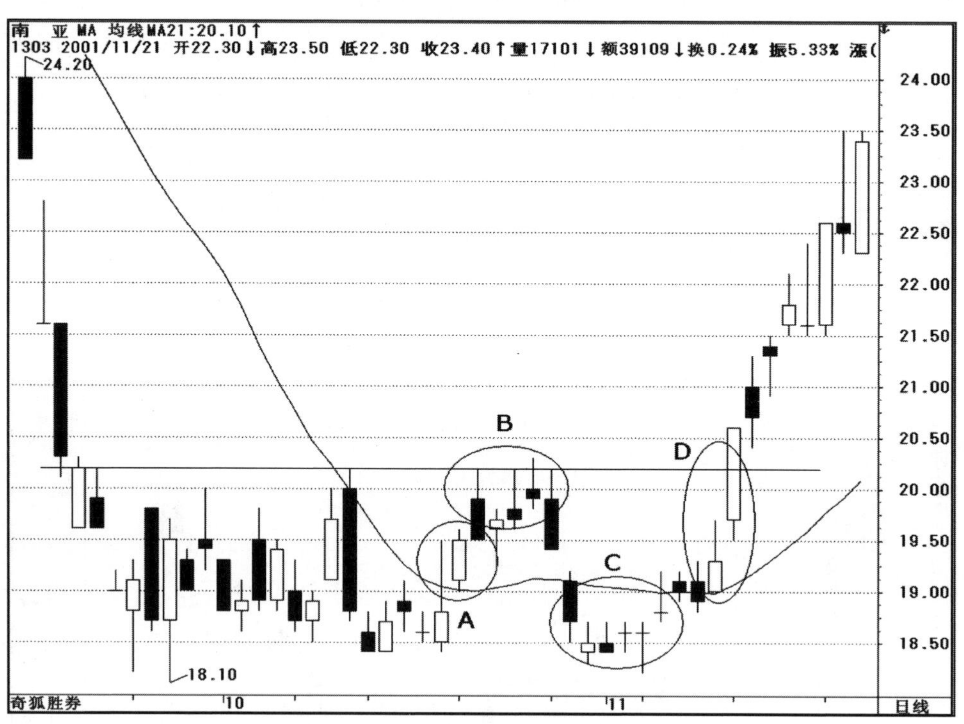

图 2-3 葛兰碧法则一的说明图之二

解套之后股价压回跌破 21*MA*，因此进入再度打底阶段，也就是标示 C 的地方。到目前为止，整个走势仍在打底过程当中，直到标示 D 的位置出现连续两笔长白棒线，分别突破均线并带动均线走扬，再突破底部形态颈线，因此标示 D 的位置属于葛兰碧法则中的第一买点。

法则 2：移动平均线持续上扬，股价虽一度跌到移动平均线下面，但很快又回复到移动平均线上面的时候，是买进时机。

此为股价穿越平均线后，拉回测试平均线支撑的惯性作用，K 线形态又称为“回档”、“探底”、“假跌破”，是多头买进信号。亦为多头起涨波之回档测试。这种行为有时候也会出现买进盲点，因为后续行为也有可能会在跌破均线后无法立刻回升，造成已经向上的移动平均线再度转折向下，使支撑作用消失。

实战经验中，股价由空转多趋势的初期往往突破均线后再回档测试底部，平均线正好由下降走平转为上升，股价回到均线附近或微幅跌破后再回升，则为多头买点，这种回测的现象视为波浪理论中的调整波动或是第二波。

因此，这里的买进信号，宜严设停损后积极进场，若未来的走势确认为上涨，那么涨升的幅度将会加大，速度会加快，亦即将出现主升段的轧空走势。这里的买进将买在主升段或是第三浪的起涨点，赚取波段利润。实战操作者亦可以配合 KD 指标、W%R 指标、MACD 指标的“轧空”信号研判。

请看图 2-4。南亚股票在出现第一法则买点之后，拉出一段走势，此处可视为初升段，当上涨力道用尽，乖离过大时，股价会受到均线牵引的惯性作用而拉回修正，而此时正常均线已经呈上扬走势，故拉回测试均线理应会出现支撑力道。

当股价修正到标示 A 的地方虽然已经跌破 21*MA*，但是均线走扬，支撑容易成立，故当形成“镊底”的 K 线组合后，暗示稍具支撑，等到编号 B 的棒线是红 K 日出时，确定已经止跌，而标示 C 的红 K 日出棒线，再度站上 21*MA*，因此是多头买进信号，买进后有机会形成主升段走势，此即为葛兰碧法则中的第二买点。

图 2-4　葛兰碧法则二的说明图之一

请看图 2-5。建台股价从 1.10 元的低点直接拉过 21*MA*，接着进入震荡走势，这是因为他没有先打底就站上 21*MA*，那么只好在穿越之后在均线上震荡整理，整个标示 C 的这一个区段，就可以视为初升段走势。

当股价压回 21*MA* 之下，也就是标示 A 的地方呈现支撑的行为(可以搭配黄金分割观察，请看第 5 章)，等到出现标示 B 的长白棒线站上 21*MA* 之后，就是多头买进信号，因为股价已经暗示浪潮修正结束，买进后有机会形成主升段走势，此亦为葛兰碧法则中的第二买点。

法则 3：股价持续上扬，股价远离移动平均线之上以后股价突然下跌，但股价并没有跌破上升的移动平均线，当股

价再度上升的时候，可以加码买进。

此为多头中急跌走势，是多头买进信号。这种现象的重点是股价还未跌破平均线，股价立刻反转回升，K 线形态在多头市场的特性为“大涨小回”，是加码买进时机。

实战经验中，股价进入主升段后，往往出现两种短期多空研判失据的现象，其中之一即多头行情中的均线仍维持上扬，主升段往往又分为数小波段，当股价与均线正乖离过大时，股价将有拉回的压力，是为多头趋势中的回档现象。当股价缓步回档至均线附近，未跌破均线后再度进入“缓步趋坚”走势，仍为多头买进点。

其次，若股价急跌至均线附近，但仍未跌破均线，为多头趋势中特性之一的“缓攻急跌”现象。而在均线上整理数日后再度急涨，一般都容易出现后续的“轧空”行情。

这些走势的特点，会出现连续长红或是跳空的积极走势，亦即主升段的特殊现象，走势的末段往往出现暴量止涨。另外，这种走势在末升段的延长波，也会出现类似的走法。

图 2-5　葛兰碧法则二的说明图之二

请看图 2-6。建台的股价持续上涨拉出一段轧空走势之后，出现快速拉回，在标示 A 的地方出现“镊顶”的 K 线形态，当时股价没有跌破 21*MA*，而且 21*MA* 上扬的角度也相当陡峭，因此容易支撑，在“镊顶”的隔一笔出现标示 B 的跳空红棒日出，为支撑确立的信号，也是买点之一。

标示 B 的买点就是葛兰碧法则中的第三买点，买进后仍有机会可享受轧空的走势，唯一的疑虑是前波的长黑母线，该笔又称为“危楼”，压力相当重。我们可以从标示 C 后续的走势看出多头的企图心，C 突破危楼高点之后，股价没有看见空头暗示的日落线，因此股价仍是持续上涨，这是 K 线告诉我们的答案。

图 2-6　葛兰碧法则三的说明图之一

请看图 2-7。大腾该只股票是标准多头走势中葛兰碧法则第三买点的标准范例。股价沿着 21*MA* 持续上涨，每当涨

图 2-7　葛兰碧法则三的说明图之二

升到正乖离过大拉回之后，在接近 21*MA* 的附近就出现止跌信号，这种波段走法通常表示主升段出现了延伸走势。

标示 A 是对多头有利的“阳子母”K 线形态，在标示 B 的地方也是对多头有利的“阳子母”K 线形态，这一个形态又称为“玉柱”，在标示 C 的地方是出现对多头有利的“阳子母”K 线形态，而在标示 D 的地方为“曙光初现”的 K 线形态，也是对多有利，不过这里已经临近高档。“曙光初现”在此出现并不恰当，有力道将尽的疑虑。

法则 4：股价跌破移动平均线之下，突然连续暴跌远离移动平均线的时候，由于负乖离过大随时有机会再次向移动平均线弹升，是买进的信号。

此为空头走势中的反弹行情，又称为“负乖离过大”，属于多头的买进信号，但是并非积极买点，只是抢短线利润，保守者可以采取观望态度。

在均线呈现明显向右下方移动时，且股价连续下跌通常呈现“杀多”走势，因此股价远离平均线时，因为均线惯性的牵引作用，股价极可能再趋向平均线靠近。因此K线形态连续出现黑K线急跌后，将会出现反弹的机会，故为买进时机。

葛兰碧认为这一个法则有技术上认定的困难点，我们可以利用乖离率(BIAS 指标)或信道指标解决这一个盲点。实战经验里，平均线为下降走势时，趋势认定上为空头行情。股价突然急跌，与平均线产生负乖离过大，股价又突然反转向上，仅是反弹走势，在浪潮中，大多为主跌段中次级小浪的修正走势，对于实战经验并不熟稔的投资人，并不建议去介入这样的买点，避免对于股价波动认知不足，将反弹的多头买进误认成回升行情的多头买点，进而导致后续被杀多。

请看图 2-8。大腾该只股票跌破 21*MA* 之后，股价在 21*MA* 以下持续呈现杀多走势，在标示 C 的地方有负乖离过大的意思，但是出现的反弹力道并不强劲，接着再持续杀多，在标示 B 的地方也如同标示 C 之处一样。

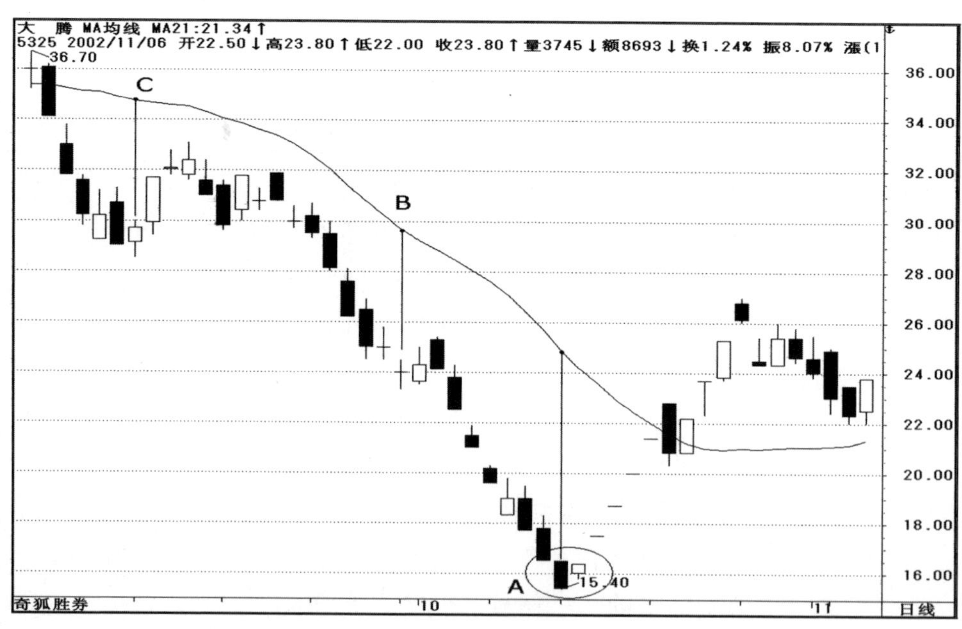

图 2-8　葛兰碧法则四的说明图之一

等到股价跌到标示 A 的地方时，所呈现的负乖离是三者中最大的，又出现“阳母子”的信号，隔一日拉出涨停，暗示有机会做出负乖离过大的反弹修正行情，一个标准的负乖离过大反弹行情，走势都会相当急促、快速，所以相当容易辨别，至于是否能够扭转成多头回升走势，仍须根据反弹结束之后股价的行为走势来辨认。而标示 A 的买进信号就是葛兰碧法则中的第四买点。

请看图 2-9。梅捷该只股票跌破 21*MA* 之后，股价立刻呈现急速的杀多走势，跌到标示 A 的地方呈现负乖离过大，而且出现“阳母子”的止跌信号，当出现标号 B 的“蜻蜓线”为日出走势时，就可以确认股价止跌并进行反弹。这一个反弹可以说相对弱势，只从 3.12 元弹到 3.94 元就结束，虽然反弹的幅度不大，仍属于葛兰碧法则中的第四买点。

我们把图 2-8 中标示 C 之处和此图来做比较，不难发现

图 2-9　葛兰碧法则四的说明图之二

一个道理，当股价刚刚跌破 21*MA* 之时所呈现的负乖离过大，反弹的程度都呈现不强的现象。也就是说我们运用葛兰碧法则中的第四买点做买进时，在这一个位置买进的风险会相对比较高，利润也会比较少。

法则 5：移动平均线在上扬后逐渐走平或下滑，而股价由上往下跌破移动平均线的时候是卖出信号。

此为头部区的现象，亦为多头转空头的股价行为，是多头卖出信号。通常发生在平均线走势从上升趋势逐渐走平，当股价从平均线的上方往下跌破平均线时，K 线形态为“盘头”。

依据实战操作经验，股价刚刚从多头转换成空头的卖点，最好经过“盘头”后跌破均线，代表中期股价尝试“多转空”，此时为第一卖出点，但是必须持续观察移动平均线走平之后是否能随着股价下跌而于短期内下降，避免股价再度突破均线，万一跌破后将进行“反弹”。如果反弹走势成功转成回升，是转空失败，股价仍将恢复多头走势。

盘头的目的是为了让移动平均线走平，股价与均线间的距离减少，这样才容易做出多转空的行为，后续股价下跌过程中，也会因为“扣抵”到头部区的高价，使移动平均线变成向下走势，进而产生对股价的助跌作用。

经过盘头阶段之后正式跌破均线产生的下跌走势，可以视为波浪理论中的“初跌段”走势。

请看图 2-10。华夏的股价在 2003 年的元月附近开始呈现盘整的走势，此时 21*MA* 的移动平均线也会因为盘整的走势而开始逐渐走平，在标示 B 的地方因为股价暂时没有创新高，而呈现止涨压回的情形，我们通常都先将 B 处定位为“疑似第二头”。

接着股价在标示 A 的地方跌破 21*MA* 均线，且并没有出现反弹的意图后又跌破疑似头部的颈线，那么第二头就可以先假设已经完成，此时股价的下跌为盘头成立的初跌段，也是葛兰碧法则中的第五卖点。

图 2-10　葛兰碧法则五的说明图之一

请看图 2-11。亚聚的股价在 2002 年 8 月附近开始进入震荡整理，股价逐渐向均线靠拢且均线也渐渐走平，当出现一个疑似“头肩顶”形态的走势之后，在标示 A 的位置以实体长黑掼破 21*MA*，因为有头部的形态，因此这里不排除是初跌段的起点，这也是葛兰碧法则中的第五卖点。

当出现标示 A 的这一根 K 线，当下定位为初跌段是正确的假设模式，后续要确认可以搭配扣抵法则(后面章节详述)来观察均线是否由向上转成向下，也就是支撑的力道转换成压力的力道来观察。

法则 6：移动平均线持续下滑，股价虽一度涨到移动平均线上面，但很快又回复到移动平均线下面的时候，是卖出时机。

此为股价跌破平均线后，反弹测试平均线压力的惯性作

图 2-11 葛兰碧法则五的说明图之二

用，K 线形态又称为“反弹”、“逃命”、“假跌破”，是空头卖出信号。亦为空头起跌波之反弹测试。这种行为有时候也会出现卖出盲点，因为后续行为也有可能会在突破均线后无法立刻压回，造成已经向下的移动平均线再度转折向上，使压力作用消失。

实战经验中，股价由多转空趋势的初期跌破均线后再往往反弹测试头部，平均线正好由上升走平转为下跌，股价弹到均线附近或微幅突破后再压回，则为空头放空点，这种反弹的现象视为波浪理论中的调整波动或是 B 波反弹。

因此这里的卖出信号，宜尽速出场或是逢高做空，因为后续的走势若确认为下跌，那么跌势的幅度将会加大，速度会加快，亦即将出现主跌段的杀多走势，持多单者股价将腰斩甚至更低，放空者则空在主跌段的起跌点，可以赚取到波段利润。

实战操作者亦可以配合 KD 指标、W%R 指标、MACD 指标的“止涨”信号研判，观察主力是否故意“诱多”，制造假多头行情。

请看图 2-12。亚聚该股在图 2-11 完成头部出现葛兰碧法则中的第五卖点之后，初升段走完出现反弹，这一个反弹会向 21*MA* 靠拢，我们从图形中可以发现反弹时正好撞到原始的头部颈线，虽然股价站上 21*MA*，但是均线已经成为反压，故宜防假突破讯号，因为这里有机会形成葛兰碧法则中的第六卖点，因此必须特别注意 K 线细微的变化。

在标示 A 的地方撞到颈线后隔一笔黑 K 日落，这是一个逢压正常的表现，而标示 B 这一笔长黑比较严重，因为他同时跌破了长白线支撑、上升趋势线、21*MA* 均线，因此是技术面上“一破三”的杀多行为暗示，股价后续极容易出现杀多

图 2-12　葛兰碧法则六的说明图例之一

走势。

请看图 2-13。大洋这一只股票在创下 24.00 元的高点之后没有盘头就直接杀破 21*MA*，这是属于另一种初跌段的模式，正常行为下会出现股价反弹测试均线压力，也会对均线做出假突破的行为，所以在标示 C 之后出现的反弹，很容易形成葛兰碧法则中的第六卖点。

我们可以看见反弹是以两段式的标准模式进行，在标示 A 的地方出现突破 21*MA* 的行为，如果对葛兰碧法则认识不深，在标示 A 之后的长白线通常会被误认为多头进场点，买进后结果自然是套牢。而在标示 B 的地方出现跌破 21*MA* 的现象，则是正式宣告主跌段开始进行。

法则 7：股价持续下滑，股价远离移动平均线之下以后股价突然上涨，但股价并没有突破下跌的移动平均线，当股价再度下跌的时候，可以加码放空。

此为测试压力的卖点，这种现象的重点是股价还未突破平均线时，股价立刻反转拉回，K 线形态在空头市场的特性为“大跌小涨”，是加码放空时机。

实战经验中，股价进入主跌段后，往往出现两种短期多空研判失据的现象，其中之一即空头行情中的均线仍维持下跌，主跌段往往又分为数小波段，当股价与均线负乖离过大时，股价将有反弹的惯性，是为空头趋势中的反弹现象。当股价缓步反弹至均线附近，未突破均线后再度进入“缓步盘软”走势，仍为空头卖出点。

其次，若股价急涨至均线附近，但仍未突破均线，为空头趋势中特性之一的“缓跌急弹”现象。而在均线下整理数日后再度急杀，一般都容易出现后续的“杀多”行情。

这些走势的特点，会出现续长黑或是跳空的积极走势，亦即主跌段的特殊现象，走势的末段往往出现长红止跌。另外，这种走势在末升段的延长波，也会出现类似的走法。

图 2-13　葛兰碧法则六的说明图之二

请看图 2-14。联电在 2002 年 5 月附近已经是在下跌走势的背景当中，21*MA* 均线下降的角度较陡，通常暗示股价正处于主跌段中的走势，而且会有延伸波走势，这种位置极容易出现葛兰碧法则中的第七卖点，多单不宜介入。

在图形中有两处明显的反弹，分别是标示 A 和标示 B 的地方。A 处是以长黑止涨后，跌破了短期上升趋势线；B 处则是长白线力竭后震荡，再以标示 C 的长黑先跌破长白线低点来做空头表态，然后以跌破上升趋势线为确认。

请看图 2-15。楠梓电的股价在图中一路下跌，且当时 21*MA* 呈现明显的向下趋势，这种多杀多的模式，无疑是在下跌走势中某一个主跌段的行为，当负乖离过大时，股价依据惯性原理就会往均线反弹靠近。

图 2-14 葛兰碧法则七的说明图之一

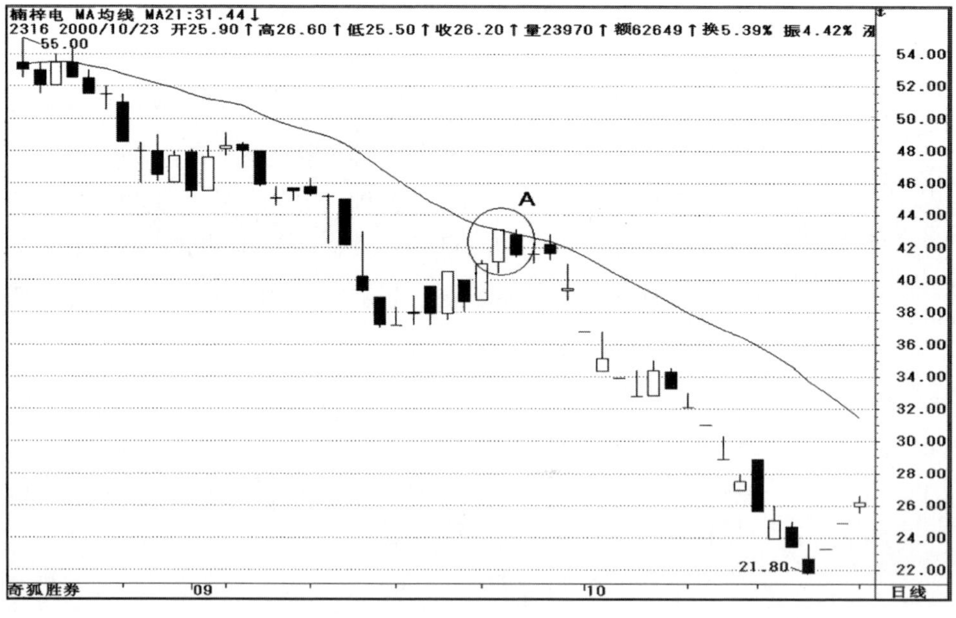

图 2-15 葛兰碧法则七的说明图之二

在标示 A 的地方股价触及下降中的 21*MA* 均线，并没有突破 21*MA*，此时 K 线形态又呈现出对空有利的“镊顶”组合，我们就必须注意是否会出现葛兰碧法则中的第七卖点。当 K 线形态为确认之后，就可以采取融券放空，赚取主跌段中的“多杀多”的波段利润。

法则 8：股价突破移动平均线之上，突然连续暴涨远离移动平均线的时候，由于正乖离过大随时有机会再次向移动平均线拉回，是卖出的信号。

此为多头走势中的回档行情，又称为“正乖离过大”，属于空头的卖出信号，但是并非积极卖点，只是抢短空利润或是避免短线价差损失，保守者可以采取观望态度。

在均线呈现明显向右上方移动时，且股价连续上涨通常呈现“轧空”走势，因此股价远离平均线时，因为均线惯性的牵引作用，股价极可能再趋向平均线靠近。因此 K 线形态连续出现长红 K 线急涨后，将会出现回档的机会，故为卖出时机。

葛兰碧认为这一个法则有技术上认定的困难点，我们可以利用乖离率(BIAS 指标)或信道指标解决这一个盲点。实战经验里，平均线为上升走势时，趋势认定上为多头行情。股价突然急涨，与平均线产生正乖离过大，股价又突然反转向下，仅是回档走势，在浪潮中，大多为主升段中次级小浪的修正走势，对于实战经验并不熟悉的投资人，并不建议去介入这样的空点，避免对于股价波动认知不足，将回档的空头卖出误认成下跌行情的空头卖点，进而导致后续被轧空。

请看图 2-16。佳录的股价在 2002 年 3 月开始起涨，拉出连续跳空的“投机行情”，这种走势容易在结束之后压低出货，并出现跌回起涨点附近的走势，也很容易出现超过一般正常乖离过大的情形。这种走势只要一出现乖离过大伴随长黑暴量，往往是相对满足点，也就是标示 A 的地方，此处亦为葛兰碧法则中的第八卖点。

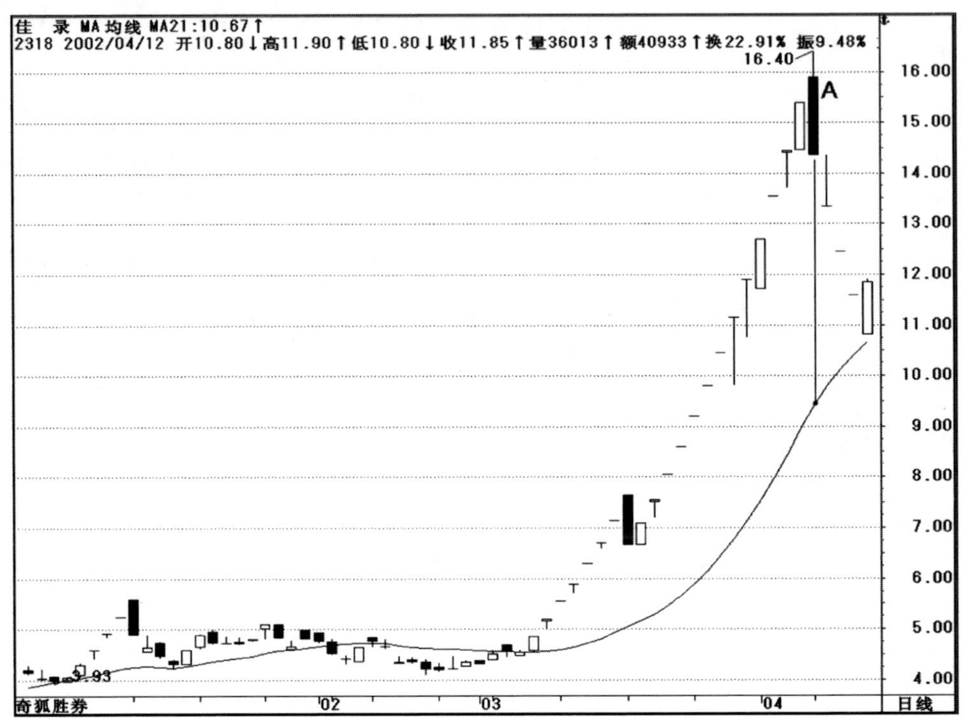

图 2-16 葛兰碧法则八的说明图之一

请看图 2-17。中环股价在 2004 年 3 月附近，在标示 A 的位置呈现正乖离过大的走势，并且出现“十字转机线”，暗示股价有机会进入转折，后续出现连续几笔等低点，为“镊底”组合，收盘价也对多头不利。因此当跌破“镊底”低点时，就宣告股价将会回测均线支撑。

接着股价再从均线下拉高到均线之上，并在标示 B 的地方出现正乖离过大的走势，而标示 B 的 K 线形态组合为“乌云罩顶”，对空头有利。接着隔一笔是对空有利的“镊底”，再形成“阴子母”，所以当出现日落黑 K 棒线时就可以判定这里是葛兰碧法则中的第八卖点。

图 2-17 葛兰碧法则八的说明图之二

小 结

葛兰碧对于上述法则中认为第二及第六项较具风险，投资者应用时应加小心，不可忽略道氏形态中的“图形分析”理论。而第四与第八项认定上较有技术上的问题，综合八大法则，重点即是平均线的变动趋势，做为买卖时机之认定与运用。移动平均线上升时，尽量寻找买进时机，一是移动平均线下降时，找寻卖出时机。其应用原则归纳如下：

(1) 葛氏八大法则为上升的平均线不宜作空，下跌的均线不宜作多。

(2) 移动平均线本身即支撑、阻力与助涨助跌功效，为特性之一，并可做为多空研判的趋势线(Trend Line)作用。

(3) 当为多头时，股价大于短期均线，短期均线大于中期均线，中期均线又大于长期均线，此即多头排列。当为空头时，股价小于短期均线，短期均线小于中期均线，中期均线又小于长期均线，此即空头排列。

(4) 黄金交叉，即短期平均线突破中期平均线交叉后，移动平均线持续上扬，可作买进信号。死亡交叉，即短期平均线跌破中期平均线交叉后，移动平均线持续下跌，可作卖出信号。

(5) 短期投资人应用于股价向下穿越平均线便卖出，向上穿越平均线便买入。但宜注意“真假突破”的技术认定问题。

(6) 原本持续上升的移动平均线开始往横向走平时，多头应获利了结。持续下降的移动平均线，开始走平时，空头亦应平仓获利回补。

这些原则中的部分内容未做陈述部分，在后续章节中会陆续为各位读者介绍。

乖离率的运用

葛兰碧法则中曾提及“正负乖离过大”的观念，但是怎么才算是乖离过大？却变成一般投资人在移动平均线实战分析中的一个盲点。市面上书籍关于此点的论述均语焉不详，葛兰碧本人在发表的文章中也未曾详述，事实上我们可以使用许多技巧来做盲点的破解。大致上可以分成两大类，一种是利用乖离率指标或者是双乖离率指标(又称差离，将于后续的章节中详述)；一种是采用具有平滑系数的指标，如MACD。这里先以乖离率说明乖离过大的运用法则。

乖离率的原理

所谓的“乖离”是指股价与移动平均线之间的距离，但为了因应指数类与高低价位个股因乖离值的差值无法有效控制，故以均线为基准，计算股价与均线乖离的百分比，为乖离率。又当收盘价大于移动平均线时的乖离率为正值，称为正乖离；收盘价小于移动平均线时的乖离率为负值，称为负乖离。

我们知道移动平均线代表的是买进者的平均成本，因此当股价上涨高过平均成本许多的时候，自然会有获利回吐的卖压出现，这个卖压会使股价再向平均成本靠近；同样的道理，当股价低于平均成本许多的时候，空单回补或逢低的买盘便会进场，因此会使股价向平均成本移动，所以乖离率颇符合自然界中的惯性定律。

乖离率的优点是能迅速反应短期股价急速上涨或快速下跌，因此极适合反弹或回档过程进出依据，但股价快速上涨或急速回跌的过程中往往失去研判依据，最好能够配合使用K线形态与其他指标。

依葛兰碧法则中的穿越原理，当股价与均线交叉时，乖离值正好在零轴附近，因此零轴为多空的分界点。正常情形下指标将在零轴上下波动，故中期走势的波段高低点可以利用该指标特性来研判。

另外必须注意的是，当股价多空交战相当激烈的过程中，往往出现违反常态走势的“杀多”、“轧空”走势，也就是指标会因股价的急涨、急跌产生乖离超出常态的走势，这一类的极端值必须以K线与信道指标或者是目标量测方法综合研判，以破解该指标之“盲点”。

至于盘整时期，指标出现波幅不大或是忽上忽下的情形仍无法避免，这几乎是所有的盘后指标的缺点，研判者往往视零轴以下反转向上的第二日为进场时机，却正好遇到股价已经上涨第三天，遇到前波反压而反转向下，故此时的买进形成短套。因此这一类的盲点颇困扰投资人，指标之研究则需累计长期的观察与测试得到经验法则，这些经验告诉我们操作的要诀仍然是回归到K线真谛，此点各位读友不妨深思。

计算公式

$$BIAS(Y\text{值})=\frac{\text{收盘价}-N\text{日平均价}}{N\text{日平均价}}\times 100\%$$

基本研判与运用法则

(1) 乖离率并无一定基本水准，需视所用的均线天数或个股而有差异，乖离值的大小以“众数”或是两倍“众数”为参考。

(2) 多空激烈交战时，重大利空或轧空时机，易偏高偏低产生盲点，请以均线穿价原理研判买卖点。

(3) 在明显多头或空头市场时，乖离率的范围会比较大，在盘整区或是盘头盘底时，乖离会有缩小或是背离的走势。

(4) 指标由负转正时，多头中考虑作买，空头中宜另作研判。

(5) 指标由正转负时，空头中考虑作卖，多头中宜另作研判。

(6) 在强势多头行情中，会出现多次股价创新高，太早卖出会错失一段行情，可于先前高价之正乖离率点附近卖出；反之，在空头市场时，可于前次低价之负乖离率点附近买进。

一般而言，国外股市建议的乖离率参考数字如表所示：

	6BIAS	12BIAS	24BIAS	72BIAS
买进时机	-3%以下	-4.5%以下	-7%以下	-11%以下
卖出时机	+3.5%以上	+5%以上	+8%以上	+11%以上

国内股市由于周转率较高，因此建议的乖离率参考数字如表所示：

	5BIAS	10BIAS	21BIAS	65BIAS
买进时机	-6%以下	-9%以下	-14%以下	-30%以下
卖出时机	+7%以上	+10%以上	+16%以上	+30%以上

以上的数字仅供参考，运用时将线图缩小，捉出的众数参考度比较高，请看图 2-18。

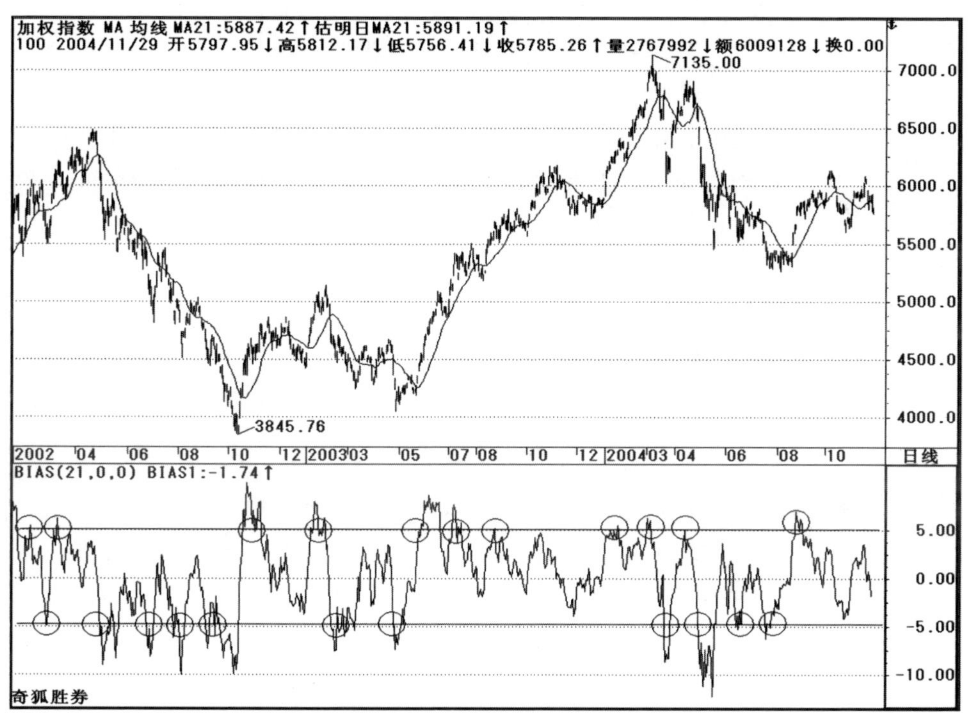

图 2-18　利用观察法取 BIAS 指标众数的图例

在图形中，我们可以分别在零轴上、下各画一条水平线，发现加权指数对应高档附近，穿越最多的转折点分别是 +5 和 -5 的乖离率，因此这些数字就是众数，如果分别乘上 2 倍，就为 2 倍众数。

乖离密技研讨

（1）乖离值可以研判头部形态、底部形态以及顶底背离。

(2) 利用乖离值画出的趋势线，通常有领先 K 线突破、跌破，或是与 K 线同步的情形。

(3) 我们可以利用预估值计算公式，计算出明日跌破或突破 BIAS 颈线的参考价：假设使用 21*MA*，则明日预估进出参考价为：

明日参考价＝明日预估 21*MA* 值×(1＋颈线 21BIAS 值)

以上观念曾于 1999 年末公开发表过，目前市场中已有流传，亦有他人将其编入教学单元中。其中明日参考价涉及到两个变量值，故与实际值会出现些许误差，但是无碍实际研判。如果是专业投资人，可以运用这些观念在盘中实时走势中加以判断即可，不必计算参考价。而对于一般投资人，可以运用公式在盘后先行推演明日可能盘势与拟定操作策略。

实战操作运用

在图 2-19 中，精英股价以标示 A 为颈线，盘出一个底部的形态。一般而言，底部完成的确认点是必须突破颈线，甚至有人说要“站稳三天，突破颈线 3%”，这样才算是真突破，真不知道这样的理论依据在哪里？因为站上颈线 3 天或突破颈线 3%之后再跌破颈线的比比皆是，关于这种对趋势线真假突破的概念，请参考拙作“主控战略开盘法”中的说明。

在敝人的实战技巧中，不仅要可以精确地确认底部完成与否，更要有领先“怀疑”底部已经完成的能力与认知技巧。运用的法门如图所示，在对应 A 颈线的指标位置一样画出一条颈线，我们发现在标示 B 的位置指标已经领先突破颈线，因此我们就可以先定位当时已经完成底部第二只脚，也就是说指标完成底部形态，K 线的形态就暗示底部第二只脚完成。

而 K 线必须要等到标示 C 这一根 K 线出现，才完成道氏理论中的“双重底”形态。这就是 BIAS 指标领先的观念。而后续完成底部之后，股价也同时穿越 21*MA*，并且 21*MA* 也转折向上形成助涨与支撑，当股价压回测试 21*MA* 之后(标示

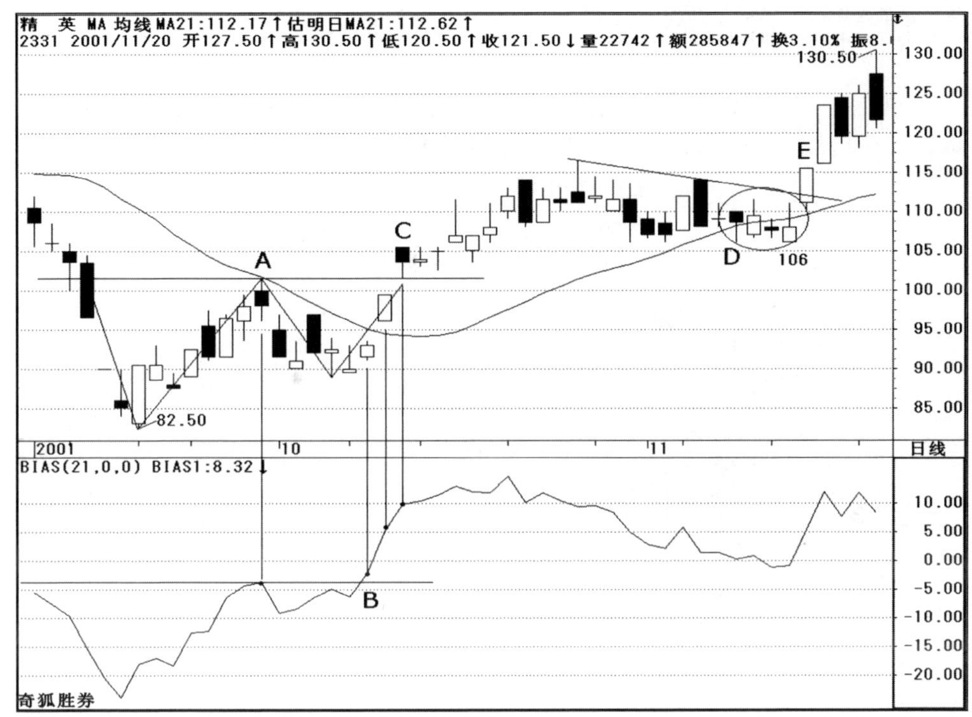

图 2-19　精英在 2001 年 10 月附近的图形

D 的地方），出现突破下降压力线且站上 21*MA*，故标示 E 的 K 线为多头买进点，因此操作策略是做多买进，目的是要赚取主升段的利润，而其起涨低点为 106 元。

接着我们看图 2-20。标示 E、F 的位置为正乖离过大，一般 21BIAS 的众数是＋16％以上就要注意出场，当时已经到达 2 倍众数，因此容易出现短线卖出信号，而在主攻段卖出之后股价会进行震荡、拉高之后再盘头，这里股价持续创新高为正常走势，但是强攻力道已经消减，股价与指标的对应关系中，就会出现高档背离的现象，我们称为“顶背离”或是“牛市背离”。

利用 BIAS 指标观察背离，会有一般人常遇到的盲点，就是出现“二度背离”，导致投资人不知道是否应该在一度背离或是二度背离才该将股价出脱？其实最简便的研判口诀

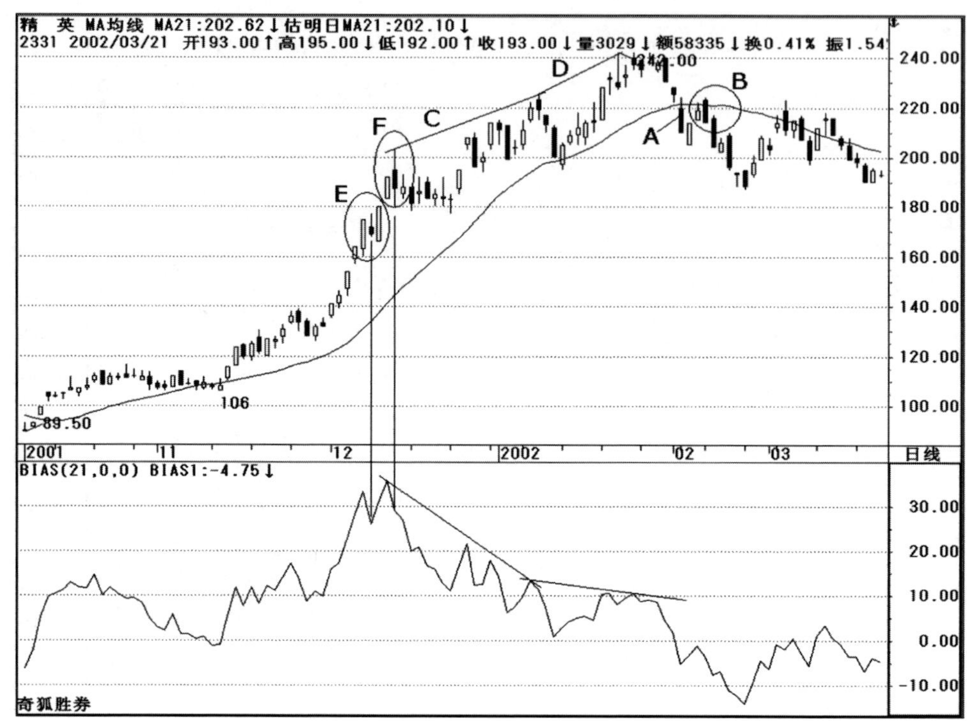

图 2-20 精英在 2001 年 12 月附近的图形

就是："满足点"完成的背离才是真背离。如果对推算满足点出现困难，不如用最简单的一条均线来观察，那么就可以很轻松地研判真假背离了。

我们以图 2-20 为例子说明。请注意如果用 21*MA* 在股价上，那么对应的指标就要用 21 日 BIAS，不能乱点鸳鸯谱。从图形中标示 C、D 的位置是背离走势，也就是说它背离了两次，当时背景是强势多头时，背离就会越明显，甚至背离三次、四次都有机会出现，但是股价却不断持续创高，谁管他的背离呢？如果是卖早了还无所谓，万一是放空，不就惨遭轧空了吗？但是只要回头一想，把研判单纯化，就不难窥破这些玄机。

我们尝试将葛兰碧法则和背离现象搭配运用，在图中标示 A 的地方出现跌破 21*MA* 的走势，当时均线已经走平，当股价在反弹时已经略微下弯，在标示 B 的位置撞到 21*MA* 的反压，且形成“阴子母”，此时可以在前波已经背离，此处又符合葛兰碧法则的卖点，大胆肯定这里是起跌点！

请看图 2-21。碧悠股价在标示 A 的地方突破下降中的 21*MA*，正常的行为是会拉回修正，并寻求支撑，第一次支撑是点到 21*MA* 反弹(正好可以画一条水平颈线)，在反弹过程中出现一个头部的形状，我们就可以对应到 BIAS 指标，同步画出一条属于指标的水平颈线。

在标示 B 这一根 K 线，属于日落黑 K，它已经跌破 21*MA*，但是尚未跌破股价颈线，然而在指标上，已经跌破指标颈线，所以我们可以推估：①明日股价非常有可能跌破颈线；②今日跌破 21*MA* 是属于“真跌破”。

事实上证明，标示 C 是一根持续的日落黑 K，也跌破股

图 2-21　碧悠在 2001 年 6 月附近的图形

价颈线，当一般投资人还在等确认时，我们已经利用 BIAS 指标领先的特性，早一步知道股价未来最有可能的走势。在那同时，自然可以善用葛兰碧法则中的卖点，出脱手中持股或是逢高放空。

请看图 2-22。这是利用底部背离和均线法则研判低文件买点的范例之一。标示 A 的地方出现股价创新低，指标没有创新低的走势，此即所谓的底部背离。其实就是股价与均线的距离缩短，暗示股价虽然下跌创新低，但是跌势已经趋缓，未来有反弹的机会。

当出现标示 B 这一根 K 线就确认底部背离完成，而股价穿越 21MA，就会产生第一次止涨点。当打回到画圈标示 C 之处时，股价呈现对多头有利的“镊底”组合，其中第二日也就是标示 D 的 K 线已经站上 21MA，因此这里是极短线的买进信号，到隔一日标示 E 出现跳空日出红 K，就宣告小波段行

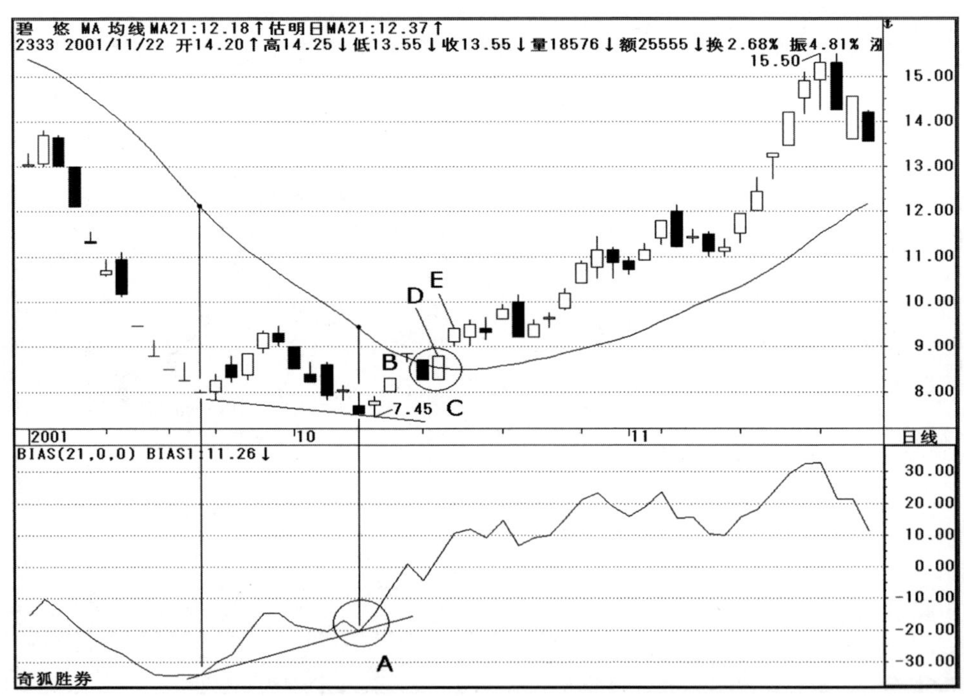

图 2-22　碧悠在 2001 年 10 月附近的图形

情发动，未来只要观察均线是否会扣抵转折向下，并搭配葛兰碧法则的买卖点来做进出。

绝 活

请看图 2-23。举例的日期是 2002 年 4 月 26 日当日亚迅股价，当时的背景是股价已经呈现“顶背离”，而且在背离走势中曾经跌破过 21*MA*，这是转弱的迹象之一，接着创下 61.50 元的高点，压回测试 21*MA* 的支撑，并形成一条观察颈线，有盘头的疑虑。

我们在相对于股价颈线的位置，画一条指标的水平颈线，也就是要利用 BIAS 指标领先的特性，来观察头部是否有机会完成，在标示 A 当日就是 2002 年 4 月 26 日，当时需要用到的数值分别是：估明日 21*MA*=56.43 元，颈线位置的 BIAS 值=1.82，有了这些数据，将它们代入乖离密技中的计算公式：

图 2-23　亚讯在 2002 年 4 月附近的图形

明日参考价＝明日预估 21*MA* 值 × （1＋颈线 21BIAS 值）

因此可以在当日收盘后算出明日跌破指标水平颈线的股价参考收盘价数字。

故明日参考价＝56.43×（1＋1.82÷100）＝57.612 元，也就是说明日收盘价维持在 57.612 元之上，指标就不会跌破指标颈线，但是在标示 A 的隔一根 K 线，最高价＝58.50 元，最低价＝收盘价＝56.00 元，很显然已经跌破计算出的参考价，因此指标会跌破指标水平颈线，如图所示，BIAS 的值是从 3.31 变成－0.47，穿越颈线值 1.82。

也就是说，在标示 A 的隔一根 K 线盘中股价行进过程，就可以研判已经让指标颈线跌破，当时又正好跌破 21*MA*，所以当日是一个明确的卖出信号，而我们用这样领先的观念来研判，足足比股价颈线被确认跌破提早了 4 根 K 线，这 4 日不但可以增加利润，更可以降低风险，此即为实战领先技巧最大密技之一。

我们再多看几个例子熟悉属于笔者的独门技巧，请看图 2-24。友达的股价在 2003 年 5 月 21 日之前已经有盘底的味道，取出股价对应的指标水平颈线，指标的水平颈线值＝－0.87，预估明日 21*MA* 值＝18.41 元，将这些数字代入乖离密技中的计算公式：

明日参考价＝明日预估 21*MA* 值 × （1＋颈线 21BIAS 值）

故得明日参考价＝18.41×（1＋（－0.87）÷100）＝18.25 元，也就是说明日的收盘价如果高于 18.25 元，那么指标的水平颈线就会被突破，指标的底部形态就完成了。

我们从 K 线图中发现该笔长白 K 线收盘价＝18.50 元，比计算出的参考价 18.25 元高，也就是说指标底部形态完成，而看到指标字段中发现，21BIAS 值从－4.18，上升到 0.15，果然穿越了颈线值－0.87，又当时长白线也站上 21*MA*，所以这是形态学中的第一买进信号。股价则是迟至 2

日后才出现突破股价水平颈线的行为，这里属于形态学中的第二买点。

从整个轮廓看起来，第一买点的风险较第二买点低，同时利润也比较多，比一般投资人早买几笔这种愉悦的感觉，是学习技术分析者难以用笔墨形容的感觉啊。

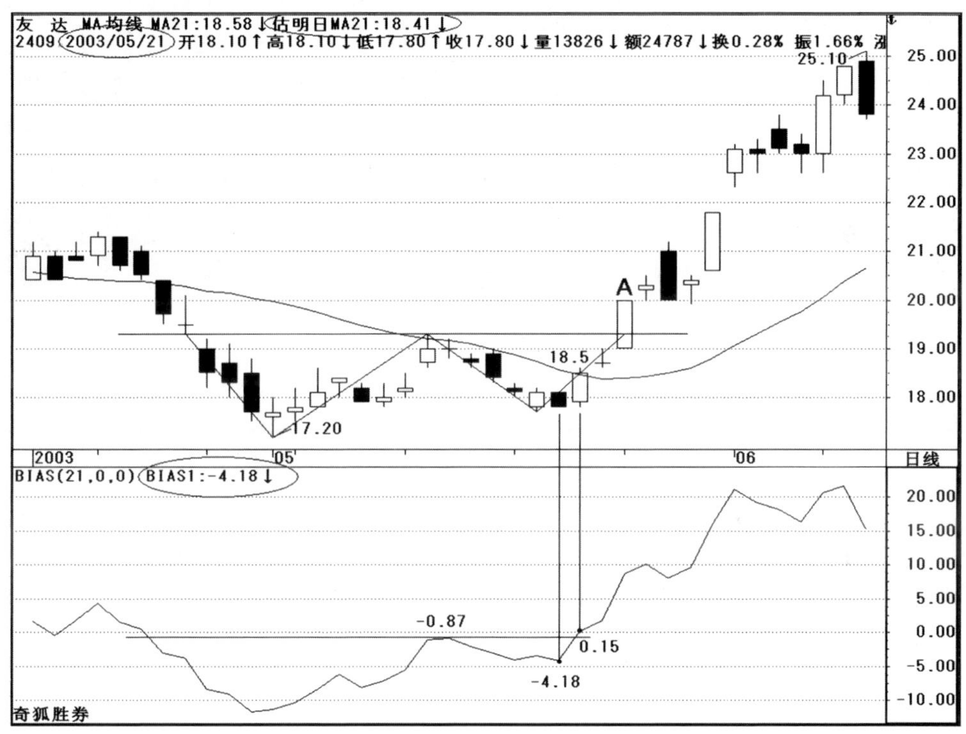

图 2-24　友达在 2003 年 5 月附近的图形

我们接着看最后一个例子，请看图 2-25。友达的股价在 2001 年 5 月 25 日之前出现了“顶背离”的走势，在背离的过程曾经跌破过 21*MA*，创下 41.70 元的高点后拉回再度跌破 21*MA* 才反弹，出现了盘头的疑虑，此时以当时低点画出一条股价的水平颈线观察，同时对应到 BIAS 指标，也画一条指标的水平颈线观察。

根据 BIAS 指标密技的概念，BIAS 指标对应股价的指标

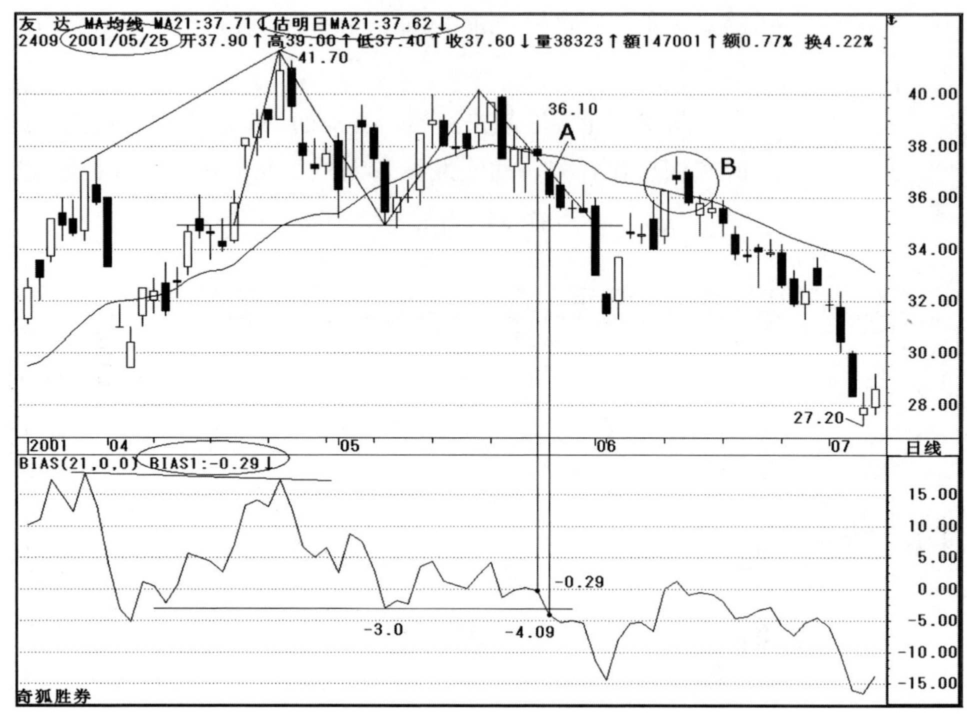

图 2–25 友达在 2001 年 5 月附近的图形

的水平颈线值＝－3.0，预估明日 21*MA* 值＝37.62 元，将这些数字代入乖离密技中的计算公式：

明日参考价＝明日预估 21*MA* 值 ×（1＋颈线 21BIAS 值）

故得明日参考价＝37.62×（1＋（－3.0）÷100）＝36.49 元，也就是说明日的收盘价如果低于 36.49 元，那么指标的水平颈线就会被跌破，指标的头部形态将会完成。

很显然的，在标示 A 这一根 K 线是日落黑 K，其收盘价＝36.1 元，已经比预估的 36.49 元还要低，因此指标将会跌破颈线，从指标字段来看，21BIAS 值从－0.29，下跌到－4.09，果然穿越了颈线值－3.0，又当时日落黑 K 前一日已经跌破 21*MA*，标示 A 当笔是跳空下跌，所以这是形态学中的第一卖出信号。股价则是迟至 4 笔后才出现跌破股价水平颈线的行为来完成头部，这里属于形态学中的第二卖点。

顺便比较一下第一和第二卖点的差异，在图 2-25 中，第二卖点的隔一日就见低止跌反弹，那么一般投资人在这里卖出，就要大[illegible]心肝，万一伺机放空者，还会被轧到短空，也难怪用错技术分析技巧的投资人，会发出技术分析无用论或者是“形态学”是落后的参考形态这种论调。

殊不知能够掌握这种 BIAS 领先技巧的投资人，早在标示 A 这里就出场(或券空)，当股价反弹到标示 B 的地方时正好撞到标示 A 的压力，同时又是葛兰碧法则中的卖出信号，对实战操作者而言，又是一次卖出的最佳时机，当然搞错方向的操作者是在这里被轧短空且认输回补，这一来一回之间，赢家与输家的区别不就很明显了吗？

当然，关于乖离的密技当然不止于此，运用的过程仍要强调是以 K 线为主，指标为辅，但是利用指标来反推 K 线的变化，有时候会有惊人的利润与实战效果，重点仍在于要对指标的意义认识透彻，希望这里提出的运用技巧能有抛砖引玉的功用，可以激发出各位读者更多的创意，发掘出指标的其他种种奥妙，当然，不仅于 BIAS 指标而已，请各位喜好技术分析的读友不妨举一反三。

【本章自我练习题】

练习 3：请说明下列图形中所标示 A 的买点为葛兰碧八大法则中的哪一条法则？

练习 4：请说明下列图形中所标示 A 的卖点为葛兰碧八大法则中的哪一条法则？

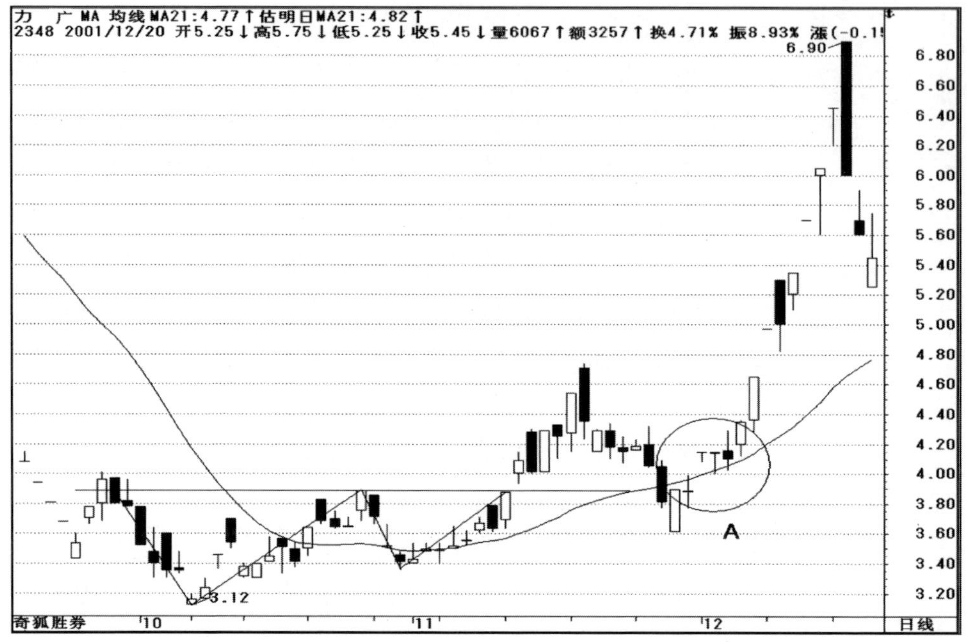

练习 3 的图形

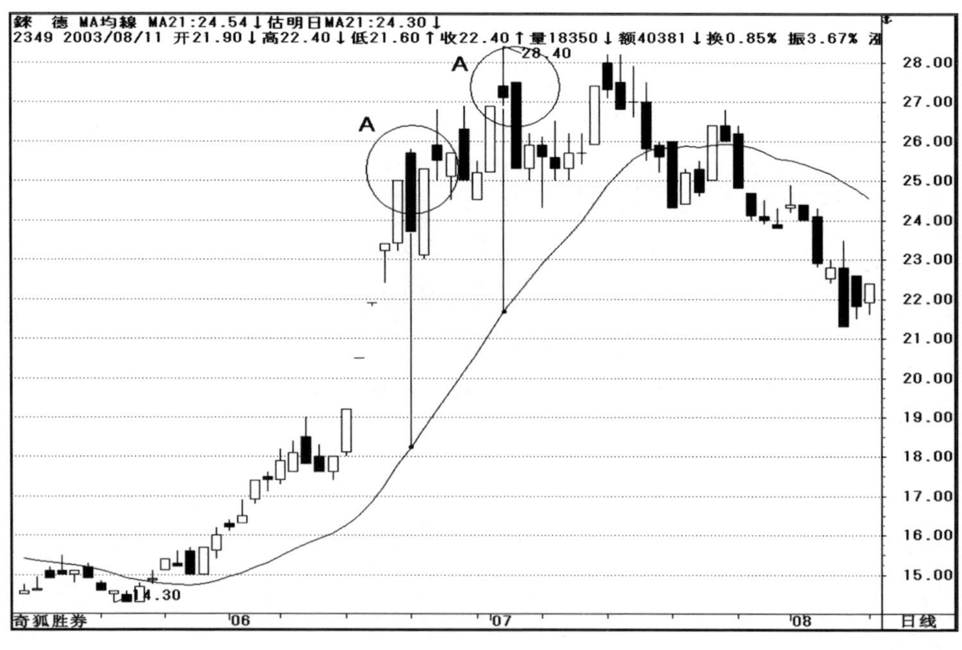

练习 4 的图形

第三章

均线的指标特性

我们根据移动平均线的公式、在线图上的走势归纳与实战上的验证，可以得到移动平均线的十大指标特性，分别为：扣抵反转、穿价控盘、多空排列、短长交叉、涨跌力道、多空差离、顶底背离、逆向交点、成交集中与三线合一。当然，还有更多的细致的技巧没有包括在上述法门里面，比如正负背离、鸭嘴与生死眼等等，但是投资人只要认识、熟悉这十大方法，在实战运用上就已经绰绰有余了。我们将在后面的小节，一一为各位读者说明这十大指标特性。

第一节 扣抵反转

当移动平均线从上升走势，转成下降走势，称为指标负反转；如果是移动平均线从下降走势，转成上升走势，称为指标正反转。一般软件会在指标数值后面以向上、向下的箭头来表示值标示处于上升走势走势还是下跌走势，而造成移动平均线产生正、负反转的参考价，我们称为扣抵值或是反转参考价。

扣抵反转属于移动平均线的应用分析技巧。假设我们用5日移动平均线做为操作参考均线，目前均线维持下降趋势，若明日收盘价突破“扣抵价”，则代表下降的移动平均线将止跌反转向上。反之，若 5 日移动平均线维持上升趋势，若明日收盘跌破“扣抵价”，则上升的移动平均线将止涨反转向下。

那么扣抵价是哪一个数值呢？我们先计算今日的 5 日移动平均线：

$$5MA=(C_1+C_2+C_3+C_4+C_5)\div 5$$

其中 C_1 是代表今天的收盘价，C 是代表前一天的收盘价，其它以此类推。接着我们再假设明日收盘价为 X，则明日的 5 日移动平均线：

$$5MA=(X+C_1+C_2+C_3+C_4)\div 5$$

而原本上升的均线会反转向下或是原本下降的均线会反转向上之前，指标必定会先走平，所以我们让今日的移动平均线等于明日均线，就可以得到 $X=C_5$，也就是从今天开始往前数 5 日的收盘价就是 X 值。当明日收盘价穿越 X 值时，移动平均线的原始方向就会产生改变。所以 X 值就称为扣抵值。

我们如果用同样的方法去推导，就可以得到 N 日移动平均线的 X 值，公式推导如下：

N 日 $MA=(C_1+C_2+C_3+C_4+\cdots+C[N-1]+C_N)\div N$

明日 $MA=(X+C_1+C_2+C_3+C_4+\cdots+C[N-1])\div N$

所以 $X=CN$，比如说，要找 $200MA$ 的扣抵值，则 $X=C200$，也就是从今日开始数，200 日前的收盘价。

扣抵的目的是什么？不少人将扣抵观念说得相当神秘，其实它只不过是告诉我们此时是助涨或助跌的特性，顺便告诉我们“扣抵这两笔的比较力道”而已。而“扣抵高档”与“扣抵低档”主要目的是可以预先知道移动平均线的方向是否即将改变，假设出现一根关键的长红 K 线，则可能将整个下跌走势扭转成上涨走势；一根关键的长黑 K 线，则可能将整个上涨走势扭转成下跌走势。实战操作者必须重视这一根关键的 K 线，因为它代表的是“多空临界点”，也是移动平均线的真谛。

如何利用扣抵来做预测呢？一般软件会采用▲符号，告诉我们该移动平均线扣底的位置，经由设计，也可以在扣抵的对应位置写出扣抵的参考价，请参考图 3-1。我们以 5*MA* 为例，当台积电这一只股票在 2004 年 11 月 19 日收盘之后，从当天开始往前数 5 天，就是扣抵的相对位置，其扣抵参考价是 47.50 元。

因为股价维持在 5 日移动平均线之上，且移动平均线是向上的，所以移动平均线就具有支撑力道，如果下一个交易日跌破 47.50 元，移动平均线就会产生转折向下，支撑的力

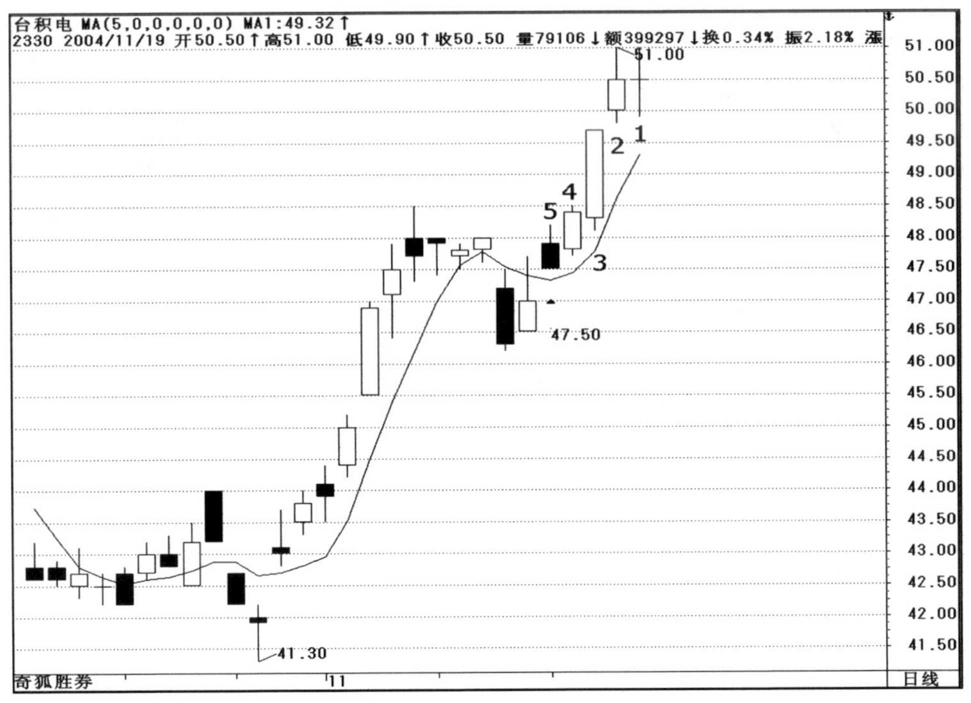

图 3-1　台积电的 5*MA* 扣抵观察

道就会消失。

运用范例

请看图 3-2。台指当月从 6212 的低点开始上涨，图中的移动平均线采用 5MA 观察，也跟着股价上涨呈现上扬的走势，一路上涨的过程中，5MA 均没有产生向下转折的情形，观察的方法可以直接看指标数值后面的箭头，如果一直保持向上的箭头(↑)，代表均线持续向上。

等到股价创下 7312 的高点之后，出现连续两笔的黑棒，这是短线涨势停滞的信号，因此必须特别注意明日均线的转向。我们在 2004 年 3 月 8 日当天收盘之后，以 5MA 观察，其扣抵 K 线在▲符号处，扣抵价为 7055，而当天收盘价是 6979，也就是明日必须上涨 7055－6979＝76 点，才能维持 5MA 持续向上。

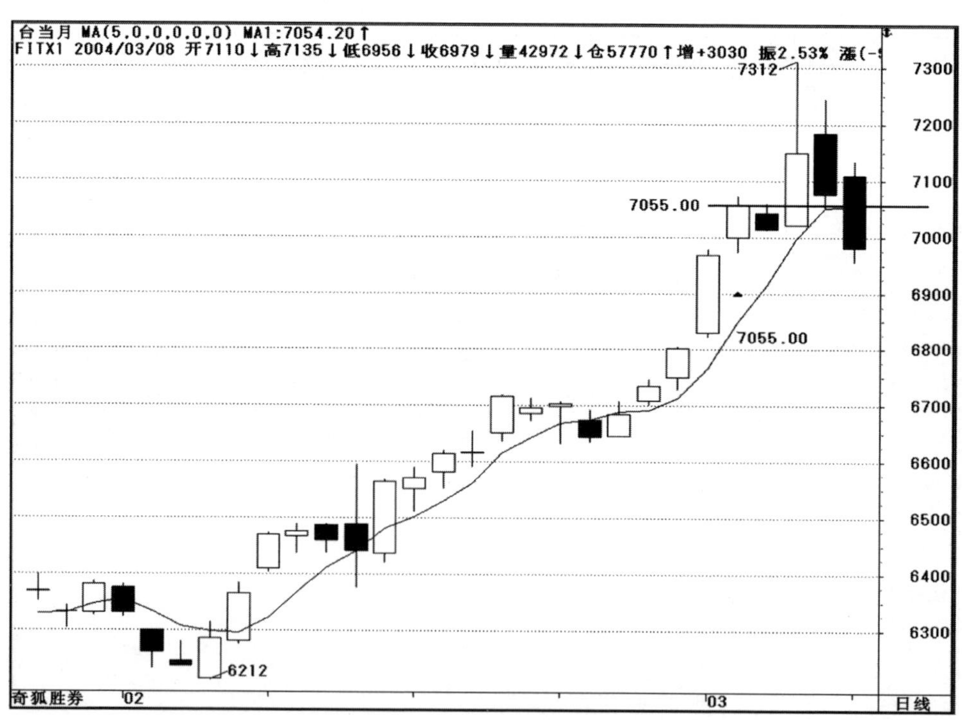

图 3-2 台指当月在 2004 年 2 月以后的图形

延续上一张图的说明，我们接着看图 3-3。因为 3 月 8 日隔天如果不上涨 76 点，那么 5*MA* 会从上升转成下降，此时 5*MA* 的支撑作用就会变成压力作用，而隔一天最高价是 7056，收盘价是 7051，也就是说只有一瞬间满足上涨 76 点的要求，其他时间都是在扣抵值之下，因此在盘中，我们就可以认定 5*MA* 已经转变成为压力了。

虽然当日收红 K，但是 5*MA* 已经从向上转成向下，唯一的机会是想办法利用这一根红 K 为基石，让股价上涨并站上扣抵价，如此 5*MA* 才会再度翻扬形成支撑，可惜的是红 K 之后是一根日落黑 K，让扣抵价越走越高，离每日收盘价也越来越远，此时 5*MA* 确认为压力，而 3/8 隔一日的红 K，就可以定位为短线多头逃命。

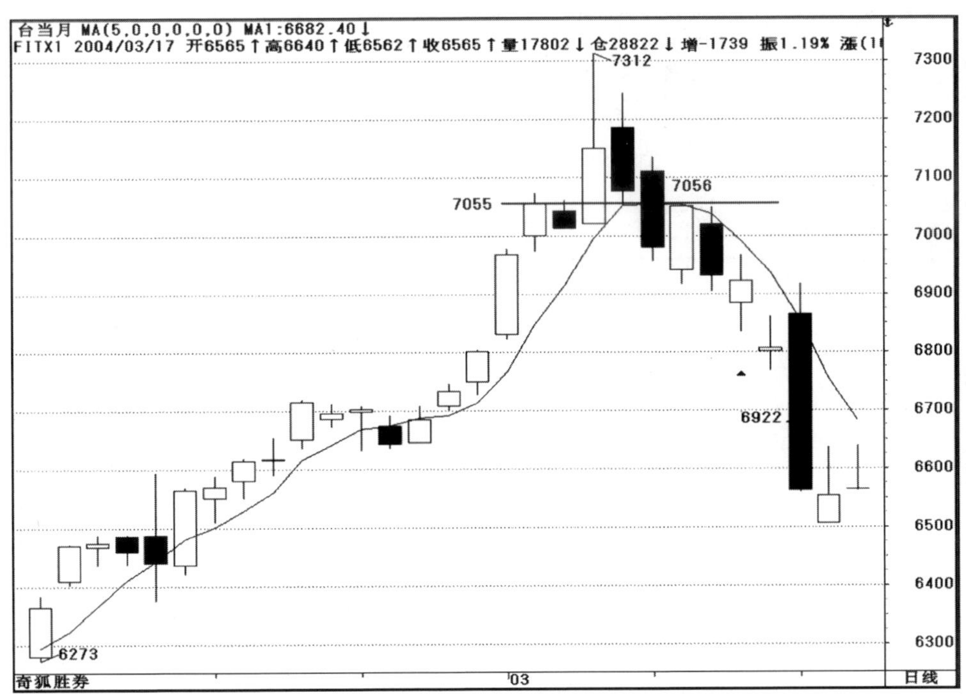

图 3-3　台指当月在 2004 年 3 月以后的图形

请看图 3-4。台积电这一张图采用 65*MA*(季线)来做说明，当股价急速拉升一波，在 2001 年 10 月 24 日当日以长白线站上季线时，当时的 65*MA* 仍是呈现向下走势的，而当日季线扣抵 K 线位置在▲符号这边，扣抵价为 62.00 元，当日收盘为 61.50 元，也就是说，明天只要上涨 0.50 元以上，季线就正式翻扬。

但是后续扣抵将拉高到 71.00 元，也就是会扣抵到高价，因此以后的盘势必须持续以轧空模式，K 线保持日出的波段，才能让季线完全翻扬。而季线翻扬之后的前一段上涨，通常为股价的某一大波段的初升段走势，因此投资人在季线翻扬之后必须注意股价是否出现对应的上涨轧空走势，以便切入积极做多。

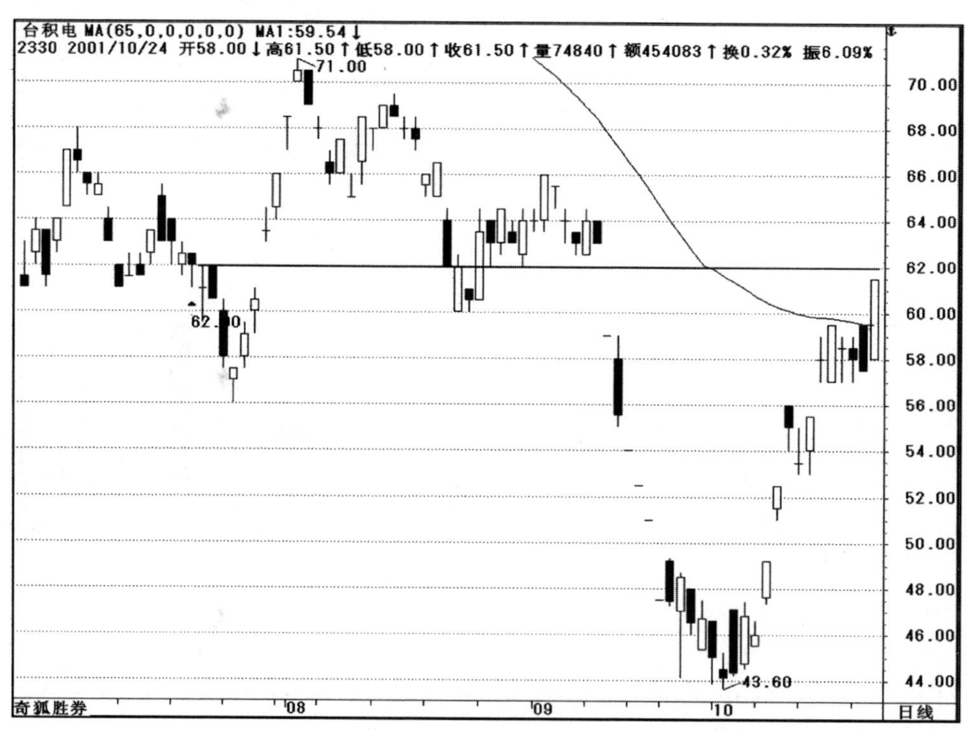

图 3-4　台积电在 2001 年 8 月以后的图形

接着请看图 3-5。股价在 10 月 24 日果然上涨站上扣抵价，让季线正式翻扬，后续上涨到 67.00 元再打回到 60.00 元，因为此时季线已经翻扬，故视为支撑线，打到 60.00 元低点时仍保持在季线之上，因此后续上涨过程中必须注意寻找短线买点。

就浪潮角度看，从 43.60 元涨到 67.00 元这一段已经是一个完整的波段，因此未来再度上涨，我们就可以预估未来可能涨升的目标会以等幅来满足。因此目标价＝67.00＋60.00－43.60＝83.40 元，从图形上对照，正好是画圈圈之处满足预估目标，后续随即见 90.00 元高点后进行修正走势。

图 3-5　台积电在 2001 年 10 月以后的图形

第二节 穿价控盘

当股价从移动平均线上方跌落到移动平均线下方，称为跌破均线；当股价从移动平均线下方涨升到移动平均线上方，称为突破均线，部分程序交易者或是采用机械式操作法的投资人会采用移动平均线与股价突破、跌破的关系作为进出的参考，那么明日的移动平均线可能被明日的收盘价穿越的位置就变成一个重要的参考数值，这个参考数值就称为关卡价。

假设我们用 5 日移动平均线做为控盘操作的参考均线，当明日收盘价突破“关卡价”，则代表可以考虑买进(仍需其他相对条件)。反之，若明日收盘价跌破“关卡价”，则代表持股应该卖出。

那么关卡价是哪一个数值呢？我们先设明日收盘价为 Y，则明日的 5 日移动平均线：

$$5MA=(Y+C_1+C_2+C_3+C_4)\div 5$$

其中 C_1 是代表今天的收盘价，C_2 是代表前一天的收盘价；其他以此类推。如果明日的收盘价要穿越 5*MA* 以前，应该要先相等，所以就可以得到：

$$Y=(Y+C_1+C_2+C_3+C_4)\div 5$$

推得：$Y=(C_1+C_2+C_3+C_4)\div 4$，也就是 $Y=4MA$。意思是如果我们用 5*MA* 作为穿价控盘参考的话，明日的参考价就是今日的 4*MA* 值。

我们如果用同样的方法去推导，就可以得到 *N* 日移动平均线的 *Y* 值，公式推导如下：

$$Y=(Y+C_1+C_2+C_3+C_4+\cdots+C[N-1])\div N$$

$$Y=(C_1+C_2+C_3+C_4+\cdots+C[N-1])\div (N-1)$$

即：$Y=(N-1)MA$，比如说我们要以 200*MA* 来作为穿价控盘来参考，则 $Y=199MA$，也就是今天的 199*MA* 为明日参考价。

实际运用时，我们利用软件可以偏移指标线的功能，将计算好的 *Y* 值画在明日 *K* 线的位置上，并将该数值秀出，在盘后就可以知道明日关卡价的对应位置。盘中也可以直接参考，因为该数字固定，没有传统移动平均线会在盘中产生浮动的现象，对于短期操作者在观察实时走势图时，具有绝对的参考性。

运用范例

请看图 3-6。假设我们以 10*MA* 搭配 K 线走势做买卖进出控盘穿价的参考，则台泥股在 2004 年 6 月 21 日当天收盘之后，股价并未跌破倒数第 5 根长白 K 线低点，更重要的是 13.45 元的低点也没有跌破，因此这里有机会形成扩底完成的低落点走势。

图 3-6 台泥在 2004 年 6 月 21 日当日的图形

而10*MA*明日参考价为13.97元，也就是说明日收盘只要站上14.00元以上(因为股价跳档的缘故，故进位)，那么就是穿价成立，问题是穿价以日出长白K线为多头攻击表态，而且收盘价离参考价越远越好，如果是黑K线，纵使站上参考价，也会担心后续会引发短线卖压，使得股价穿越平均线出现“假突破”的行为。

接着请看图3-7。在6月21日的隔一天，股价收盘是14.10元，已经站上预估参考价14.00元，因此这一笔日出长白线是短线攻击信号之一，再接续的棒线持续日出收红，且带动移动平均线向上，因此这里就有机会形成底部，并出现波段行情。

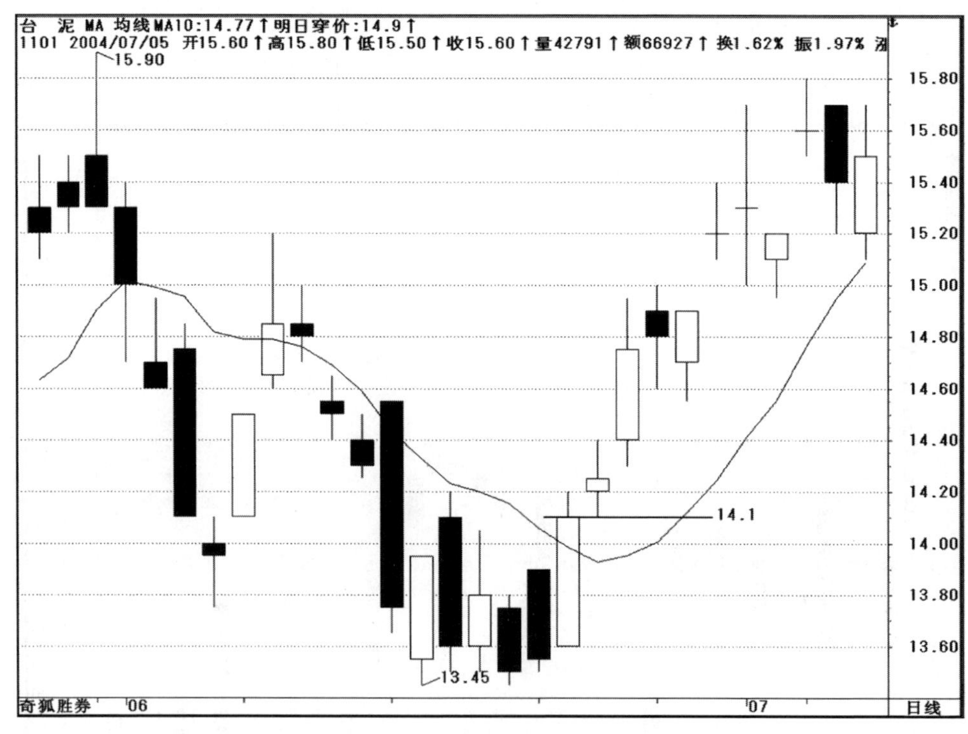

图3-7 台泥在2004年6月21日之后的图形

这一张图形中，在 13.45 元之前也有出现股价收红棒、价涨并站上 10*MA* 的现象，后续是止涨压回的走势，投资人可能会产生疑惑？何时才是真正穿价的买点？如果是程序交易者，当然可以在程序中加入不同类型的研判，使穿价的有效度提高，一般投资人可以加入相对条件，如成交量、KD 指标之类的相关辅助信息。

第三节　多空排列

当我们在 K 线图形中摆放两条以上不同周期的移动平均线，那么根据这些移动平均线的组合，就可以观察出股价的波动趋势。如果短期移动平均线在一段时间内都维持在长期移动平均线之上时，称为“多头排列”，表示股价趋势为多头走势；如果短期移动平均线在一段时间内都维持在长期移动平均线之下时，称为“空头排列”，表示股价趋势为空头走势。

另外，也可以利用两条移动平均线研判出多、空走势中，短期趋势的变动。比如说长期均线处于上扬走势，短期均线在长期均线之上，但是却呈现下降走势，我们可以定为此时为“多头走势中的短期回档”；反之，长期均线处于下降走势，短期均线在长期均线之下，但是却呈现上扬走势，我们可以定为此时为“空头走势中的短期反弹”。

又股价处于下跌趋势，所有移动平均线都呈现向下的走势，当股价出现反弹时，出现短期移动平均线全部呈现多头排列，比如说 2*MA*、3*MA*、4*MA*、5*MA*、6*MA*、7*MA* 第一次同时都向上，往往是一小段反弹的相对卖出信号；相反的，股价处于上涨趋势，所有移动平均线都呈现向上的走势，当股价出现回档，出现短期移动平均线全部呈现空头排列时，比如说 2*MA*、3*MA*、4*MA*、5*MA*、6*MA*、7*MA* 第一次同时都向下，往往是一小段回文件的相对买进信号。

而股价在极其强势时，股价均在所有均线之上，且均线彼此的正乖离都相当大，此时短期均线如 5 日 *MA* 被跌破时，就可以用下一条移动平均线如 10 日 *MA* 为支撑。这是因为强势行情会使 5 日 MA 与 10 日 *MA* 之间有缓冲空间，股价跌破 5 日 *MA* 回檔至 10 日 *MA*，应有初步支撑。若股价的走势并非极强势，则应以距离较远的另一条均线如 21 日 *MA* 为波段的支撑较恰当。这也是多头排列时，均线支撑的基本运用法则，反之亦然。

但是股价处于震荡走势，为“盘整”形态时，多空不容易分出方向，一般传统均线的用法将无用武之地。但是我们却可以运用均线取出对应的箱形，提供极短线操作者运用“高卖低买”的策略。箱型的取法相当多元，在这一本书中会示范一个基本的均线取箱法则，请参考附录的说明。对于保守投资人，当均线告诉我们行情进入箱型整理时，不妨可以先行退出观望，待行情出现变盘(即突破箱形)时，才积极进场操作。

运用范例

请看图 3-8。在标示 A 的地方，5*MA*、10*MA* 和 21*MA* 呈现 5*MA*＞10*MA*＞21*MA*，而且 3 条均线的走势都向上，所以这里是属于标准的多头排列，又股价上涨将每条均线间的差离扩大，根据股价惯性原理，会往上升中的移动平均线靠近，称之为回档，回档过程中以短期均线为短期支撑，中期均线便为中期支撑。

在回档过程中，短期均线会产生走势趋平或是转成向下的走势，但是较长的均线仍然保持向上，因此这些回档行为就是“多头走势中的短期回档”，如图中标示 B、C、D、E 的位置，股价分别测试或跌破 5*MA* 与 10*MA*，当股价修正接近 21*MA* 时(即标示 E)，形成“镊底”组合，再出现“均线三合一”的走势，使 3 条均线恢复成“多头排列”，并发动另一波上攻的行情。

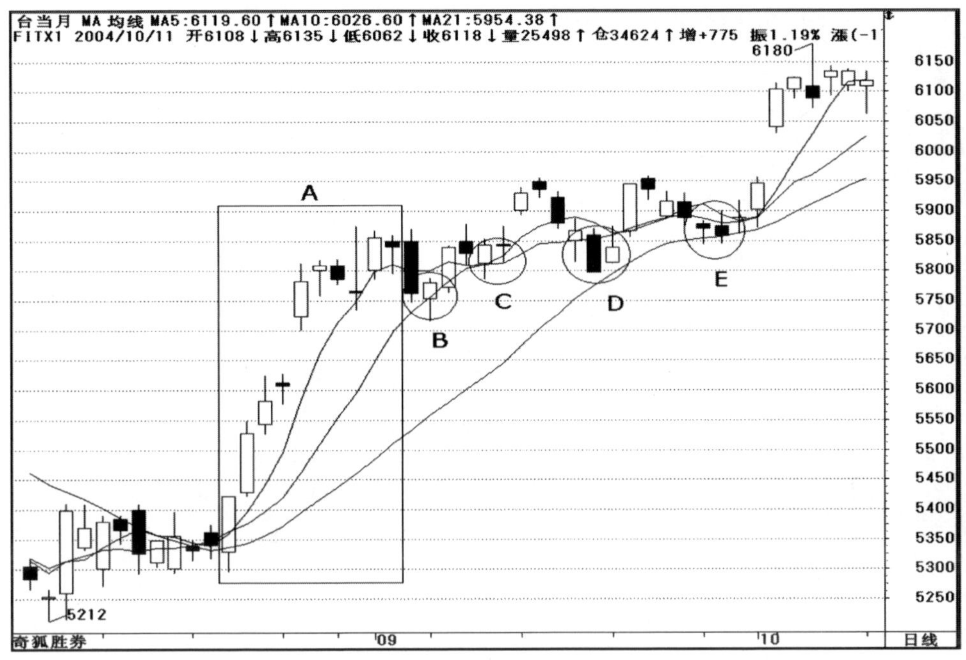

图 3-8　台指当月在 2004 年 8 月以后的图形

请看图 3-9。精英的股价从图形左侧 64 元的高点开始一路下跌，整张图所呈现的走势中，21*MA* 走势一直向下，没有上扬的迹象，这一点可以利用扣抵价研判，图中虽然出现一些反弹，但是仅为“空头走势中的短期反弹”，除此之外，均线行为都呈现标准的“空头排列”。

在标示 A、B 的框框中，呈现两段式反弹，穿过 21*MA* 后出现止涨的标准模式，如果这里想要盘底，必须在拉回过程中想办法使 21*MA* 扣抵值降低，再让 21*MA* 扭转成向上走势，没有这些行为，只是反弹，没有盘底的机会，千万别存有错误的想法，想要“逢低布局”，因为逢低布局的策略必须要有相应的前提。

图 3-9　精英在 2003 年 2 月以后的图形

第四节　短长交叉

当我们采用多条不同周期的移动平均线时，因为短周期的移动速度较快，长周期的移动速度较慢，所以不可避免的，当原始趋势的波动减缓时，就会出现指标线交叉的现象。

若短期均线原本在长期均线下方，形成短期均线穿越长期均线，并使短期均线变成在长期均线上方，就称为黄金交叉(又称为生叉)；同样的道理，若短期均线原本在长期均线上方，形成短期均线穿越长期均线，并使短期均线变成在长期均线下方，就称为死亡交叉(又称为死叉)。

交叉的有效程度，我们通常可以利用一些简单的法则来分辨。比如说，当长期移动平均线是向下时，当短期移动平均线与之黄金交叉时，这样的交叉力道会相对较小，所以股价必须想办法利用扣抵的力道在移动平均线黄金交叉之后，让长期均线产生转向，这样的黄金交叉才会有利。如果长期移动平均线原本就处于上升趋势，再度出现黄金交叉的现象，其实是股价再度上涨的信号，因此这样的黄金交叉信号就相对可靠，相同地，死亡交叉也可以用这样的观念去推演。

而在运用交叉技巧时，往往使用者受限于偏颇观念的误导，认为黄金交叉出现时就是买点，却忽略了上述交叉的基本观念，更缺乏实战上的运用诀窍，往往利用均线交叉信号进场之后，导致买在短线高档或是杀在短线低档的现象。

事实上，我们在观察中期趋势时，通常会将K线图切换到周线，采用的周期习惯使用6*MA*、13*MA*和26*MA*，辅以52*MA*(年线)、104*MA*(两年线)为参考信息。当中期趋势由多头转入空头时，会出现6周*MA*均线跌破13周*MA*均线，或13周*MA*跌破26周*MA*的死亡交叉现象，此时往往在第二周股价会尝试出现小波段反弹。

由于死亡交叉通常意谓未来的股价趋势应为空头行情，此时投资人趋向于悲观，但由于13周*MA*跌破26周*MA*时，股价已经下跌一大段，此为均线的缺点之一，所以股价的跌幅与26周*MA*均线乖离已经相当大，接着便会出现短线反弹的现象，此时如果进行中线停损，就会停损在波段下跌的相对低点。这样的研判技巧同样可以用于在黄金交叉的分析中。

实战上，我们可以运用交叉技巧来研判底部或是头部的形态是否成立。以打底为例，当股价处于W底的第一只脚之后，通常会出现5日*MA*突破10日*MA*的现象，刚好股价已经离开底部一段距离，此时如果贸然进场，往往会买在底部的颈线位置，这正是短线客的出场点，也是短线的相对高档，因为这时候股价正要触及21日*MA*，会呈现均线止涨或是假突破21日*MA*的现象。

而股价止涨之后，拉回修正并形成第二只脚时，5日*MA*

会配合突破 10 日 *MA*，并在一两日内会使股价一起突破 21 日 *MA*，此时的黄金交叉信号通常会使 W 底的形态完成，并使股价出现转多信号。当然，只要将上述的观念倒转过来运用，那么研判 M 头的形成自然也是轻而易举了。

运用范例

请看图 3-10。股价打底的目的是为了让均线扣抵价降低，且让均线纠结、筹码沉淀，有利于股价成本集中且降低之后，酝酿股价上涨的力道，因此利用均线短长交叉的特性，便可以辨识出是否呈现有效的打底过程。

在标示 A 之处，发现 6 周 *MA* 和 13 周 *MA* 呈现黄金交叉的现象，代表股价在短线上已经涨了一大段，随时要注意短线卖点，而不宜追价进场，此时在标示 B 的位置股价撞到 26 周 *MA*，很容易止涨，此为打底正常的现象。

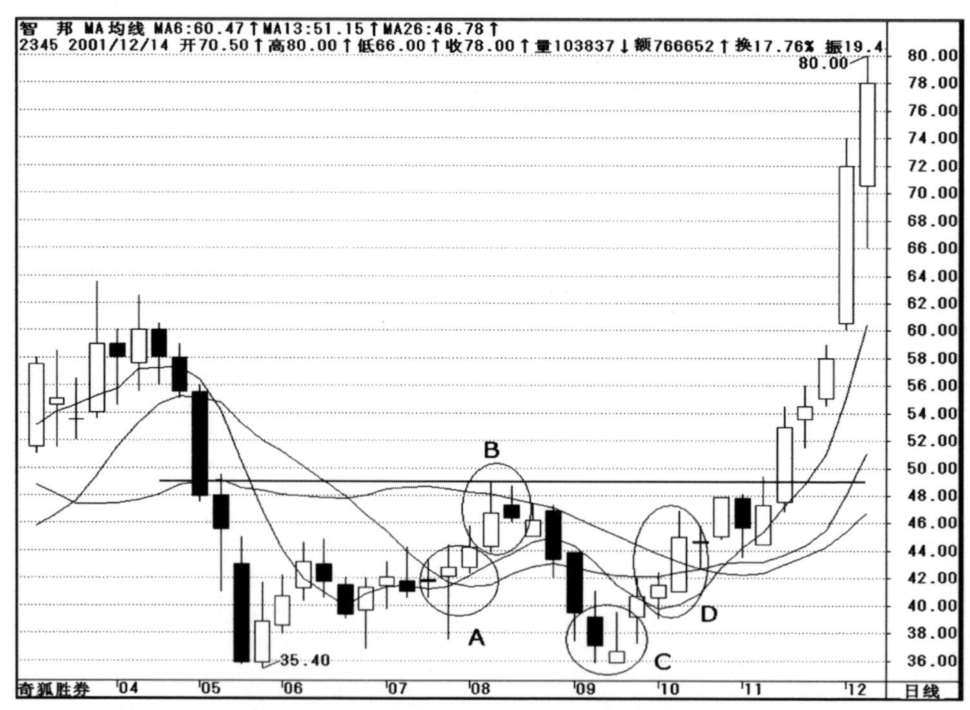

图 3-10 智邦在 2001 年 5 月以后的图形

我们先从标示 B 的地方画一条水平颈线观察，从标示 B 压回共 7 周，如果没有善用均线交叉的特性观察，买在止涨的 B 处，所蒙受的损失将会相当惊人，而在标示 C 的地方先出现“镊底”组合尝试止跌，接着在标示 D 的地方以长白线站上 26 周 *MA*，属于多头表态，以后只要扭转 26 周 *MA* 成为向上走势，则股价打底将会成功，股价在底部完成之后，自然会有丰厚的波段行情。

请看图 3-11。所罗门股价在标示 A 之处出现了 6 周 *MA* 和 13 周 *MA* 的死交叉现象，同时在标示 B 这里测试尚在上升过程中的 26 周 *MA*，正常而言会出现多头支撑现象。也就是说盘头的目的是为了将筹码释出，主力手中股票转到散户手中，行股票换钞票之实。

当然，我们可以先画一条经过标示 B 的头部颈线，从 B 处开始反弹后撞到已经下降的 13 周 *MA*，并于标示 C 的地方形成“阴母子”，暗示头部即将完成，等到标示 D 的日落长黑跌破颈线就可以进行确认，股价就此正式进入空头的走势，均线亦呈现标准的空头排列。

图 3-11 所罗门在 2000 年 2 月以后的图形

请看图 3-12。之前举的例子是周线图，致茂的例子是运用日线图，研判方法是一致的，只是运用的均线参数不同，请读者们注意。在标示 A 的地方均线呈现死亡交叉，同时股价测试上升中的 21*MA*，也就是说盘头的目的是要将 21*MA* 扭转成向下的走势，既然如此，股价会先反弹垫档，等待扣抵价接近当时收盘价，因此可以先在止跌点先画一条颈线观察。

在标示 B 的位置呈现穿越下跌中的 10*MA*，并出现“阴母子”的止涨信号，接着再出现“均线三合一下跌”走势，等到跌破颈线就可以确认头部完成。

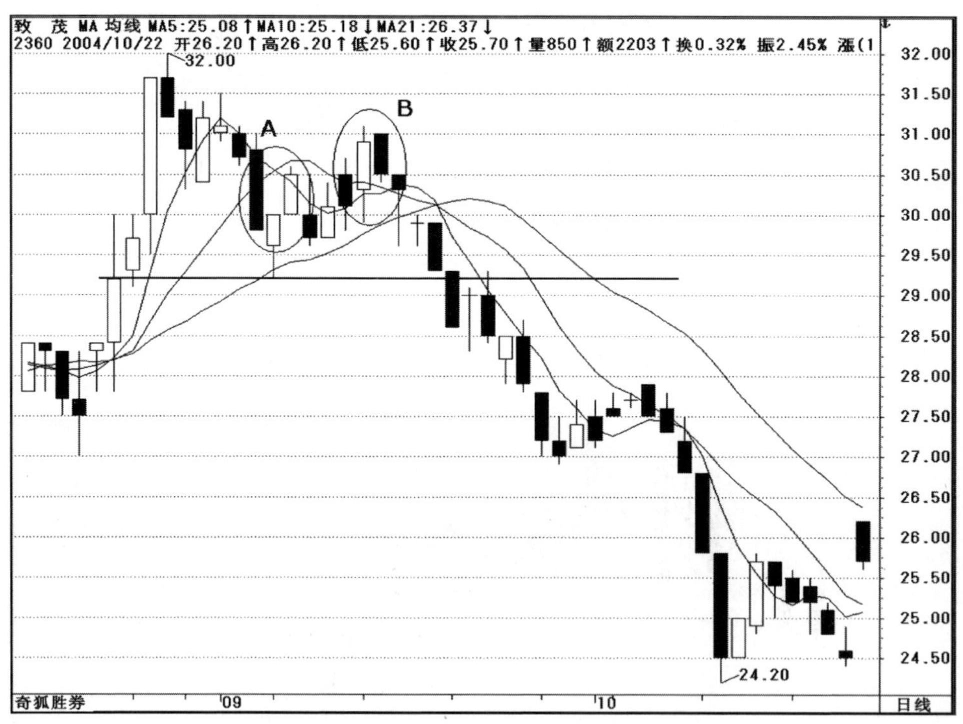

图 3-12 致茂在 2004 年 9 月以后的图形

第五节　涨跌力道

我们常常听到均线上升的角度很陡，或是上升的角度趋缓，这些陡峭、平缓的形容词比较抽象，无法明确的表示均线移动的力道如何，所以就有许多将均线力道量化的指标出现，比如说扣抵值、斜率计算、差离指标或是 *MTM* 等等指标，这些指标的性质都颇为接近，因此在这里我们只探讨斜率也就是单一条指标线力道的计算。

我们以 10*MA* 为例，如何表示该均线走势的强弱？量化的方法就是计算该均线走势的斜率。

斜率＝(今日 10*MA* 的数值－*N* 日前 10*MA* 的数值)÷*N*

其中 *N* 的周期建议在 9 以内，数值越小越能表现当时走势的现象，时间太长，反应将不够灵敏，这样就会失去计算斜率的意义。

运用范例

请看图 3-13。我们先以台指日线图作为例子，在图中发现股价从强势上涨后股价走势减缓，并且进入震荡整理。整理过程可以称为中段整理，此时跌破 10*MA* 或是 10*MA* 走平，是一种常态，而当震荡整理结束，股价突然拉高一段上升到 6180 的价位，通常这是走势中的攻击段或是末升段，如果是攻击段，指标就不会出现“顶背离”，也就是指标不创高，而股价续创新高。

在这一个指标的中顶背离的涵义是指移动平均线上升的力道已经减缓，也就是助涨力道降低，与前一波均线走势比较，角度不够陡，结论就是这一段上涨形成的均线支撑力道会比较薄弱，因此跌破均线必须立即退出。

从图形中，标示 A 的地方完成了指标背离，同时 K 线形态在最高一笔形成“阴母子”，当长黑跌破母线低点也同时跌破 10MA 均线之后，可以明显看出下跌的走势相当快速。

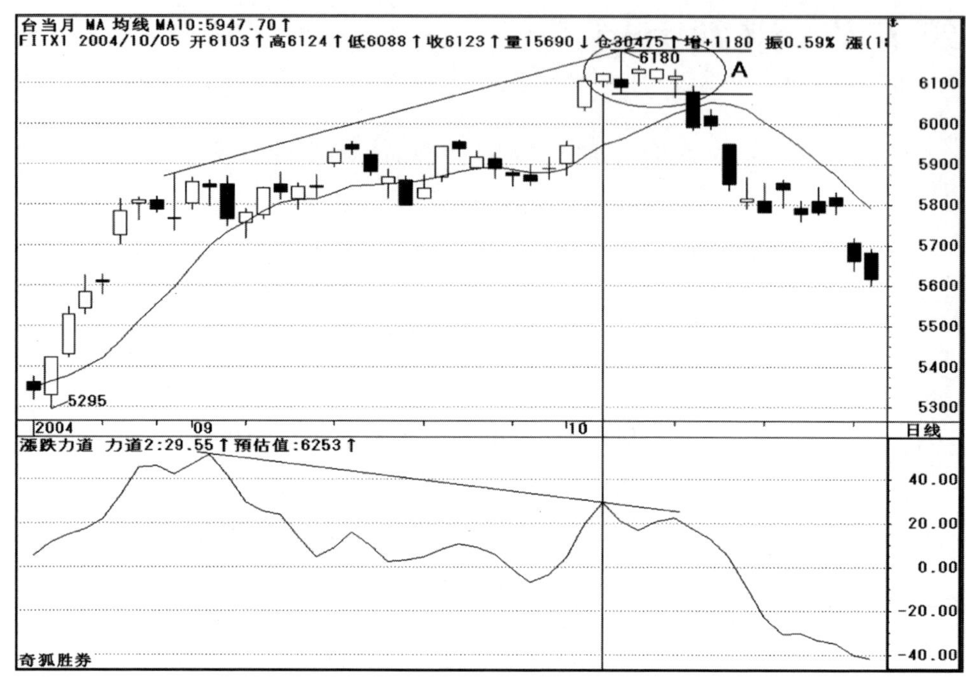

图 3-13 台指当月在 2004 年 9 月以后的图形

请看图 3-14。从泰山的股价，发觉与前一张图文件的范例有异曲同工之妙。在图中标示 A 的地方出现了力道指标一路往上，即均线向上走势角度较陡，同时股价伴随连续跳空上涨，故为主升段行情。

接着在标示 B 的地方出现“阴子母”的 K 线形态呈现止涨，同时指标转折向下，暗示均线走势减缓，未来将会趋近于走平，而股价在主升段之后往往伴随着中段整理走势，因此均线走平、股价测试均线支撑，或是跌破均线，在整理过程中均视为常态。

从图中可以看见在整理过程中曾跌破 10*MA*，接着再拉高到 12.20 元新高价，同时在指标的位置也出现背离的现象，编号 C 是“阳母子”，母线没有被跌破，故有能力继续创新高，而标示 D 之处，则是在创高之后，出现空头有利的“回转线”，并且填补了向上跳空缺口，所以此处产生转折的机

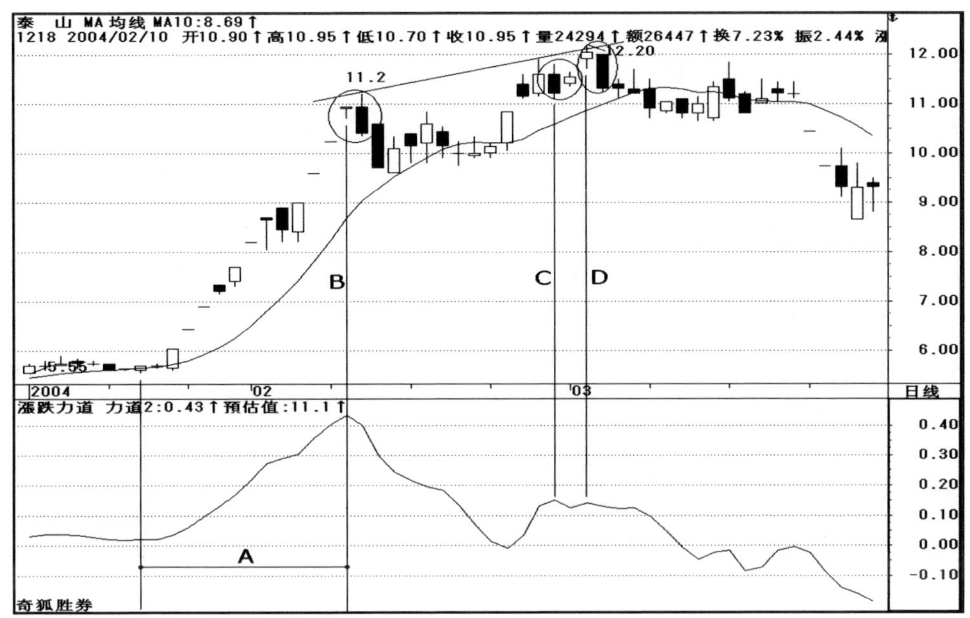

图 3-14 泰山在 2004 年 2 月以后的图形

率较高，等到跌破均线，而均线转折向下变成助跌力道，就可以更加确认。

第六节 多空差离

多空差离表示的是两条不同周期移动平均线之间的距离，也就是观察两条移动平均线开口的程度，或者说是观察两条移动平均线的发散或是收敛程度。

较具有代表性的指标是 *DMA*(Different of Moving Average)指标，在台湾又称为 *YY* 指标(意思是计算双乖离差)，属于趋势指标的一种，其原理为运用两条不同周期的移动平均线，计算其差值之后，再除以基期天数。公式如下：

$$DMA=(N\text{日 }MA-M\text{日 }MA)\div M$$

$$AMA=DMA\text{的 }MA$$

其中 $M>N$，且 N、M 之间必须存着整数比例关系，才符合数学逻辑，*AMA* 的取值建议以 *N* 为标准周期。比如说我们令 $N=3$，则 M 可以使用 6 或是 9 或是 12，使用者也可以依据个股之股性调整最佳参数使用，唯特别要注意：当此档个股参数确定之后，则不宜再修改，避免出现无所依循与进退失据之窘状。

指标的传统用法如下：

（1）*DMA* 产生正反转时买进，产生负反转时卖出，然必须注意其他对应条件。

（2）*DMA* 向上交叉 *AMA* 买进；*DMA* 向下交叉 *AMA* 卖出。

（3）当股价创新高，*DMA* 不创新高为背离，股价可能反转。反之亦然。

这些用法的实战效果如何，当然有待验证，不过台湾股市相当流行这一个指标，尤其是参数 $N=3$，$M=6$，一般称为 36*YY*、3-6 乖离(3-6BIAS)或是 3-6 差离，其指标原始来源乃出自于国外技术分析指标期刊，国人在 1981 年初即有人从日本引入进行操作，后经广为流传亦有人尝试修改参数，但是就台湾股市活泼的特性，以 3*MA* 与 6*MA* 计算较能贴近股价周期的波动，并能分辨出起涨、起跌、轧空、杀多等等盘态。对多空互换的研判帮助亦大，然目前之研判方法除原始的转折买卖之外(有轧空与杀多之盲点)，使用者宜细心分辨 DMA 指标运用之真谛，而非尝试修改指标参数。

这一个指标除了转折可以贴近盘面变化之外，还具有预估转折价的功能。预估转折价之计算，笔者曾经在个人的网站发表过讨论文章，只要利用简单的代数式就可以将公式推演出来，其中为了方便推演，原始公式的分母通常略去不予考虑。

推演方式先假设明日收盘价为 A，则明日 3-6DMA 指标如果要产生转折，转折前必须和今天的 3-6DMA 相等，以此原理可以列出式子如下所示：

$$(A+C_1+C_2)\div 3-(A+C_1+C_2+C_3+C_4+C_5)\div 6=$$

$$(C_1+C_2+C_3)\div 3-(C_1+C_2+C_3+C_4+C_5+C_6)\div 6$$

依此式解得 A。再利用递延的偏移原理，可以将后天与大后天的转折价推出。即未来三天转折参考价为：

$A=2\times C_3-C_6$，代表明天指标转折的参考价；

$B=2\times C_2-C_5$，代表后天指标转折的参考价；

$C=2\times C_1-C_4$，代表大后天指标转折的参考价。

当收盘价站上或是跌破转折价时，原指标方向就会改变。我们也可以用这样的方法去推演不同指标的预估转折价，上述周期 $N=3$，所以可以预估未来 3 日的转折价，如果取用周期 $N=5$，就可以预估未来 5 日的转折价，其他类推。

当然，在运用时，也可以将未来 3 日转折价画在 K 线图上，因为转折数值与 K 线重叠在一起，可以更方便研判股价与指标之间的对应关系。假设我们采用 3-6DMA 指标的传统用法：当指标低档产生转折时买进，当指标高档产生转折时卖出。如果进场点是在趋势盘的起点，自然效果相当良好，但是可能涨势才走到一半，卖出信号会提早出现，导致丧失波段利润，万一错认股价已经止涨反转，还采用放空动作，有时候还会惨遭轧空。

因为传统用法存在着极大的盲点，亦即重指标，轻趋势，容易在轧空盘或是盘局被洗出场或是两面挨耳光。万一不幸投资人在错误的点位进场，赚的价差不一定够抵销赔偿的，因此建议投资人使用这么短线的趋势指标，一定要有正确的观念与方法，才能切中这一个指标的核心。

利用 3-6DMA 指标作为买卖参考时，首先必须要注意到多空互换之关键，并以股价趋势为主、移动平均线为辅，综合研判才介入。如股价趋势仍在走空，虽然移动平均线已经呈现多头排列，但是极有可能只是进行所谓的中级反弹，出现的技术面往往是暴量不涨。同理，亦有所谓之中级回档，故投资人宜慎思明辨。

3-6DMA 的关键研判在多空互换、指标形态、高低价转的多空力道与方向共振等，如果研究此指标无法窥破这些关键，仅专注在指标转折买卖，那么追高杀低将是家常便饭，此时再将责任归咎于指标因为多人使用而导致失效，或说指标不准，实为卸责之词，因为指标总是忠实地反应股价的波动，所以指标不会失去效用，通常都是使用者误用。

另外，必须提醒投资朋友，股价之买卖关键在于 K 线，并非指标，指标只是辅助我们研判《趋势》的方便法门而已，根据笔者之实战经验，将此两者搞错，将不容易进入技术分析之门。

运用范例

请看图 3-15，这里讨论转折价可能出现的盲点。在标示 A 的位置，出现一根“吊人线”，此时明日的指标参考价从指标列中发现是 8.95 元，也就是明日收盘只要跌破该价位，指标将形成转折，也是传统指标用法的卖出信号。

在编号 B 当笔，最高价＝8.95 元，结果 K 线收黑，当然收盘就会跌破转折参考价了，因此指标就出现转折，如果在此时将持股卖出，我们发现，股价却在卖出之后续创新高，并再轧一段短空，等到下一次买进信号出现时是在标示 C 的位置，结果在 C 处买进之后，在标示 D 的地方又出现卖出信号，等于这一次是一个没有利润的交易，而且错失了从 B 到 D 的这一段行情。

就实战技巧而言，编号 B 的 K 线属于“一日洗盘”的特殊做线手法，而隔一日创新高的信号出现，就暗示股价要涨到标示 C 这一日，等于说熟稔实战技巧者，可以在标示 B 隔一日进场，等到编号 C 时已经“准备出场”，而非再买进。

后续的股价依照传统指标用法，分别在 E、G 这里出现买进信号，而在 F、H 出现卖出信号，其中 F 的卖出是导致

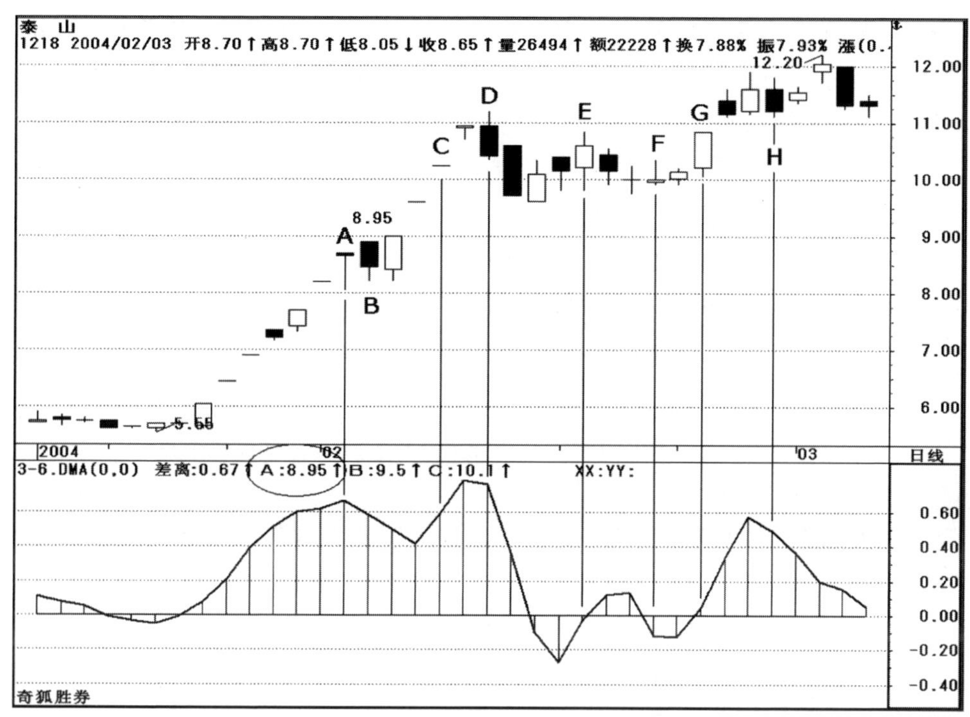

图 3-15 泰山在 2004 年 2 月以后的图形

亏损的，而 H 的卖出是没有利润的。这一例子证明，单纯地运用传统指标，就容易出现类似这样的盲点，唯有先将 K 线的观念基础弄好，才是根本解决之道。

请看图 3-16。我们可以尝试将 3-6DMA 指标未来 3 日的转折参考价 A、B、C 的数字画在 K 线图的右侧，形成一个连续的曲线，这种线条笔者称为“方向线”，意思是指它具有指出未来可能方向的指标现象。这种指标的好处，是因为股价与指标重叠在一起，所以可以很清楚地看出股价与指标的相对关系，对于股价是否容易突破或跌破转折参考价的研判，比起单纯看数字来要容易观察。

图 3-16 左侧是属于轧空走势，标示 A 的地方已经跌破指标线，也就是 3-6DMA 指标已经形成转折，但是股价仍然续涨。在标示 B 处又站上指标线，但此时已经不是买点(传

统用法的信号仍是买进)，反而要注意卖出，因为轧空之后的买进信号，往往是走势力竭的暗示，结果在标示 D 这里就跌破指标线。

圈起来标示 E 的地方，是一个高低幅度震荡相当大的盘整走势，这里 3-6DMA 指标的买卖将会相当顺手。接着在标示 D 这里出现站上指标线，但是没有 K 线的攻击行为，所以必非买进点。

如果我们在图形中，多加上一条 6-12DMA 的指标线，形成两条指标一同画在 K 线图上，那么就可以利用这两个指标捉到“共振点”。共振的原理请参考第一章的说明。

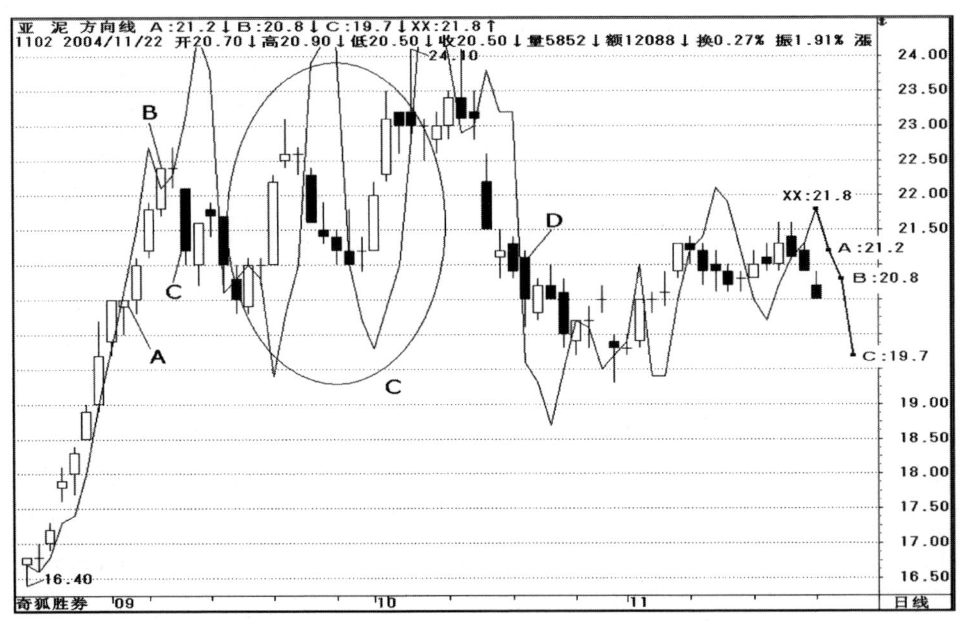

图 3-16 亚泥在 2004 年 9 月以后的图形

第七节 顶底背离

所谓顶背离，意思是指当股价持续创下高点时，其对应的指标却无法持续创下新高点，暗示股价上涨力道减缓，股价有机会进入高档反转或是多头修正行情，又称为“牛市背离”、“正虚拟”。

所谓底背离，意思是指当股价持续创下低点时，其对应的指标却无法持续创下新低点，暗示股价下跌力道减缓，股价有机会进入低档反转或是空头反弹行情，又称为“熊市背离”、“负虚拟”。

在移动平均线中探讨顶背离、底背离的观念，自然要运用到乖离率指标，这一个指标已经在上一章讨论过，这里直接利用该指标来探讨顶底背离的现象。

运用范例

请看图 3-17。图形中运用 10 日 BIAS 来观察，用这一个参数的目的是为了容易掌握短期买卖信号，虽然效率较好，但往往会出现过多的信号，造成买卖次数频繁的缺点。

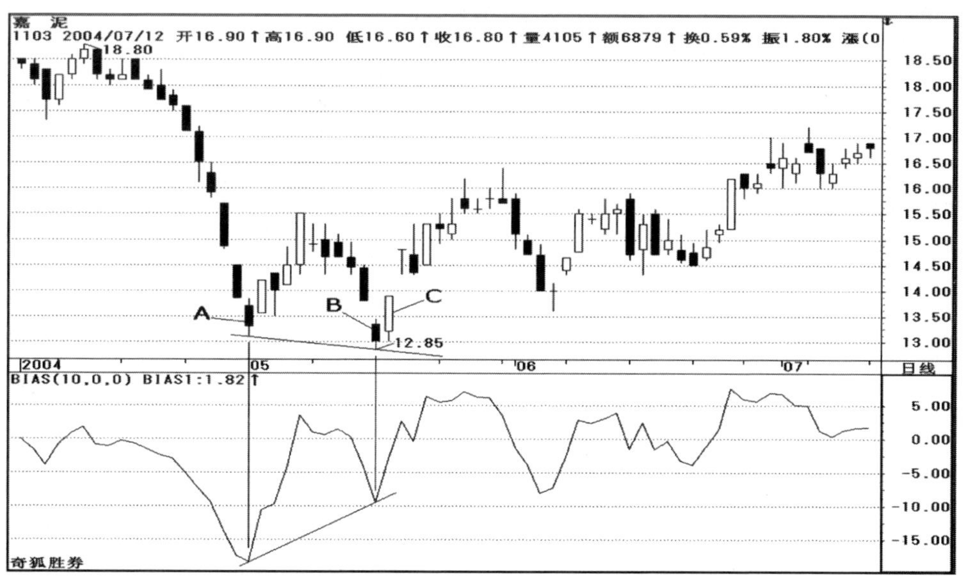

图 3-17　嘉泥在 2004 年 5 月以后的图形

当股价在 B 处比 A 处还要低的瞬间，我们就可以注意指标走向，而指标这时尚未创新低，也就是说只要指标后续不创新低，那么未来就有机会形成“底背离”。等到出现编号 C 的日出长白线出现时，就确认股价完成“底背离”，这里也是属于背离的第一买进信号。

买在背离点需要注意卖出信号，因为这是股价创新低的买进方法，不一定会变成回升走势，所以进场之后的操作策略一律定位成“抢反弹”。

请看图 3-18。当股价在标示 B 这里比标示 A 还要高的瞬间，我们就可以注意指标走向，而指标这时尚未创新高，也就是说只要指标后续不会创新高，那么未来就有机会形成“顶背离”。等到出现编号 C 的日落长黑线出现时，就确认股价完成“顶背离”，这里也是属于背离的第一卖出信号。

图 3-18 嘉泥在 2003 年 8 月以后的图形

卖在(或券空)在背离点需要注意回补信号，因为这是股价创新高的卖出方法，不一定会变成空头走势，所以进场之后的操作策略一律定位成“抢短空”。

第八节　逆向交点

在利用移动平均线来预测行情的技巧当中，除了利用类似改良式风险系数轨道之类的信道指标之外(请详见第四章的介绍)，几乎不容易利用移动平均线在产生反转之前预先得知股价可能在何处落底或是见顶。在 J. M. Hurst 出版的书中(The Profit Magic of Stock Transaction Timing，Prentice-Hall，1970)曾提出一种后知先觉的技巧。

此种技巧是利用不同周期的短、中、长期移动平均线，取得“已知的交会点”，利用简单的计算，便可以推出未来走势可能的满足区，并作为参考的依据。

运用时，目前移动平均线的位置不是对应在目前的收盘坐标上，而是必须将均线向左移动，也就是向历史的图形移动，移动周期取 1/2。往前移动 1/2 周期的理由是移动平均线既然代表一段周期的交易平均成本，那么指标位置应该处于这段周期的中心点位置。比如说 5*MA*，往前移动 3 日或是 2 日，10*MA* 就往前移动 5 日，21*MA* 往前移动 10 日左右。

将指标往前移动之后，观察这几条指标线的密集交易点来做计算，便可以推测股价可能的落点。

运用范例

请看图 3-19。当股价进行到标示 A 这一根 K 线时，指标在标示 B 这里出现纠结的现象，我们利用十字光标去读取最密集的交点，其数字约为 5825 点，利用简单的计算观念，从最低 5597.80 到标示 B 的数字 5825 这一段距离，正常要往上复制一倍，因此计算出未来目标参考价：5825×2－5597.8＝6052.2。

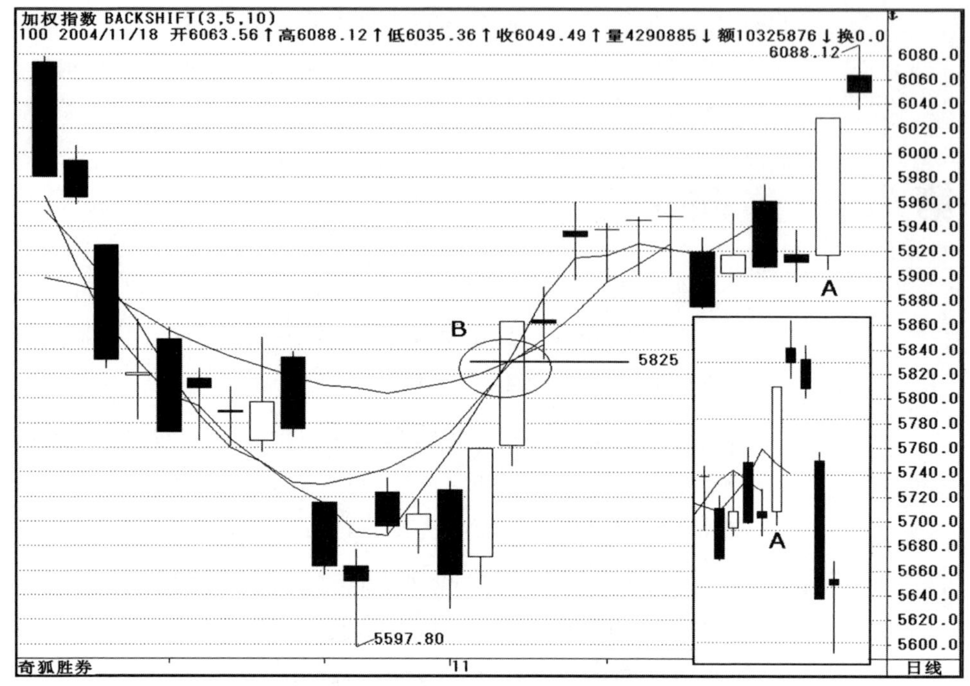

图 3-19　加权指数在 2004 年 11 月以后的图形

而股价正好在标示 A 的隔一日穿越目标参考价 6052.2(最高为 6088.12)，意思就是说这里已经没有再追价的必要，甚至应该将持股准备卖出，而在标示 A 的当日，就可以知道隔日是高档风险区了，这样对我们拟定操作策略将会有相当大的帮助。而股价在穿越目标区之后，从小图中可以发现，出现了急速的拉回，也就是运用此法可以适时让我们避开风险。

请看图 3-20。同样的方法可以用在空头走势中的预测。当股价走到标示 A 的位置时，就可以看见指标出现穿越纠结的现象，其参考价大约是 5565 点，我们再度计算未来可能的目标值：5565×2－5870.59＝5259.41。很显然的正好在最低那一日产生了穿越，创下当时低点 5255.06 点。

而股价就从 5525.06 点这一根 K 线开始进行震荡盘整，后续打底结束之后出现多头攻击，整个波段上涨到 6135.55 才正式结束，也再度证明了这种“后知后觉”测量法的实用性。

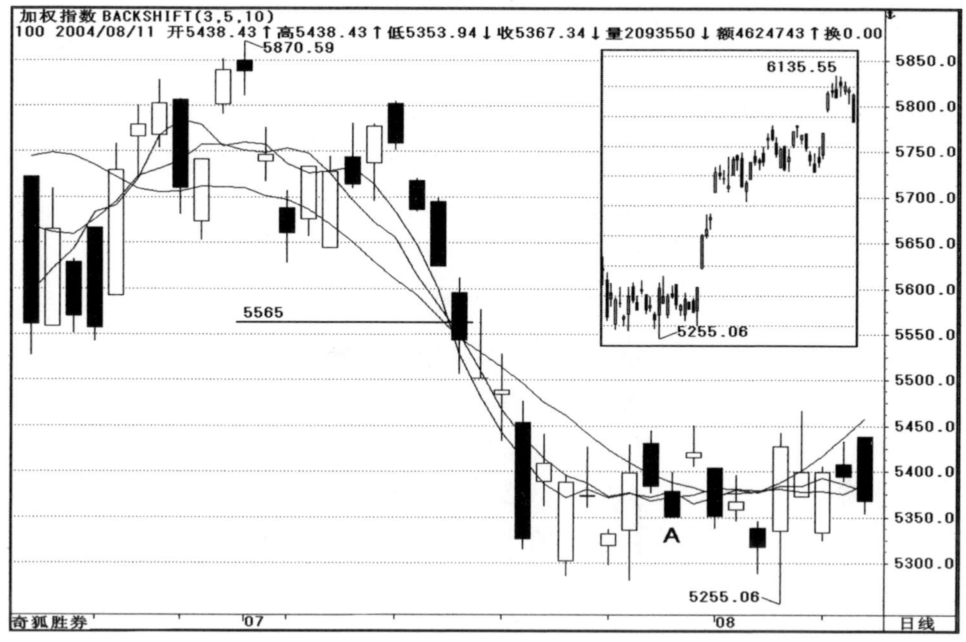

图 3-20 加权指数在 2004 年 7 月以后的图形

第九节 成交集中

本研判法则是笔者在研究逆向交点的运用时，所衍生出来的个人心得，首度公开发表于公元 2000 年左右，当时的着眼点是出现股价强势行情时，如何去达成最大获利？多头或空头的目标可能在哪里满足？由此利用移动平均线之原理而归纳出的预测高低点法则，属于“先知先觉”研判法则，亦即信号现象出现，就有可能满足对应的目标区，若辅以其他测量工具，准确率更是相当令人满意的。

因为股价之成交因素为交点、时间与空间的平衡。一般技术分析以线为主，较少针对点去研判，而所谓“成交集中点”，是取移动平均线之黄金交叉或是死亡交叉，作为测量目标之交点，根据平衡原理，时间及价位(空间)汇于交点的相对位置产生平衡，把握这一个原则，就可以进行“推测未来”的测量。

这一个方法的目的并不在于提供买卖信号，仅提供推测未来的满足点。在运用时，首次测量以5*MA*及10*MA*的交叉为主，依序类推，并以5*MA*为主线，其他均线为辅线。但是请特别注意，由5*MA*、10*MA*、21*MA*交缠形成三合一起涨模式，通常为波段行情之开始，并不适用这一个方法。

在运用时，建议以加权指数为主，个股虽然也可以使用，但是因为个股有时候因为操盘主力介入操作之故，其涨跌幅度往往会超出预测目标颇多，因此对于这种个股超涨、超跌的行情最好另寻测量工具。

当多头满足点已届，出现的止涨现象，就算是处于强势多头背景下亦不宜全力追买，短线反而应考虑先退出观望，反之亦然。如果该测量之满足点若经突破确立，则为另一段行情之开始，宜另择“成交集中点”去测量，或是利用集中点进阶研判法则观测。当然测量的目的是为了定位风险区，只要适合使用的方法即可，不一定要选取这一个工具。

运用范例

请看图3-21。加权指数在标示A的地方出现5*MA*和21*MA*黄金交叉的现象，指标交叉的数值为9230点，意思是当时多方买气力道集中于此。一样用简单的数学计算其目标区：9230×2－8250.46＝10209.54。而在图形中标示B的K线正好穿越目标价，隔一笔形成长黑跌破均线，亦成为“乌云罩顶”，在相对满足区之后的这种K线形态，往往可靠度会相当高，亦即会形成高档反转。

同样的道理，在标示C的地方出现5*MA*和21*MA*死亡交叉的现象，指标交叉的数值为9660点，意思是当时空方卖气力道集中于此。一样用简单的数学计算其目标区：9660×2－10328.98＝8991.02。而在图形中标示D的K线正好穿越目标价，隔一日形成中红尝试止跌，亦成为“阳母子”，在相对满足区之后的这种K线形态，往往可靠度会相当高，亦

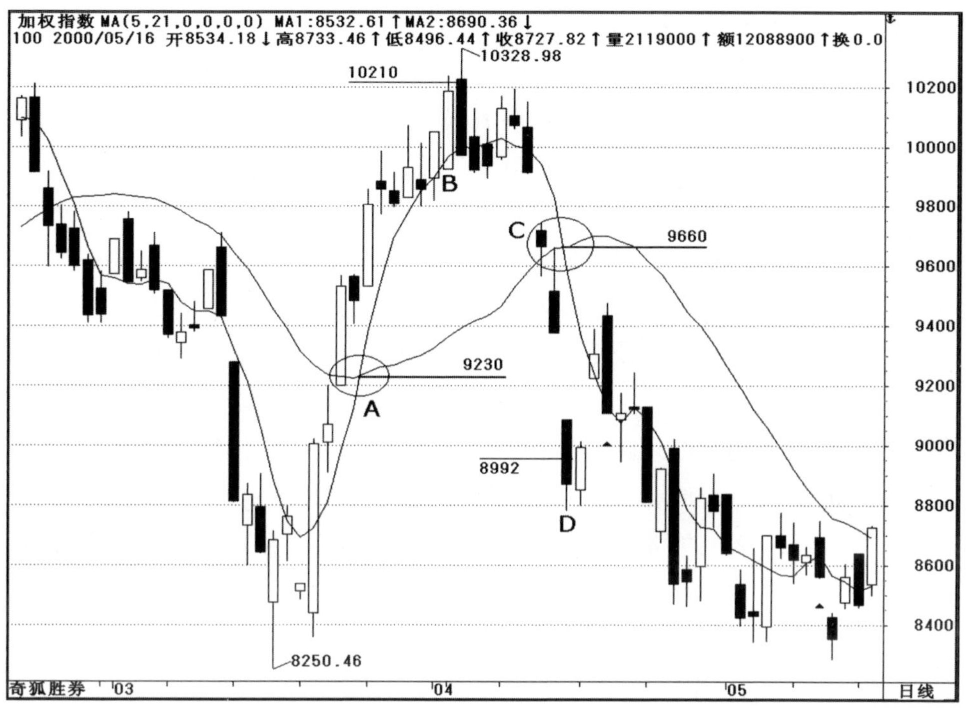

图 3-21　加权指数在 2000 年 3 月以后的图形

即会形成低档反转。只是这一个低档反转在相对高档出现，所以容易出现反弹行情，是否会出现打底或是升行情，则仍待观察。

第十节　三线合一

由于均线乖离过大，股价有修正的特性。当移动平均线出现常用的三条均线聚集时，表示均线进入“多空不明”的状态，无法判别为“多头排列”或是“空头排列”，所以往往是股价出现变盘的前兆。因此我们将这种现象称为均线三合一的变盘点。

在多头市场的末期，当出现股价上涨力道减缓，创新高之后的反弹出现该波段不再创新高时，我们称可能为“头部第二头”。此时由于 5 日 *MA* 无法有效拉开与 21 日 *MA* 之间的差离，往往就在股价回落时，使5日*MA*与10日*MA*被股价带回到21日*MA*附近。

同时因为该反弹波段不再创新高，也使原来维持上升的21日*MA*出现上升角度趋缓，所以容易在5日、10日*MA*与21日*MA*重叠纠结时，出现关键的变盘，因为只要一根长黑K线就会将三条均线往下带，使三条均线成为“空头排列”。

在K线的形态上容易出现M头或三重顶的特征，因此均线纠结在股价疲软不振的时候，往往是股价的“起跌区”。

反之，在空头市场的末期，当出现股价下跌力道减缓，创新低之后的回档出现该波段不再创新低时，我们称可能为“底部第二脚”。此时由于5日*MA*无法有效拉开与21日*MA*之间的差离，往往就在股价反弹时，使5日*MA*与10日*MA*被股价带至21日*MA*附近。

同时因为该回档波段不再创新低，也使原来维持下降的21日*MA*出现下跌角度趋缓，所以容易在5日、10日*MA*与21日*MA*重叠纠结时，出现关键的变盘，因为只要一根长红棒线就会将三条均线往上带，使三条均线成为“多头排列”。

在K线的形态上容易出现W底或三重底的特征，因此均线纠结在股价疲软不振的时候，往往是股价的“起涨区”。

此为移动平均线应用上相当重要的技巧之一，即“与其买在最低点，旷时费日”，不如“买在起涨时”，是谓“买的好不如买的巧”。

接着我们可以利用均线三合一起涨或起跌的模式，利用计算机设定选股条件，帮助我们筛选有机会形成变盘点的均线组合。我们可以先选定一文件出现过成功上涨模式的股票，利用该股的现象帮助我们设定计算机选股的条件。

步骤一：先找出一只上涨或是下跌成功的股票。

步骤二：找出起涨点之前一日均线值之特性，比如说上涨前一日的均线值分别为：5*MA*=6.24、10*MA*=6.32、21*MA*=6.34，计算其乖离值并且全部取其绝对值：

$$BIAS1 = |(5MA - 10MA) \div 10MA| = 0.0126$$

$$BIAS2 = |(5MA - 21MA) \div 21MA| = 0.0157$$

$$BIAS3 = |(10MA - 21MA) \div 21MA| = 0.0032$$

步骤三：将计算出的乖离值设成选股公式，我们用上述的数字稍微改变，$BIAS1 < 0.024$ 且 $BIAS2 < 0.03$ 且 $BIAS3 < 0.0064$。

步骤四：将所设定好的条件进行历史股价的计算机筛选取。

步骤五：如果筛选情形不理想，修改设定的选股 BIAS 参数值一再测试，直到符合自己需求。

另外，选出来的股票其代表之意义为均线呈现类似乖离值之纠结情况，并不代表明日一定就会上涨，所以可能完全选不到，也可能选出一堆。有时候会选出很奇怪的股票，如一直横盘整理的异形股。所以计算机筛选之后仍然要进行《人工筛选》的动作，以便挑出比较有机会上涨的线形加以切入。当然，我们还可以在选股条件上加上其他附属条件，让筛选出来的个股数目减少，或者是只针对已经设定好一个类群的股票进行筛选。

运用范例

请看图 3-22。金像电股价先在高档形成一个“头肩顶”的道氏形态，随即在标示 A 这里出现 5*MA*、10*MA*、21*MA* 三条指标线纠结的情形，接着再出现中长黑 K 跌破 3 条指标线，则“均线三合一”下跌的模式就完成，股价会顺势下跌且均线亦成“空头排列”。

接着股价下跌后盘出一个底部形态，在标示 B 这里出现 5MA、10*MA*、21*MA* 三条指标线纠结的情形，接着再出现中长红 K 突破 3 条指标线，则“均线三合一”上涨的模式就完成，股价会顺势上涨且均线亦成“多头排列”。

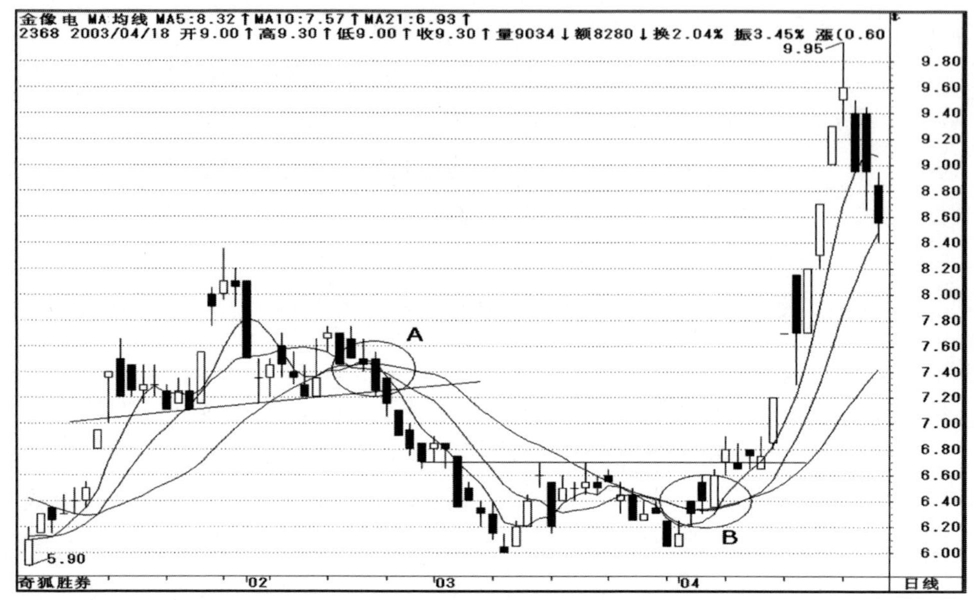

图 3–22　金像电在 2003 年 2 月以后的图形

请看图 3-23。此范例为多头中回文件后再起涨的模式。大同股价先出现主升段的强势上涨后，在高档形成一个“下降楔型”的整理形态，整理过程逐渐靠向 65*MA*，测试中长期支撑，随即在标示 A 这里出现 5*MA*、10*MA*、21*MA* 三条指标线纠结的情形，接着再出现中长红 K 突破 3 条指标线，则“均线三合一”上涨的模式就完成，股价会顺势上涨且均线亦成“多头排列”。

请看图 3-24。此范例为多头转空头与反弹无力再下跌的空头模式。佳能股价先出现盘头的走势，当股价整理靠近 65*MA* 之后，渐渐形成一个“三重顶”的头部形态，当出现均线三合一下跌，并形成均线的“空头排列”。

而股价在标示 B 这里再度出现 5*MA*、10*MA*、21*MA* 三条指标线纠结的情形，因为当时股价反弹未创反弹波段高，是一个相当弱势的反弹，当再出现中长黑 K 日落下跌，跌破 3 条指标线时，则“均线三合一”下跌的模式就会完成，而又因为股价属于反弹无力，这样的顺势下跌将会促使跌幅扩大。

图 3–23　大同在 2002 年元月以后的图形

图 3–24　佳能在 2003 年 7 月以后的图形

请看图 3-25。此范例为空头中反弹后再起跌的模式。奇美电股价先出现主跌段的强势下跌后，在相对低档形成一个反弹波动，反弹走势的末段出现“上升楔型”的整理形态，整理过程逐渐靠向 65*MA*，测试中长期压力，也就是在标示 A 这里撞到下降中的 65*MA*，因此出现止涨行为并不意外。

同时在标示 A 这里出现 5*MA*、10*MA*、21*MA* 三条指标线纠结的情形，接着再出现中长红黑跌破 3 条指标线，也跌破楔型的下缘，此时“均线三合一”下跌的模式就完成，股价会顺势下跌且均线亦成“空头排列”。

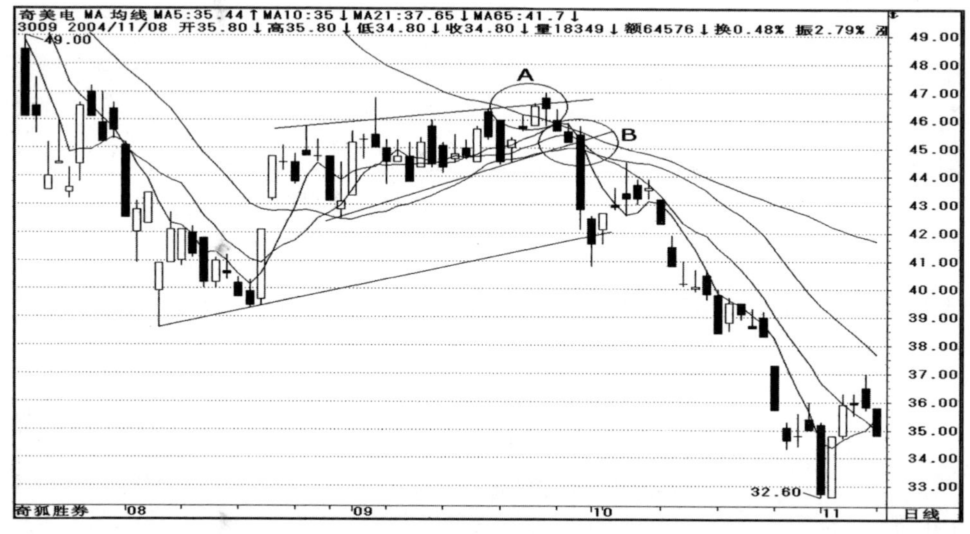

图 3-25 奇美电在 2004 年 8 月以后的图形

【本章自我练习题】

练习 5：请在下图中，分别找出在 2004 年 8 月 27 日收盘后，5*MA*、10*MA* 与 21*MA* 扣抵的参考 K 线。

练习 6：在下图中，每一笔棒线下所写的数字分别代表当天的收盘价，请尝试计算在 2004 年 8 月 26 日当天收盘后，未来 3 日的 *DMA* 指标转折参考价。

练习 5 的图形

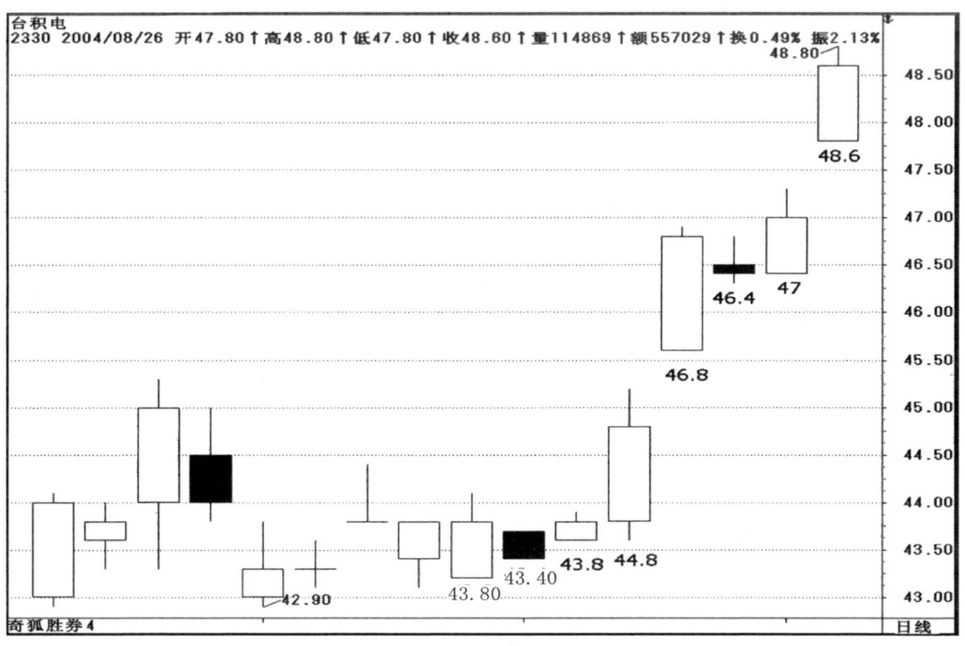

练习 6 的图形

第四章

与移动平均线相关的股价指标

由移动平均线的概念，可以衍生出许多技术指标与股价指标，其中股价指标因为与 K 线图结合在一起，所以在研判上有其便利之处。使用者可以很快的在 K 线图上找到对应的关键点，因此广为许多技术分析研究者喜爱。这一个章节收录了三个台股先贤前辈所研发、改良的股价指标，并加入笔者一些个人的见解与基本的运用技巧。而这些指标除了在这一个章节做介绍之外，在后续的章节会将相关的整合运用以实例说明，以使各位读者在阅读之后有初步的整合观念。

第一节 先知指标

先知指标为恩师李进财教授在 1989 年以期货原理创新设计为领先指标，也就是根据今日股价 K 线结构与均线的结构，预测明日的支撑压力关卡。

该指标为包含三个独立的指标线：均衡、修正、多空，放在同一个画面之中，可以独立研判也可以综合运用。均衡指标乃是取最近 6 日股价经由平滑加权公式计算所得之值，适用于极短期趋势与极短线买卖点研判。修正指标乃是取最近 12 日股价变化经由加权公式计算所得之值，适用于短期趋势与短线买卖点研判。多空指标乃是取 6 日、13 日、26

日三个不同周期的均价线，经由平滑公式计算所得之值，适用于中期波段多空趋势的研判。

先知指标研发并发表后，也在多种不同的软件中被构建出来并广泛运用。但是使用方法除了如一般均线的生死叉与站上或是跌破的买进信号之外，往往最关键的用法却被忽略。现征得李进财教授的同意，与笔者另一位恩师谢佳颖老师的许可，将谢老师整理出来的部分关键研判方法之一披露，以飨各位读者。

请看图 4-1。该指标在每一日图面所秀出的指标数值，如图中标示 A 的地方，是在昨天收盘结束之后，利用昨天以前的股价计算出来的数值，也就是说在 2004 年 10 月 26 日当天所看见的数字是昨天就算好的，当天开盘后在实时盘中无论股价如何跳动，该行数字均不改变，所以是当日的参考价，这一点与移动平均线不同，移动平均线当日的数字会随着当天股价的跳动而随时变化。

在图中标示 B 的地方，是当天收盘之后，计算出来的明日参考价，我们会直接将明天的参考价数字标示在 K 线图上，并且将该数值的点与昨日参考价连接起来，形成一条连续的曲线，这样的好处是明日参考位置与数值都在 K 线图右侧，很容易思考明日应如何拟定操作策略。

如果在其他软件看见这一个指标，发现指标数值略有差异，但是波动却是一致。其实只是动了原始设计中的一些小关键，比如说“多空线”，李教授原始设计公式是：(6*MA*＋13*MA*＋26*MA*)÷3，这些 *MA* 都是用收盘加计算的，部分使用者曾将 *MA* 改成用最高价或是最低价计算，也有修改成利用需求值计算的。本人尝试将三种不同公式，以目前笔者所用的股票软件语法写出，提供给有兴趣的读者参考。

原始公式

多空:(*MA*(*C*,6)＋*MA*(*C*,13)＋*MA*(*C*,26))/3,*SHIET*1

其中 SHIET 是向右偏移的意思，SHIET1 是向右偏移一天。

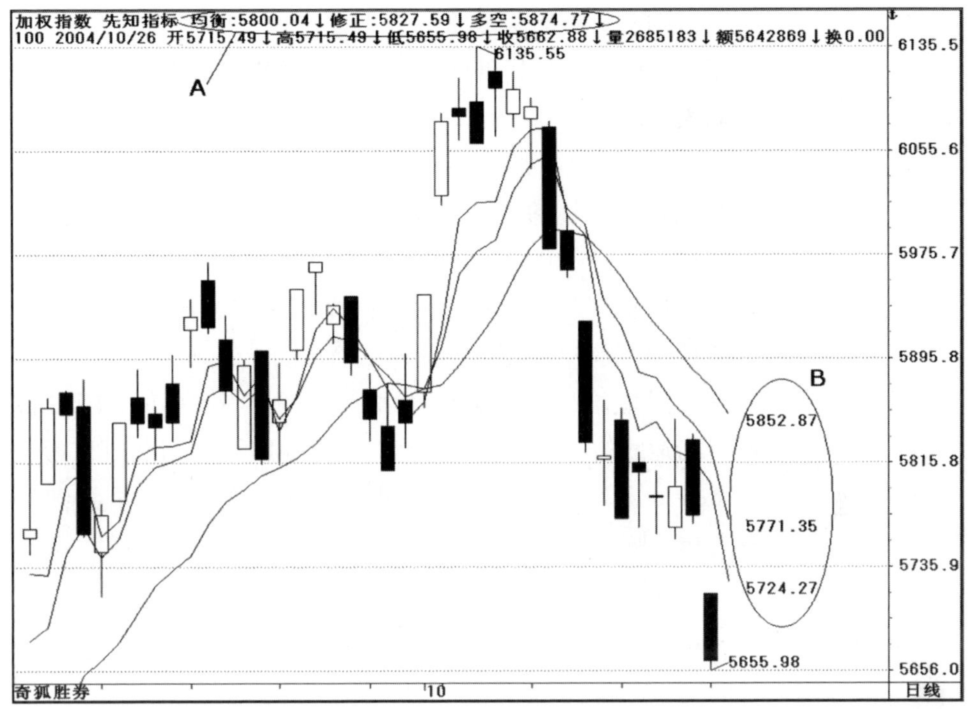

图 4-1　先知指标的图面意义

利用高低价计算的公式

多空:(*MA*(*H*, 6)＋*MA*(*C*, 13)＋*MA*(*L*, 26))/3, *SHIET*1

利用需求值计算的公式

X＝(*H*＋*L*＋*C*×2)/4

多空:(*MA*(*X*, 6)＋*MA*(*X*, 13)＋*MA*(*X*, 26))/3, *SHIET*1;

多空线属于中期指标线的研判，可以利用它做出多空信道(请详见后叙)，也可以当做一般的移动平均线使用，因此葛兰碧法则完全适用。在整个多空趋势的研判上，助益相当大，甚至也可以利用该线帮我们研判浪潮的波形。在波浪理论运用尚不熟稔，数波不清的情形下，有一些辅助作用。

接着，在这里示范均衡线的独立用法。无论指标如何变化，我们谨记“K 线为主，指标为辅”这一个关键原则即可，切勿本末倒置。

法则一：当均衡指标由向上变成向下形成转折时，会产生指标波峰，当指标创前一波波峰新高时，短线上明日理应逢高卖出。

请看图 4-2。当台指在 2004 年 5 月 26 日当日收盘之后，计算出均衡指标的数值＝5921.35，正好突破前一个指标波峰数值＝5833.39，因此符合“当指标创前一波波峰新高时，短线上明日理应逢高卖出手中持股。”这一句话。尤其当时股价处于下跌波中的一个反弹波动，尚无法确定当时是回升行情，因此短线上理应逢高出脱，也就是明日(5 月 27 日)将有台指短线的卖出信号。而当后天出现股价(5 月 28 日)再度有效突破 5 月 26 日的股价高点时，才能定位台指有持续反弹行情。

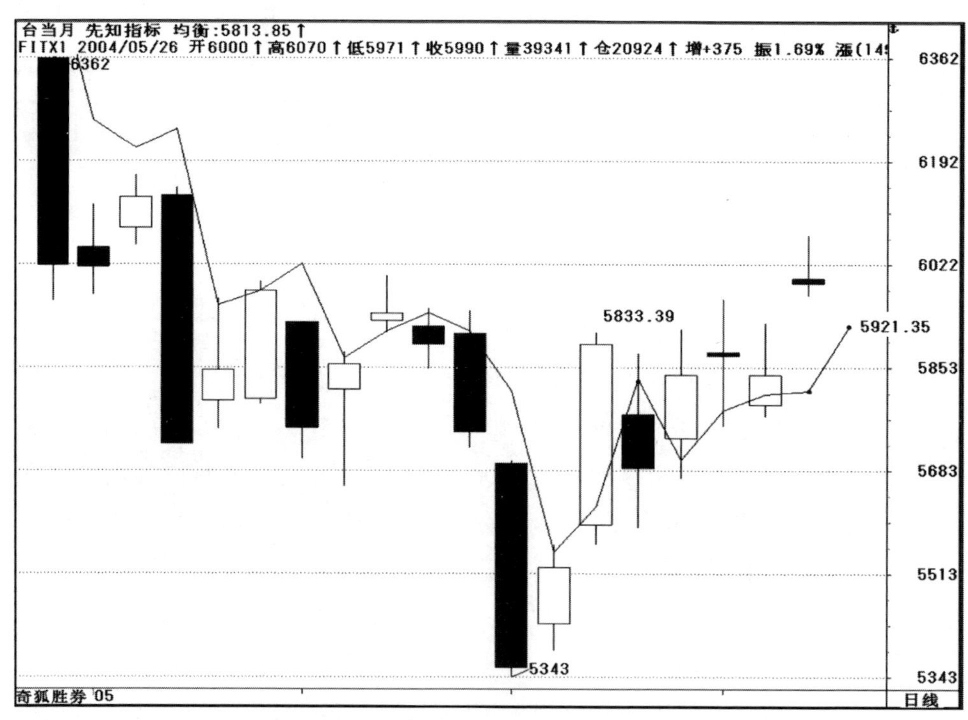

图 4-2　均衡指标在 2004 年 5 月 26 日当日收盘后的 K 线图形

在图 4-3 中可以看见 5 月 26 日的隔一天出现短线卖出信号，后续 5 月 28 日股价虽然再拉高，只是反应 5 月 27 日拉出长下影线的效应。又因为 5 月 28 日当日开高，所以多头有续弹力道，然此日高点仍然没有突破 6070，这里不能排除有“短期头部第二头”的疑虑。也就是说利用均衡指标，可以帮助我们掌握在反弹波动中相对高档处的卖点。

法则二：当均衡指标创前一波波峰新高时，该K线称为“指标低点日”，当 K 线出现有效突破“指标低点日”或是“指标低点日”隔一日 K 线高点时，“指标低点日”当日低点为短线支撑，未来理应逢该支撑介入做短多，并以该 K线低点为做多停损点。

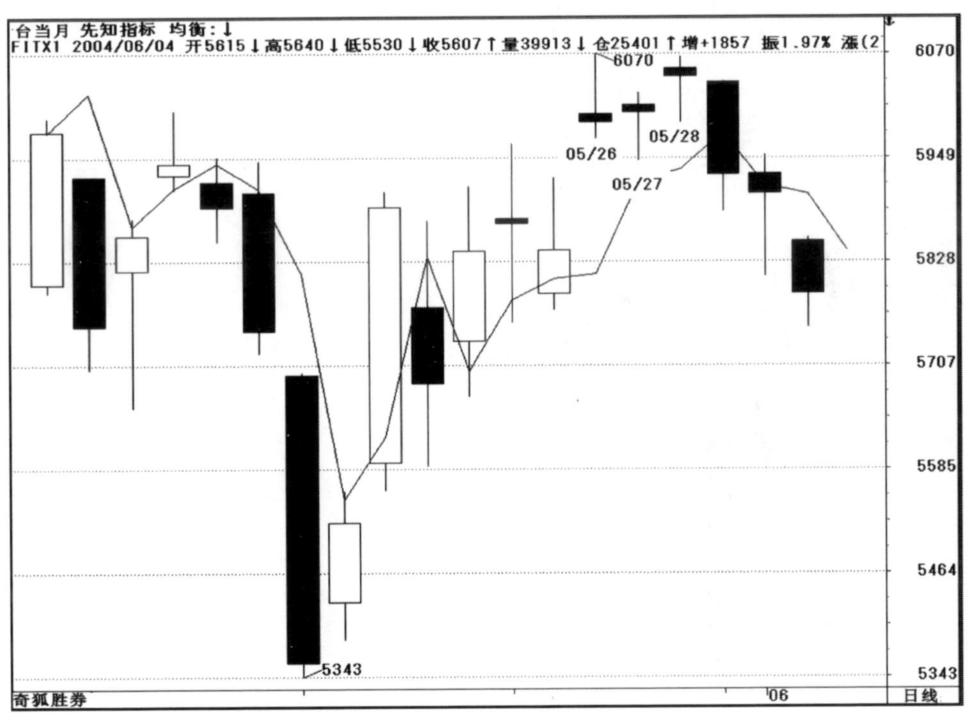

图 4-3　均衡指标在 2004 年 5 月 26 日之后的 K 线图形

请看图 4-4，当台指在 2004 年 6 月 23 日当日收盘之后，计算出均衡指标的数值＝5639.09，正好突破前一个指标波峰数值＝5636.23，暗示我们明日将出现短线卖出信号。又股价背景处在于下跌波动的反弹过程中，短线先逢高退出是合理的操作行为。因为我们不知道明天、后天以后的走势如何，只能以当时的指标情形与股价时空背景推演合理的操作策略。

请接着看图 4-5。6 月 23 日的隔一日果然出现短线卖点，台指多单正常是逢高出脱，其中 6 月 23 日当天就是“指标低点日”，当股价在 6 月 25 日出现有效突破的 K 线行为，则暗示 6 月 23 日“指标低点日”该笔棒的低点成为短线支撑，未来股价压回至此，理应逢低介入，这是整个指标所显现的逻辑。

当股价在 6 月 29 日压到接近“指标低点日”时，股价

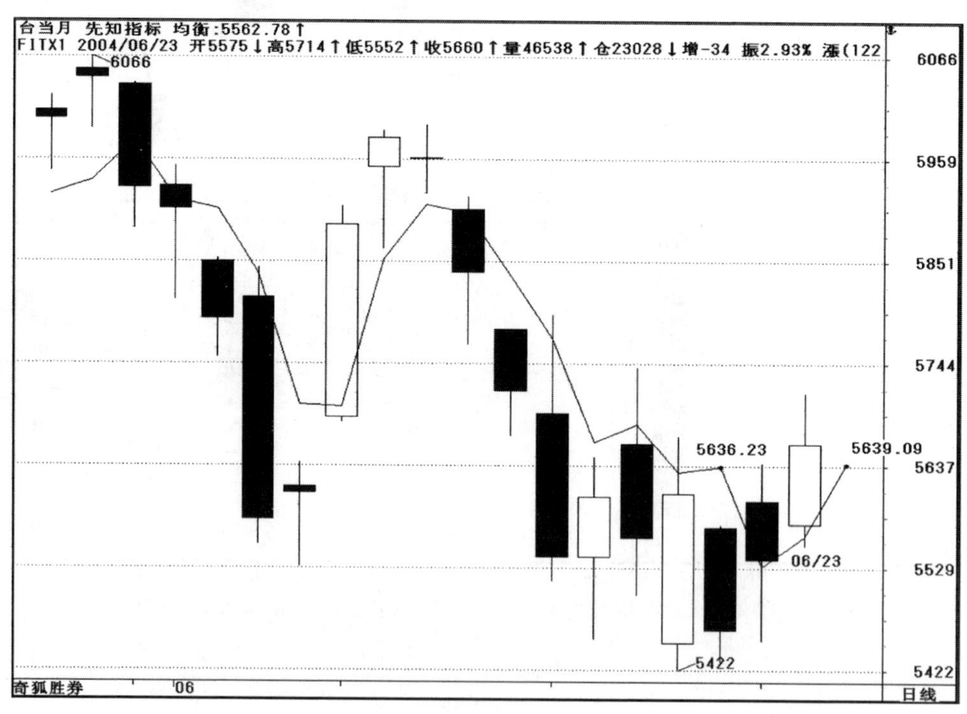

图 4-4 均衡指标在 2004 年 6 月 23 日当日收盘后的 K 线图形

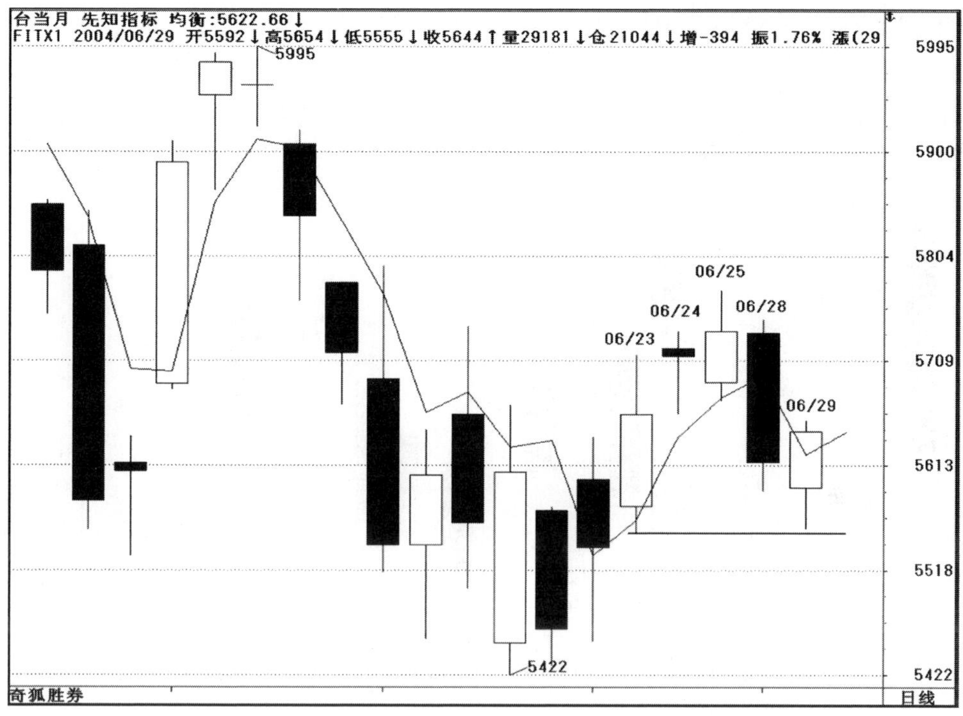

图 4-5　均衡指标在 2004 年 6 月 23 日之后的 K 线图形

出现支撑并且使 K 线收红，这是正常的行为不必讶异，因此在分线出现止跌信号时，就可以设好停损点后进场尝试介入做多。

请看图 4-6。在 6 月 29 日介入多单之后，隔一日股价高开留下多方缺口，暗示多头力道较强，因此持股不动，等到收盘之后计算均衡指标，发现指标数值为 5714.05，已经高过前一个波峰值＝5694.87，因此暗示明日将是短线卖点，明日应该尝试将手中持股停利出场。

在图 4-7 当中我们很清楚的看见，在 6 月 30 日的隔一日，也就是 7 月 1 日当日，K 线是收黑的，亦即短线在盘中曾经出现卖出信号，因此理应将手中多单卖出。

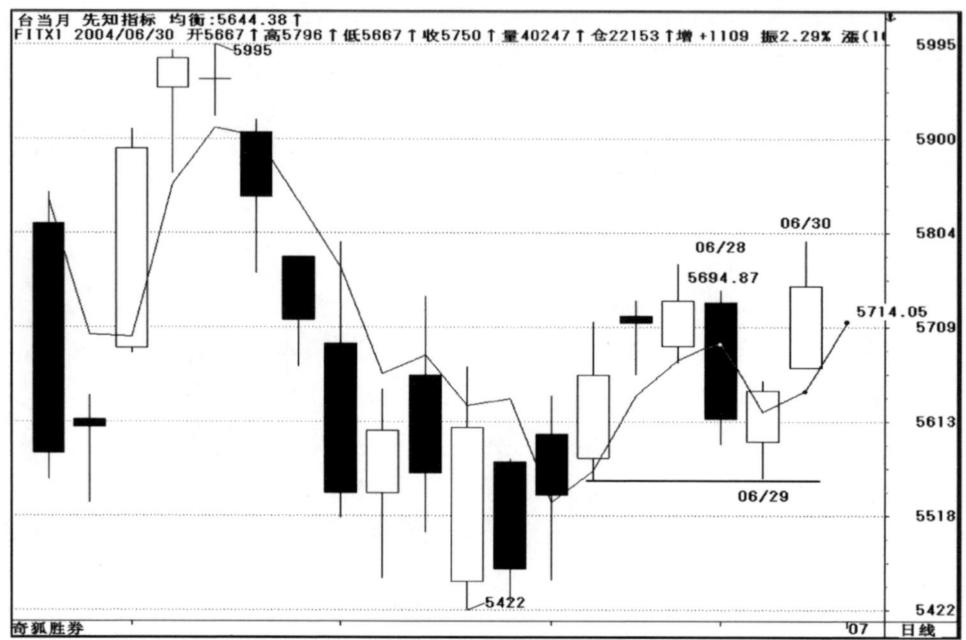

图 4-6 均衡指标在 2004 年 6 月 30 日当日收盘后的 K 线图形

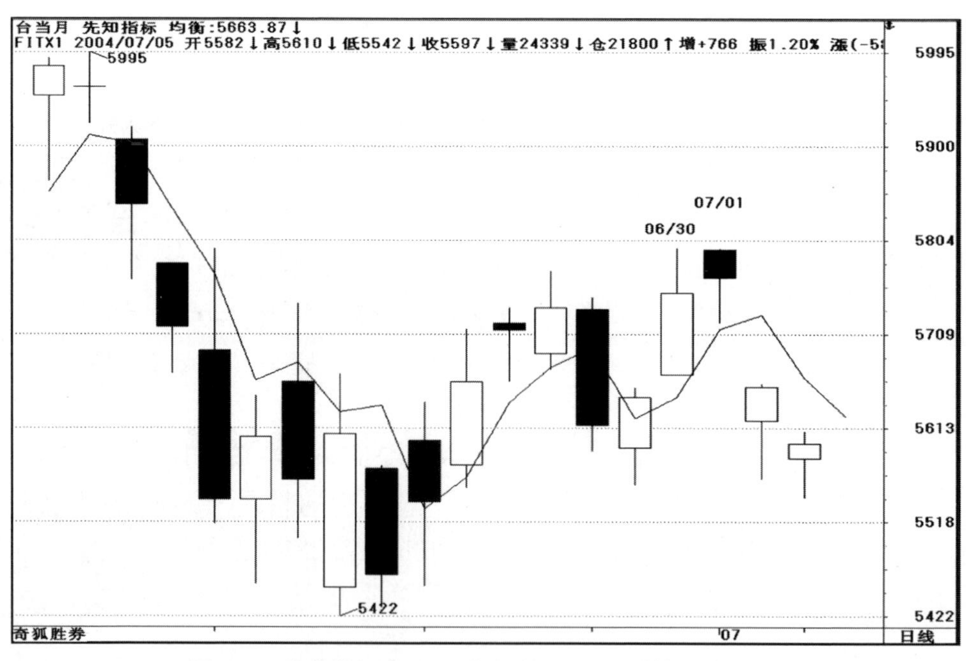

图 4-7 均衡指标在 2004 年 6 月 30 日之后的 K 线图形

很显然的，股价从7月1日之后就开始出现压回，也就是说利用这一条指标线的提示，我们可以将手中多单卖在相对满足高点，也因为如此利润可以大大的提高，而研判盘势将具有相对的稳定性，不会贸然追高或是盲目杀低，尤其在弱势盘态中，运用在期指短线上效果相当良好。

请看图4-8。在2004年7月9日当日收盘之后，我们发现计算出来的均衡值＝5686.79，已经比前一波波峰值还要高，加上前一日K线是属于压力线形，因此研判明日不容易克服压力，出现短线卖点的机会较高，短线卖点的涵义在此包含手中短线多单应该逢高出脱，或是空手者可以伺机出手放空。

这样的理由除了指标出现短线卖出信号之外，创短线波段高点5804这一根K线属于攻击失败线形，代表上档有压力，因此明天不强势攻击，就只有压回一途，因此在明日分

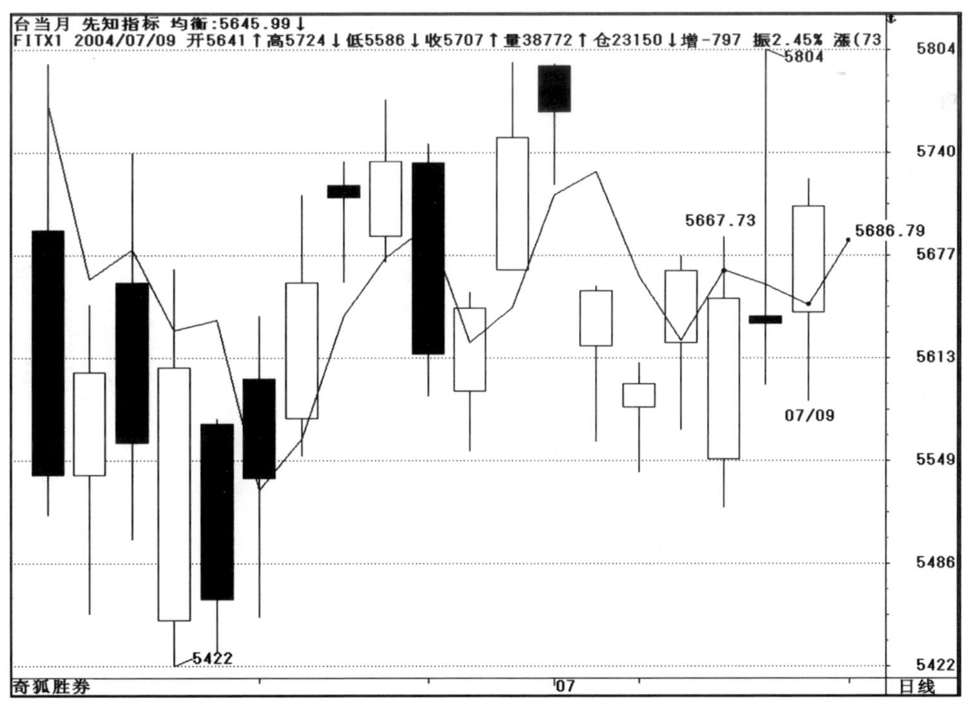

图4-8 均衡指标在2004年7月9日当日收盘后的K线图形

线就可以清楚看出短线要往上攻或是往下踹，那么自然可以根据今日线形，确定明日最佳的操作策略了。

请看图 4-9。在 2004 年 7 月 9 日的隔一日，也就是 7 月 12 日当日，发现盘势创一个高点之后就被压回，形成一根黑 K 棒线，在当时分线走势图，应该可以明显看出短线多头止涨的现象，准备将手中多单退出，之后并且会随之出现短线空头的攻击现象，那么就可以在此时逢高布空。

如果在 7 月 12 日隔一日出现跳空，那么将会出现比较强势的回档行情，甚至是波段下跌行情。所以投资人进行操作时并非盲目的猜测多空，而是要有所依据。

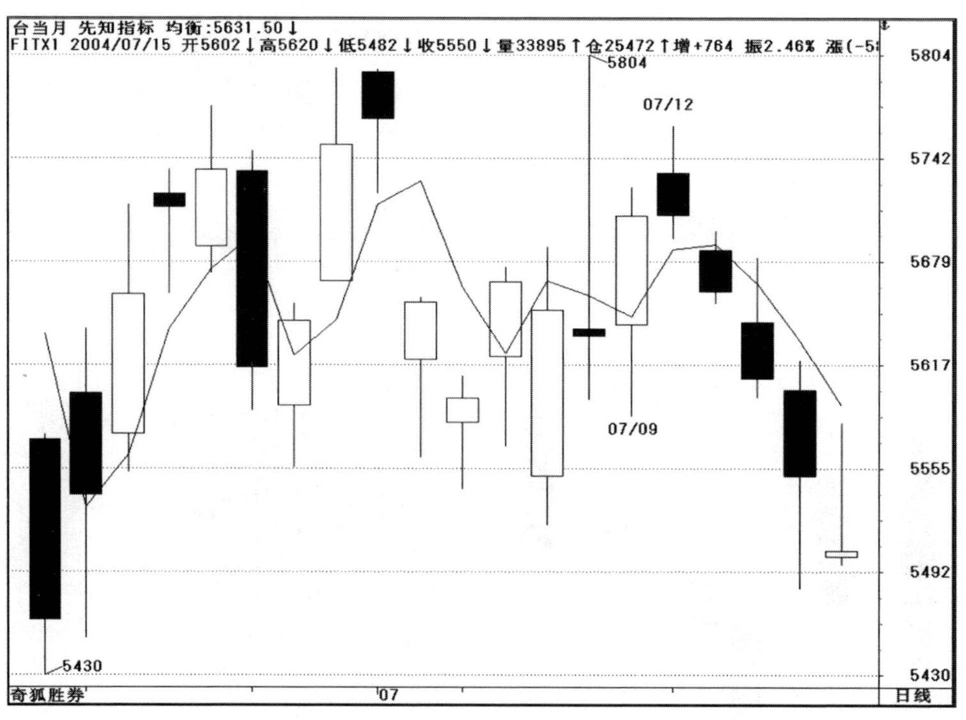

图 4-9 均衡指标在 2004 年 7 月 9 日之后的 K 线图形

接着请看图 4-10。当台指(加权也是)创下 5735 低点的长黑棒线之后，出现的上涨均视为反弹格局，这一反弹竟然弹了 9 日，如果将它视为“下跌三法”并没有错，但是三法形态必须要经过确认，尤其他可以进行转换(空转多行为)，如果对酒田 K 线认识不深，就容易出现错判。

当反弹到 2003 年 12 月 30 日之后，我们发现均衡指标=5875.77，已经高于前一个波峰值=5858.37，同时当日是一根日出红 K 棒，并同时突破 12 月 29 日的“阴子母”组合，多头暂时视为有转强的迹象，但是因为明天为短线卖点，因此必须注意是否出现卖出信号。

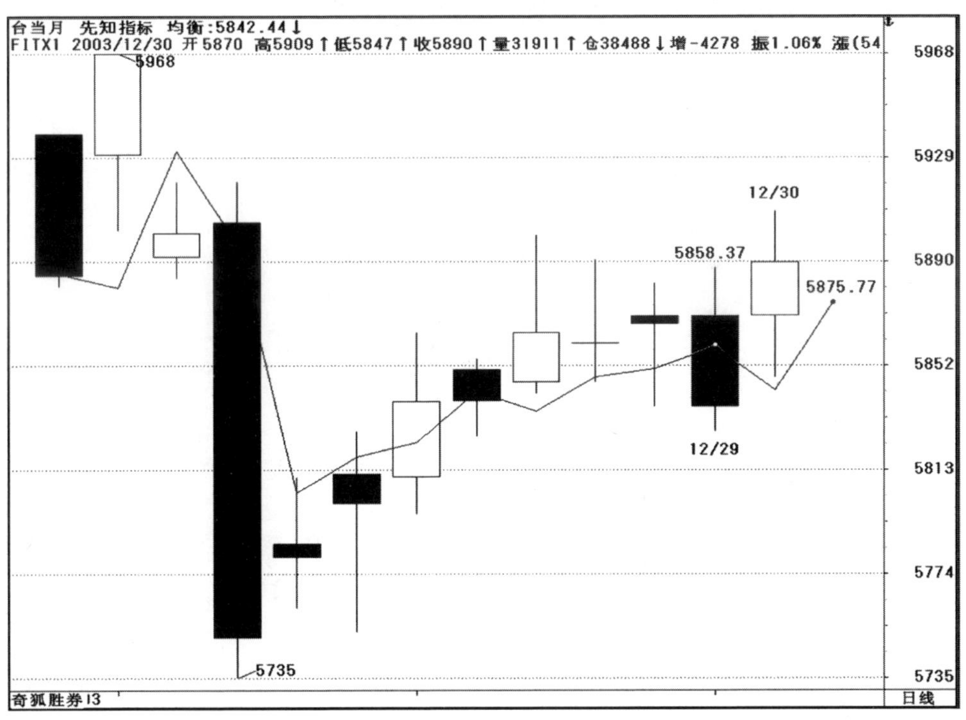

图 4-10 均衡指标在 2003 年 12 月 30 日当日收盘后的 K 线图形

请看图 4-11。台指在 2003 年 12 月 31 日出现日出收红棒线，12 月 30 日为“指标低点日”，因此明日收盘只要站上 12 月 31 日的高点，多头就有机会挑战 12 月 17 日长黑棒线的高点压力。就在此同时，加权指数(请看小框框中的图形)在 12 月 31 日才出现日出红棒，但是整体多头气势已经露出曙光。因此笔者在网站上每日盘后贴图的解析中，2003 年 12 月 31 日收盘后就说：“2003 年 12 月 17 日巨量长黑套牢的单子已经解套完毕，如果利用利多消息的刺激(如美股)，那么在突破 5911 的压力之后，不排除主力会尝试再补货”。

因为高开很容易将压力吃掉，这会让大家原本以为是下降三法走势的看法产生变化，在原本大家不看好背景下，不敢积极布局之后出现多头表态。试问，主力怎能不抢进呢？

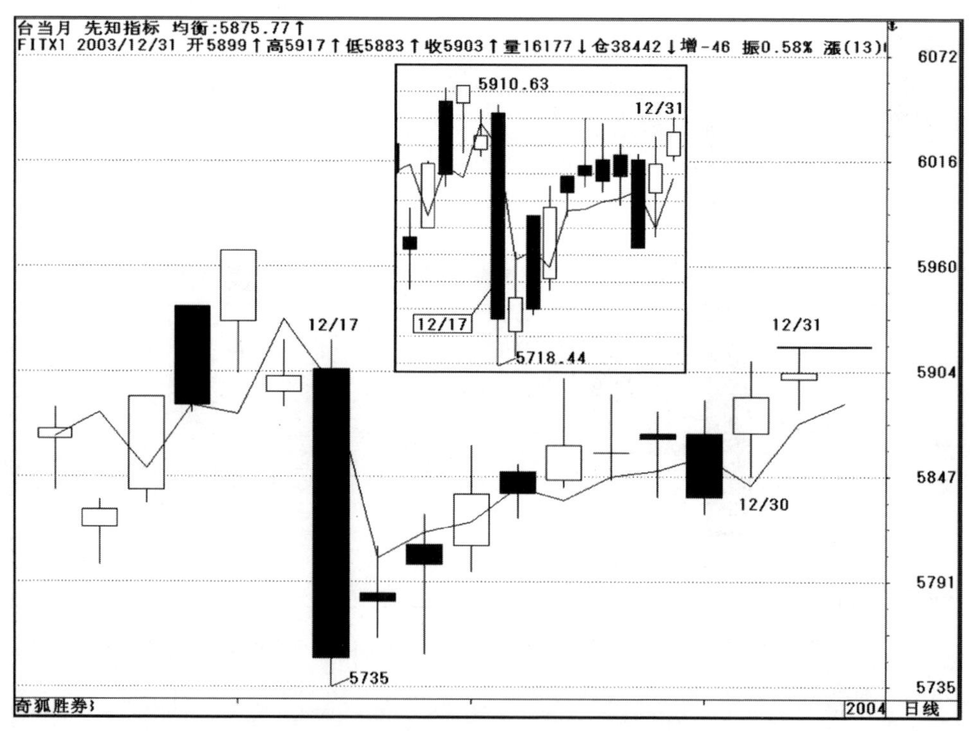

图 4-11　均衡指标在 2003 年 12 月 31 日当日收盘后的 K 线图形

请看图 4-12。结果在 2003 年 12 月 31 日之后的隔一天，也就是 2004 年 1 月 2 日当天，台指开盘并不算强势，但是 5 分线立刻拉出数笔长白棒线突破压力，加权开盘更是一举突破，所以就形成众人追单的情形。因为过“指标低点日”的高点并且出现攻击信号，为波段行情的开始，只有多单的考虑。

当日的强势，除了主力抢补，散户追价之外，当然还包含放空者的回补力道，所以两股力道汇聚，才会形成一根长白 K 线。图中的小框框表示的是长白之后形成的波段上涨行情，因此在细微处先察觉盘势悄悄产生变化，便能在出现信号之前领先布局，或是出现信号之时顺势切入。

均衡线的基本用法，尚有法则三、法则四，而法则三与法则四为法则一与法则二的倒影运用，本书不再赘述，仅列出研判方法提供大家参考。

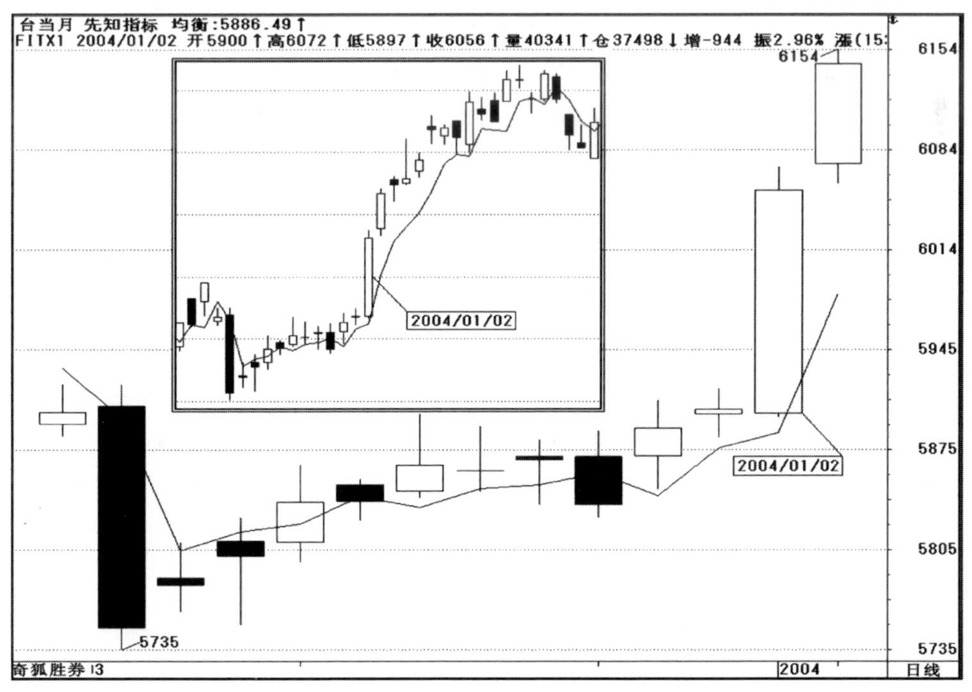

图 4-12 均衡指标在 2004 年 1 月 2 日之后的 K 线图形

法则三：当均衡指标由向下变成向上形成转折时，会产生指标波谷，当指标创前一波波谷新低时，短线上明日理应逢低买进。

法则四：当均衡指标创前一波波谷新低时，该K线称为“指标高点日”，当K线出现有效跌破“指标高点日”或是“指标高点日”隔一日K线低点时，“指标高点日”当日高点为短线压力，未来理应逢该压力介入做短空，并以该K线高点为做空停损点。

当然，这一个指标是包含三条指标线的，虽然可以独立使用，但是综合运用起来，其实战效果更强，只是用文字说明相当繁复，不是一本书的说明能力可以负担，因此敬请各位读者见谅。

第二节 乖离信道指标

乖离率过大如何界定？在第三章是利用经验法则，找出历史众数的参考值，但是这样的参考值并不能符合每一种股票的股性，利用众数可以设计出“改良式风险数轨道”，已经在拙作《主控战略开盘法》中介绍过，这里不再赘述。

那么有没有可以依据不同股性而设计出来的参考指标呢？股市前辈周存莹先生的创意可以提供投资人参考。我们将个股乖离率依据其历史高低点，包含正乖离与负乖离，利用数学一元一次方程式的运算，反推可能的股价并且画在K线上作为参考，这样的指标设计称为“乖离信道指标”。

简言之，乖离信道指标是针对BIAS乖离率指标及风险系数轨道的缺点加以改良而设计出来的指标。BIAS乖离率其最大的好处是让投资人观察，当股价达到历史经验最大乖离值的时候，提醒提资人必须注意此处风险已高，但是指标呈现出来的是百分比的数字，况且必须移动画面去与历史值比较才能得知，而到底多少价位是属于高文件值，指标却不能告诉我们，甚至历史最大乖离值可能离现在的股价实在太远，参考度可能不足。

而风险系数轨道虽是BIAS乖离率指标的延伸，但是却是取了固定的百分比值，然后乘上特定的移动平均线在K线图上画出上下轨道，虽然有价位提供参考，但取的百分比值是固定的，不够灵活，忽略了个股“乖离变动性”的不同，无法随个股实际趋势而有所调整。

但是“乖离信道”这一个指标却可以解决上述的缺点。最大的好处是可由投资人自行决定用哪一条均线作为参考中轴，再依个股的股性选取特定的时间周期，计算出不同的上下轨道线，作为上涨或下跌的参考依据。此指标不但可以提供波段满足点价位的预估值，更有风险意识上的考量，最重要的是能随趋势自动调整，颇符合股价之“惯性原理”。

计算方法

首先使用者先决定要使用哪一条移动平均线作中轴参考，本书均采用21*MA*为例，我们先假设：*X*＝预估明日的收盘参考价，而21*BIAS*(*MAX*)＝某固定周期中21日乖离率之最大值，21*MA*＝今日收盘后计算出的21日移动平均线的数值。

根据乖离率的公式：

$$21BIAS(MAX)=\frac{X-21MA}{21MA}\times 100\%$$

利用一元一次方程式反推得到X值，所以，$X=[21BIAS(MAX)\div 100+1]\times 21MA$。

请注意：每日21*MA*的值不同，所以*X*值每天会随着变动，我们把计算出来*X*值画在K线图明天的位置就是上限价了，同理可推，取21日*BIAS*固定周期的最小值，再用同样的方法计算出*X*就是下限价。为了多一些参考值，也可以计算2～3条上限价或下限价来观察，设计的方法是取大小不同的周期。在书中的范例是采用65日、130日、260日三种不同的时间周期。

研判法则

(1) 中轴为压力或支撑参考价。当中轴走势向上时为支撑参考，当中轴走势向下时为压力参考。

(2) 正常行情下，股价会在上下限之间来回震荡，当出现杀多盘或是轧空盘时，将产生穿越上下限的特殊情形。

(3) 当股价接近或是穿越上限价时表明正乖离过大，当股价行进至此，称为相对高档区，做多有其相对风险，应考虑卖出持股，而不是持续追价买进。

(4) 当股价接近或是穿越下限价时表明负乖离过大，当股价行进至此，称为相对低档区，做空有其相对风险，应考虑买进持股，而不是持续杀多卖出。

(5) 当股价出现轧空盘时，会穿越上限价，且要维持强势，必须沿着上限向上涨，不可离线下跌，此时建议改用“机械式控盘停利法则”去买卖。

(6) 当股价出现杀多盘时，会穿越下限价，且要维持弱势，必须沿着下限向下跌，不可离线上涨，此时建议改用“机械式控盘停利法则”去买卖。

实战操作运用

请看图 4-13。这一个指标的设计采 21*MA* 为中轴，并且取 65 日、130 日与 260 日等周期去捉乖离最大或是最小值，分别算出上下轨道以提供最大正乖离值或是负乖离值来观察，我们再将明日指针参考数字写在指标线右侧，研判起来可以更加方便。

在标示 A 的地方，股价撞到上限值，并呈现对空有利的“阴子母”，暗示股价将要回档测试中轴支撑，接着股价在从中轴下急速拉高在标示 B 之处，再度撞到上限值，形成以吊高线为母线的止涨现象。这里多头如果可以续强，那么就可以持续向上挑战下一个上限值，如果回档，将会去测试中轴，甚至满足下限值。

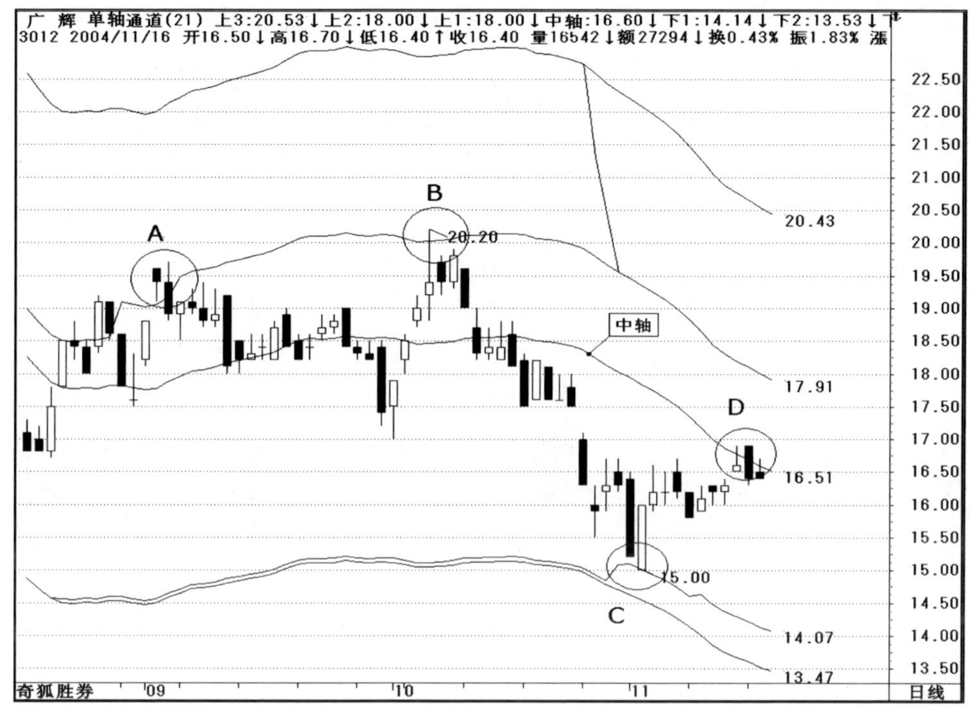

图 4-13　广辉在 2004 年 9 月以后的图形

我们从图形中可以看见，股价在标示 B 之后出现压回，跌破中轴后也没有出现明显支撑，因此股价便下跌到下限值，也就是标示 C 之处请各位读者注意，中轴本身是一条均线，所以适用于均线中的指标法则来研判，请自行搭配。

这种从上限直接摔到下限的走势，往往视为一个完整的浪潮，因此标示 B 的 20.20 元高点，在此图形中可以称为次级浪高点。

在标示 C 的地方因为已经满足下限值，俗称下跌乖离过大，将会出现反弹行情来修正乖离过大的走势。又标示 C 处这里是以“曙光初现”的多头组合止跌，在这样技术面的支持下，便可以考虑介入做多，只是这个做多行情在下跌创新低的背景中，因此做多只能视为抢反弹，遇压逢高宜先将短线多单退出。

当股价反弹到中轴处，也就是标示 D 的地方，形成“镊顶”组合，中轴仍在下降中，所以这里属于短线卖出的位置，卖出后又因为中轴已经走平，扣抵值与关卡价均有利于股价持续反弹。因此只要出现多头短线再攻击信号，那么股价就会站上中轴并且有机会往上限值挑战。

请看图 4-14。硅品在满足最大乖离值之后创下 15.30 元的低点，股价并进行反弹波动，形成在信道之间上下震荡游走，震荡过程我们提取标示 A 的颈线，研判在颈线下、信道中的震荡，是一种盘底的行为。

当股价站上中轴并且突破颈线，一路拉高冲到标示 B 的地方，形成一个上涨浪潮，如果这一个浪潮是多方气势，那么短线多头支撑就会守稳，若是如此，底部成型，未来将呈现上涨走势。观察支撑是否成立的方法，就在编号 B 这一根母线低点，我们发觉在编号 B 之后的震荡，甚至出现编号 C 的长黑，也都没有打穿母线的低点。

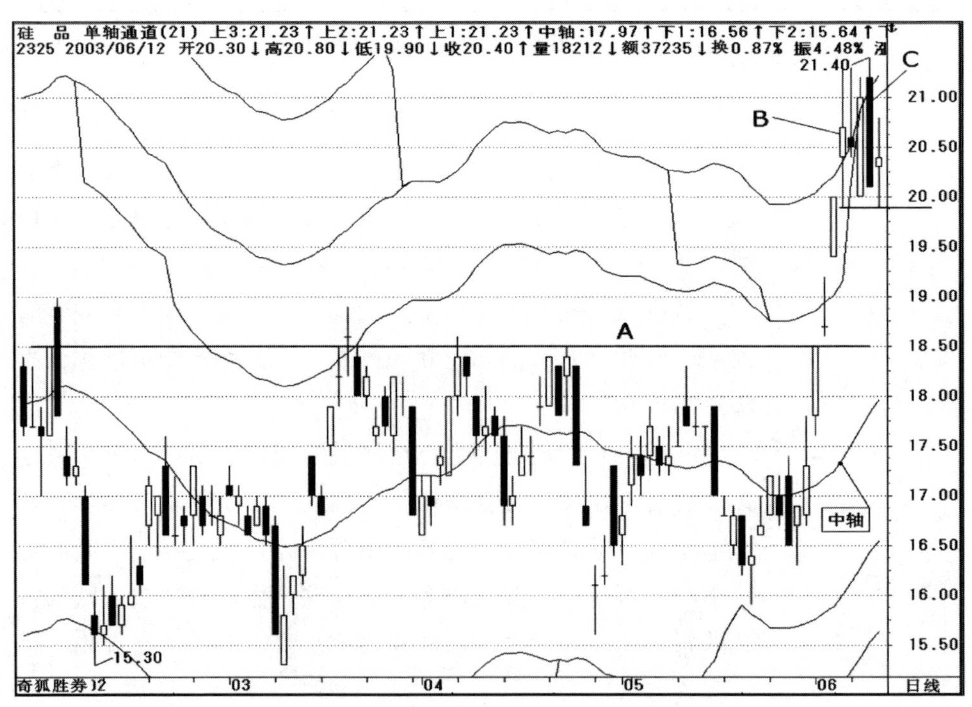

图 4-14　硅品在 2003 年 3 月以后的图形

延续上一张图的走势，接着看图 4-15。在编号 A 这里形成“乌云罩顶”组合，编号 B 则是形成“下降三法”，看似对空方有利，但是母线低点一直没有跌破，故不能视为空方攻击走势，短线多头力道尚存，当出现红棒日出站上“乌云罩顶”的高点，就暗示空头溃不成军，多头持续向上挑战。

编号 C 这里视为对“乌云罩顶”做解套行为，故拉回洗盘相当合理，拉回过程守住实体缺口，也就是编号 D 处，趋势上是“下肩带缺口”，形态上是“子母”变盘线，因此对多方有利。

后续上涨中分别在编号 E、F 处满足最大上限，都呈现拉回震荡的走势，又中轴呈现持续向上的背景下，股价持续创高自然是可以理解的。但在编号 G 处出现未满足上限值就呈现黑 K 日落走势，跌破“镊底”组合，暗示上涨力道减缓。编号 G 的高点为短期头部，股价将先往中轴测试支撑，即标示 H 的地方。

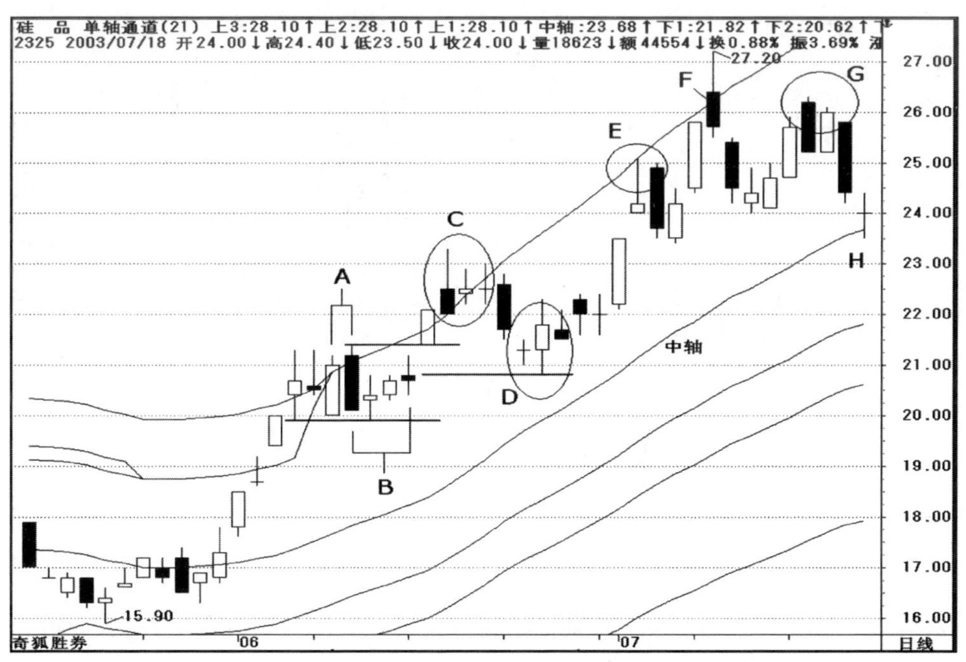

图 4-15　硅品在 2003 年 6 月以后的图形

当股价测试支撑后，续探下限 1 的指标线支撑，请看图 4-16。股价在标示 A 之处形成一个盘小底的行为，在支撑有效且出现多头攻击信号之后，股价变继续向上挑战，如果支撑之后没有多头攻击行为，仍不能将股价定位向上挑战。

编号 B 这里接近最大乖离值，又出现连续收黑 K 线，显然对多方不利，因此短线可以先退出，编号 B 的长黑下跌，暗示空头力道发挥，理应向中轴寻找支撑，但是长黑之后竟然没有持续下杀，亦没有跌破中轴，反而反弹到编号 C 这里去对长黑做解套。解套之后拉回正常，只要没有再续创新低，又是短线底部。

底部完成的信号是突破 C 处的颈线，当股价拉高到 31.90 元之后，已经接近上限，又为长上影线的“避雷针”形态，所以短线上多单应该先退出观望。

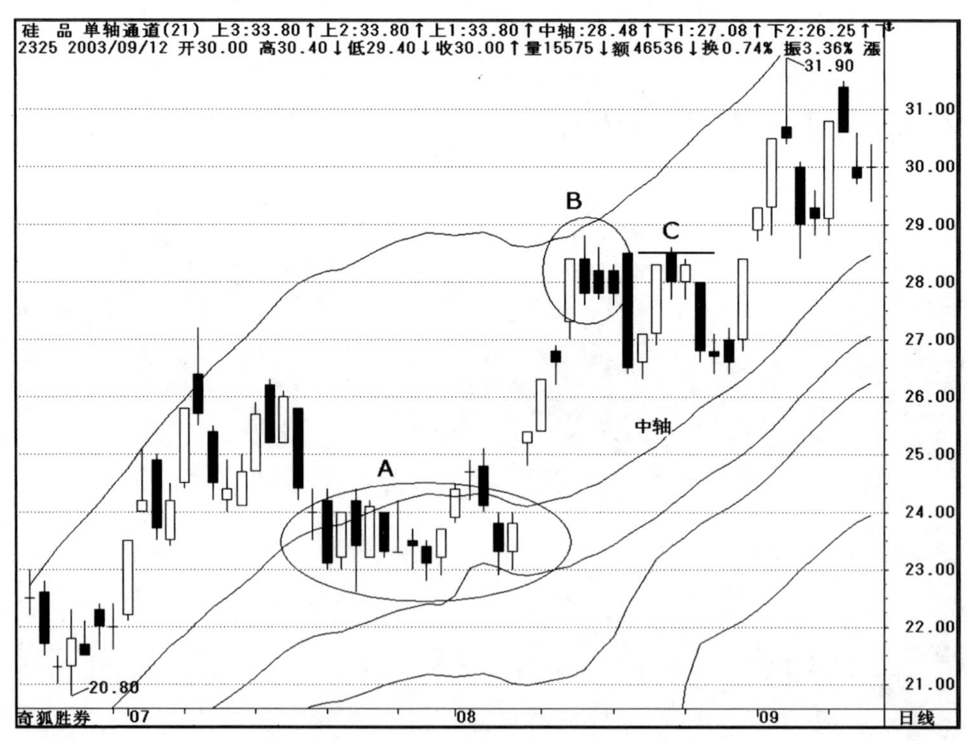

图 4-16 硅品在 2003 年 7 月以后的图形

接着请看图 4-17。股价再创下 31.90 元高点之后果然拉回修正，压回时先测试中轴、反弹、再跌破中轴，最后去测试下限值，因此股价在编号 A 这里呈现盘整行为，而这些行为没有使轨道急速向下，低点也有垫高的情形，故也算是高档打底的过程。

在编号 A 整理结束之后，股价持续向上挑战，并一路拉高到编号 B 的地方，在这里已经超过上限，为乖离过大，股价只能持续以日出线向上，不能出现日落线，因为一出现就会修正上涨走势。

在编号 B 隔一笔就出现日落线了，所以短线上在编号 B 隔一日就要将多单退出，后续纵使再创下新高点(编号 C 处)也与我们无关，从编号 C 拉回到 D 再反弹到 E，编号 E 属于“阴母子”，当股价跌破编号 D 的颈线，编号 E 就形成高档反转的头部，定位成压力，未来对此需要解套之后才可以持续上涨，在此之前，股价需要测试中轴和下限的支撑。

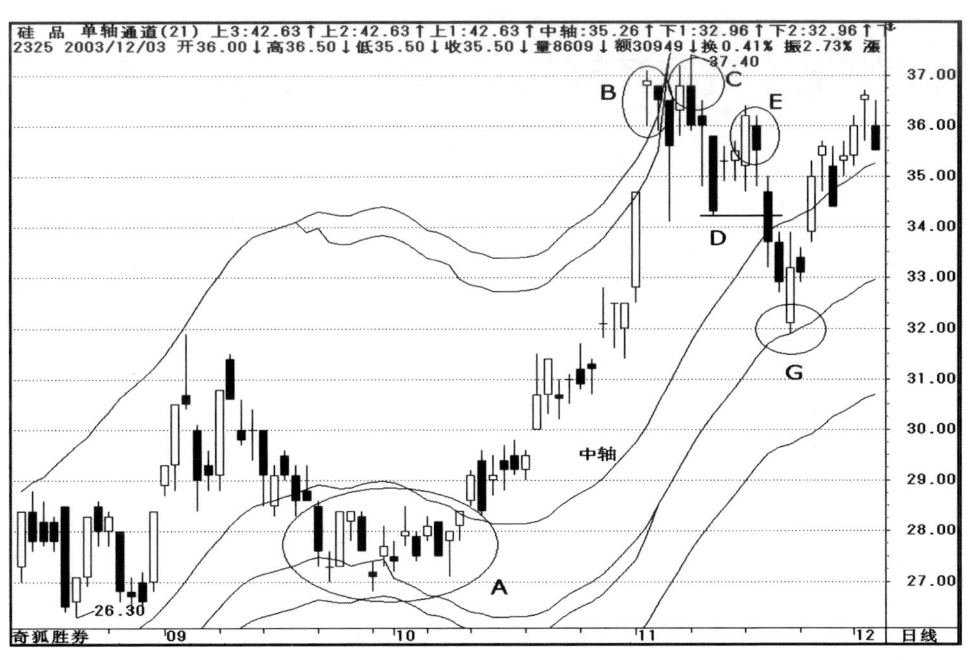

图 4-17 硅品在 2003 年 9 月以后的图形

当股价打到下限支撑时，即编号 G 的位置，出现一根长白 K 线，这一根视为暂时有机会止跌，必须等后续出现日出白 K 来确认编号 G 这一根长白的止跌是有效的。

接续上一张图，请看图 4-18。股价获得支撑之后反弹到编号 A 的地方，正好突破前一次头部位置，也是“阴母子”的压力。这里之前已经说过，要先解套拉回测试支撑，所以在编号 A 拉回是正常的，而编号 A 的“夜星”形态在当时就可以知道是反转信号。

又当股价拉回到编号 B 的地方再度测试支撑，先是形成“镊底”，再出现长白形成“宝塔翻白”，也就是编号 C 处，因为编号 B 是创低的，所以宝塔翻白之后出现“上扬三法”，并不使人觉得意外，而后续股价迅速上涨，在每每发生长白线的低点或一条支撑线(实战的长白线称为白无常)，都没有被跌破，直到编号 E 处接近最大乖离值时，出现“阴母子”组合，等到最后一日长白线低点(也是母线低点)被跌破之后，股价才拉回修正。

图 4-18　硅品在 2003 年 12 月以后的图形

而当拉回到编号 F 处，因为是一路从上限跌到下限，为空头浪潮发动的暗示，在编号 F 之后出现的反弹，就必须注意轨道是否转换成为对空方有利。

请看图 4-19。股价尝试止跌后，走出两段式反弹到编号 A 的位置，编号 A 这里如果可以站上颈线，那么就有机会持续向上反弹，可惜反弹最高出现长上影线，K 线收黑，这种组合为“类乌云罩顶”，所以只要出现空头信号，只有向下满足一途，编号 A 又为下跌的起跌点，未来这里视为压力所在。

又当时中轴已经向下弯，对反弹走势代表压力，在两段反弹之后撞到压力而导致股价拉回并不使人意外，股价往下限满足堪称合理，当股价打到编号 B 处，出现反弹，股价没有撞到中轴更形弱势，因此再度下跌满足下限值，并在编号 C 处出现“镊底”组合，后续连续黑 K 均没有将“镊底”组合低点跌破，此时出现日出红棒就可以视为反弹波动的开始。

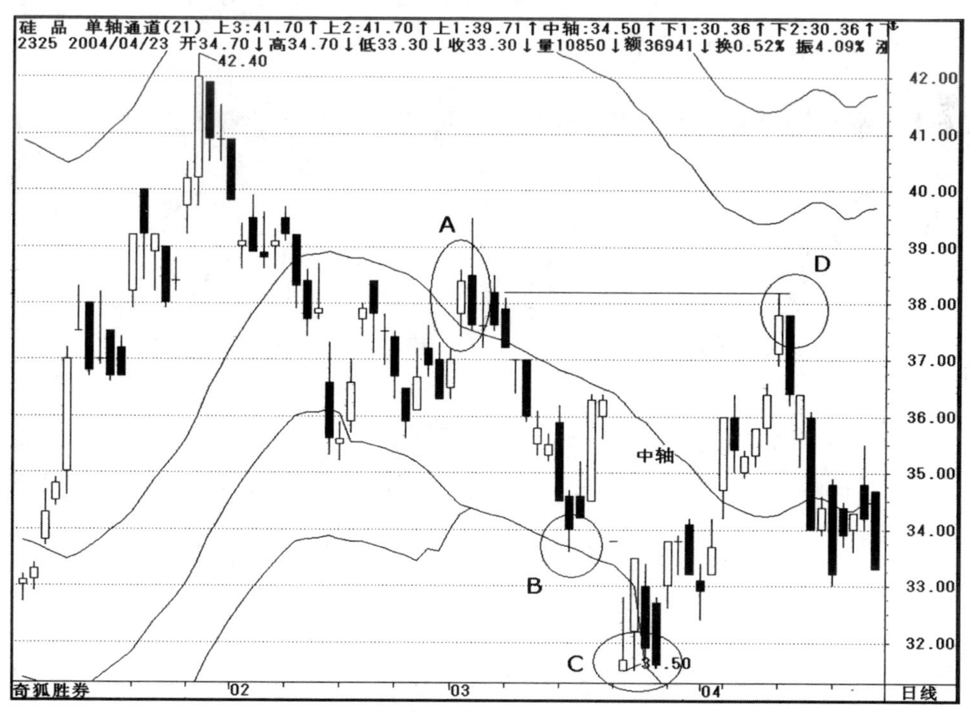

图 4-19　硅品在 2004 年 2 月以后的图形

比较 B、C 的止跌迹象，一来 C 较 B 低比较容易反弹，C 处的 K 线形态组合也比较有利反弹的发动。而当股价从 C 处拉出反弹波动之后，一路走高先过中轴，略做压回交待过关的动作再度向上挑战，结果在编号 D 之处遭逢前波压力，也就是编号 A 的“类乌云罩顶”，可惜的是没有全部克服，就出现“回转线”的空头信号。因此这里是短线卖出信号，不宜持有多单，也可以说是多头逃命行为。

接着请看图 4-20。多头反弹结束之后股价压回，因为此时中轴刚刚翻多，所以会有一些支撑，在标示 A 的地方所呈现的震荡，正是反应中轴支撑转成压力的结果，反弹中注意日落线的空头信号，以黑 K 杀破中轴对多方最不利，结果股价下跌也顺势带着轨道往下，接着出现穿越下限的走势，在标示 B 处多头虽然尝试想要止跌，但是迟迟没有出现长白线日出表态，在标示 B 的末端为“阴母子”形态，接着一根长黑就宣告空头续跌，为强杀多行情，必须等到红 K 日出才能视为止跌信号。

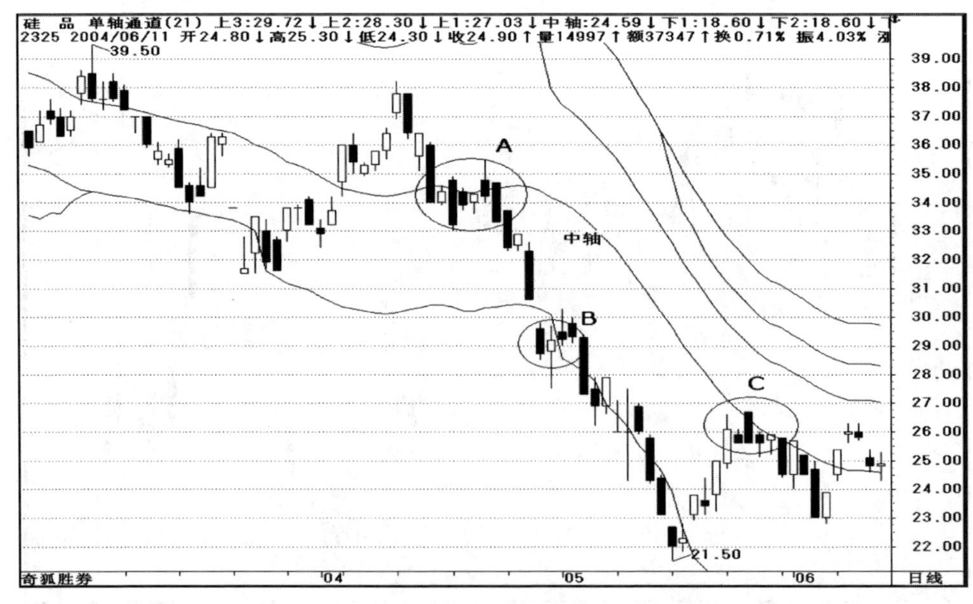

图 4-20 硅品在 2004 年 3 月以后的图形

当股价跌到图形中最低 21.50 元的隔两日，才出现红 K 日出线，此时下跌才算告一个段落，也就是这一日才确定这一段下跌呈现止跌信号。

接下来的反弹，只是因为下跌走势负乖离过大，目的是要修正乖离而已，反弹时注意中轴为压力，又当时中轴必为下降走势，撞到明显下降中的中轴，本来就是要注意短线卖点，因此在标示 C 的地方出现黑 K 止涨信号，短线上不宜持有多单。

以上的范例为该指标的基本研判法则，若要观察杀多和轧空行为，以“主控战略开盘法”中的改良式风险系数轨道逻辑较佳，然本指标可以方便的研判正、负乖离过大是其最大的优势。

第三节　天罗地网指标

天罗地网指标属于移动平均线指标之延伸，为信道型股价之一，其对关键变盘点之拿捏、价位之掌握，实为所有信道型指标中信号最明确者，笔者对于此指标作过深入之测试与研究，发展出一套多空均可的操作方法，且经由网站举办相关的研讨活动公开发表，其中因为实战效果卓越，相关的操作逻辑重点已被某券商整理编辑成册，作为开户时赠送投资人的技术分析参考手册，显见这些实战逻辑经得起考验与认同。

所谓的天罗地网指标，其实源自于国外的布尔信道(Bollinger Bands)，为应用统计学之原理，计算“标准差”(Standard deviation)突显股价与平均线偏离的幅度，当偏离值越大时代表风险越高。在国外亦有出版专论布尔轨道的书籍，投资人可以参考。但是国外运用只有上下各一条轨道线，在台湾运用时上下多加了一条，俾使整个盘态与逻辑更趋于完整。因为有四条参考指标线，因此取名为“天罗地网”。

基本公式

下列数学式在统计学称为此系数之“变异数”，变异数之平方根称为“标准差”，X 即所取样之“平均数”，(C － X) 及我们所称的“乖离值”。

$$S^2 = (\sum_{N=1}^{N} (C^2 - X)) / N$$

我们以 13MA 作为例子，说明标准差与天罗地网公式的设置。

步骤一：计算 A1＝C × C

步骤二：计算 A2＝A1 的 13MA

步骤三：计算 A3＝13MA × 13MA

步骤四：计算 A4＝A2－A3，并取绝对值。

步骤五：计算 STDP(标准差)＝A4 的平方根号

因此

天＝13MA＋2×STDP

罗＝13MA＋STDP

地＝13MA－STDP

网＝13MA－2×STDP

多空轨道转换的研判

天罗地网这一个指标，可以根据这四条指标线，提供股价行进间多空的波动变化研判，根据经验法则与实战验证，多空轨道之转换可分成：多头直接转空线型、多头回档转空线型、空头直接转多线型与空头反弹转多线型、空转多失败与多转空失败，共六大类，如何做基本的研判？我们将在实战运用当中利用图档来说明。

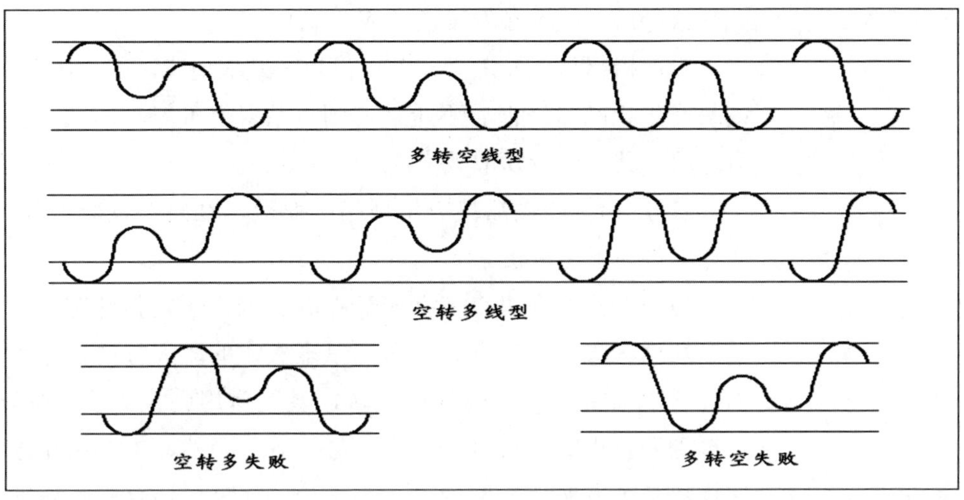

买卖点的基本技巧

(1) 天线、罗线分别代表均线上之两条风险系数轨道，地、网代表均线下之两条风险系数轨道。

(2) 正常之轨道趋势，多头格局股票处于天、地线之间，空头格局股票处于罗、网线之间。

(3) 股价在天线与罗线之间前进，此时属于轧空行情，而由天线与罗线包络形成之区间，称为轧空轨道。

(4) 股价在地线与网线之间前进，此时属于杀多行情，而由地线与网线包络形成之区间，称为杀多轨道。

(5) 天、网有收敛(Convergence)与发散(Divergence)的现象，用以研判短期与长期的涨势或跌势的变动方向。

(6) 收敛时代表股价进入狭幅盘整，未来将进入变盘点，亦即股价会寻求突破之方向。

(7) 发散时代表风险提高，一般在“杀多盘”或是“轧空盘”时代表放空或做多时的风险进入高档区，随时可能出现止跌或是止涨行情。

(8) 指标呈现发散后，若向上攻击突破罗线，若不续涨，则易产生止涨盘，但若不止涨，则有轧空之可能，形成轧空盘之后，就不必看发散效应。

(9) 指标呈现发散后，若向下攻击跌破地线，若不续跌，则易产生止跌盘，但若不止跌，则有杀多之可能，形成杀多盘之后，就不必看发散效应。

(10) 指标收敛后接着出现指标发散，且向上发散失败，注意股价向下之危机。

另外，我们亦可以依据变盘点的变化去研判强轧空、轧空、轧空失败与强杀多、杀多、杀多失败的六大行情，亦可以分辨出盘头盘底、高低档反转，甚至运用到极短线操作，拿捏到期货指数的关键变盘点信号等等。当然，本书中论述的技巧是个人实战经验中的一小部分，非公开场合中披露的内容数倍于此，而在网站上的“技术分析讨论”专区中，也曾讨论一些选股的时候可以用来辅助的补充技巧，碍于篇幅，这里不重复叙述，请有兴趣的读者到网站上搜寻有关天罗地网的相关讨论文章。

实战操作运用

请看图 4-21。嘉食化在标示 A 的地方，股价从最高滑落到地线获得支撑后进行反弹，反弹进行到标示 B 的地方穿越天线，随即出现日落黑 K，同时也是酒田战法中的“回转线”战法，到这里，投资人应怀疑股价呈现“多头回档转空线形”。

股价从标示 B 的地方直接掼到标示 C 的地方，属于“多头直接转空线型”。因此，我们可以定位标示 B 的头部有成立的疑虑，股价将进行杀多走势。要避免杀多的方法就是多头必须做出解救盘，也就是在标示 C 的地方赶紧出现多头攻击走势，将股价拉高突破 B 处的高点，没有这样的行为，股价就容易产生杀多走势。

因为盘势是从标示 C 处开始杀多的，所以 C 这两根 K 线为杀多起跌点，未来股价行进至此，将会遭逢多头解套卖压与短线多头力竭的获利回吐卖压。很显然的，盘势利用两段式反弹虽然将股价拉高穿越天线，如标示 D 处，但是股价至此正遭逢标示 C 的前波压力，因此自然会出现回档，偏偏标示 D 这里是“回转线”的空头信号，因此股价压回测试支撑自然不必觉得意外。

又股价从标示 D 这里开始直接就将盘势压到标示 E 的杀多轨道之间，属于“多头直接转空线形”，编号 E 这里虽然尝试反弹，可惜反弹无力，股价就只好沿着杀多轨道进行杀多走势。

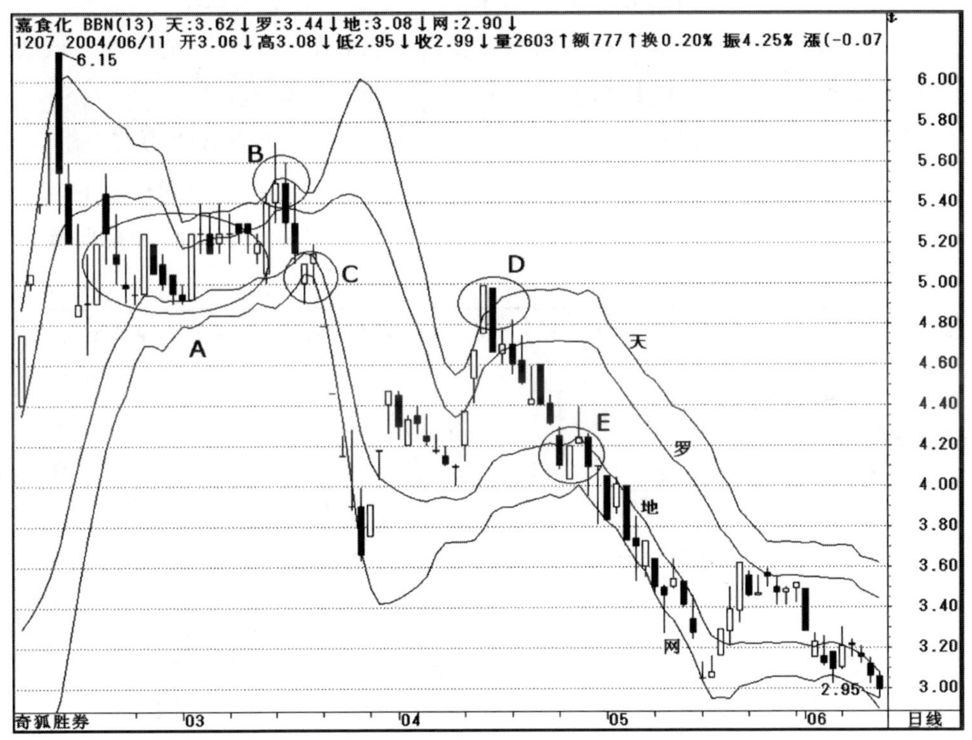

图 4-21　嘉食化在 2004 年 3 月以后的图形

请看图 4-22。日月光在标示 A 的地方出现“乌云罩顶”的线型，随即出现股价压回，打到地、网线间的杀多轨道(即标示 B 的地方)，这是属于“多头直接转空线形”，接着从标示 B 的地方开始进行多头反弹，因为反弹到标示 C 之处是以两段式进行，所以为“空头反弹转多线形”。

就力道而言，直接转多或是转空的力道较强，利用反弹或回档来转换多空的力道较弱，加上反弹到标示 C 的时候，正好遭逢标示 A 的压力带，因此在标示 C 的地方出现连续的“阴子母”，就容易形成高档反转，接着从标示 C 跌到标示 D，又为“多头直接转空线形”。

当股价跌到编号 D 时，为“镊底”组合，接着出现长白日出为止跌信号，可惜股价反弹的空间受限，盖因标示 C 的压力与当时股价相当接近，自然会使反弹空间受到压抑，因此标示 E 这根 K 线撞到罗线，又正好撞到 C 处的母线，股价容易压回自然可以理解。

接着股价从标示 E 跌到标示 F 之后，形成“镊底”组合，并开始两段式反弹，此次反弹更形弱势，反弹到标示 G 之处不但撞到罗线，又呈现对空有利的“镊顶”组合，此时股价

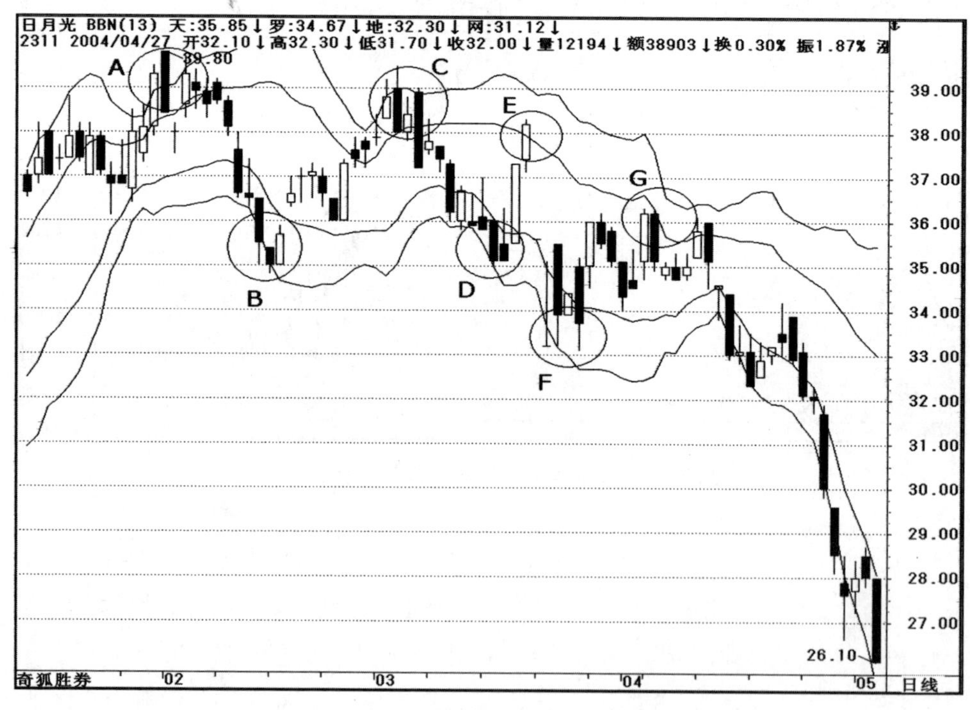

图 4–22 日月光在 2004 年 2 月以后的图形

迟迟站不上去罗线并形成轧空走势，那么就有机会是一个弱势反弹，并且为“空转多失败”的走势。

“空转多失败”走势之后伴随的往往是杀多走势，所以从标示 G 处进行股价杀多走势自然不意外。而从标示 A 开始到标示 G 的股价波动，是低点渐低、高点渐低的空头走法，也可以说这一段是在酝酿空头下杀的浪潮，笔者称为“推浪三部曲”，是一种标准的潮汐走势节奏！

请看图 4-23。旺宏在股价出现利空，连续下跌的杀多走势之后，在标示 A 的地方出现“玉柱”线型止跌，并且直接急拉股价，将盘势拉到标示 B 之处，撞到轧空轨道当中。这种走势是天罗地网轨道中“空头直接转多线形”，一般人亦称此段走势为“V 形反转”，请注意标示 B 的地方并没有出现日落线，结果还出现跳空上涨走势，因此盘势持续轧空。

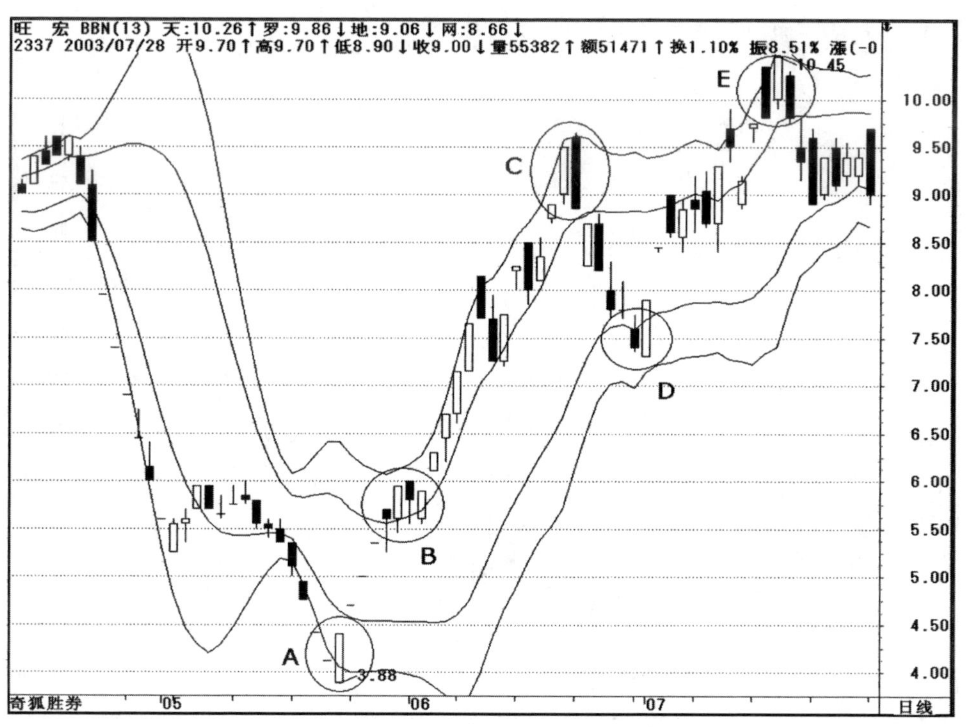

图 4-23　旺宏在 2003 年 5 月以后的图形

至于标示 C 的满足点可以用测量学进行测量，且 C 处为“阴子母”组合，出现跌破后直接将股价掼到标示 D 的地方，这是属于“多头直接转空线型”。多头如果不想让盘势转坏，只有做出解救盘，也就是将股价拉过 C 处的高点。但是就算出现解救盘，股价也会先拉回震荡，不容易直接轧空，因此标示 E 处的走势，正是反映这样的逻辑。

请看图 4-24。台寿保股价从标示 A 的地方开始以两段式进行反弹，当股价反弹至标示 B 之处因为已经穿越天线，开始震荡诚属合理，这一段反弹为“空头反弹转多线形”，属于比较弱势的转多行为，亦可以称为打底过程，而从标示 B 拉回到标示 C 之处取得地线的支撑，为打出底部第二只脚的正常动作，同时标示 C 处出现天罗地网线收敛的现象，再出现编号 G 的长白线时，视为打底完成，多头攻击的信号。

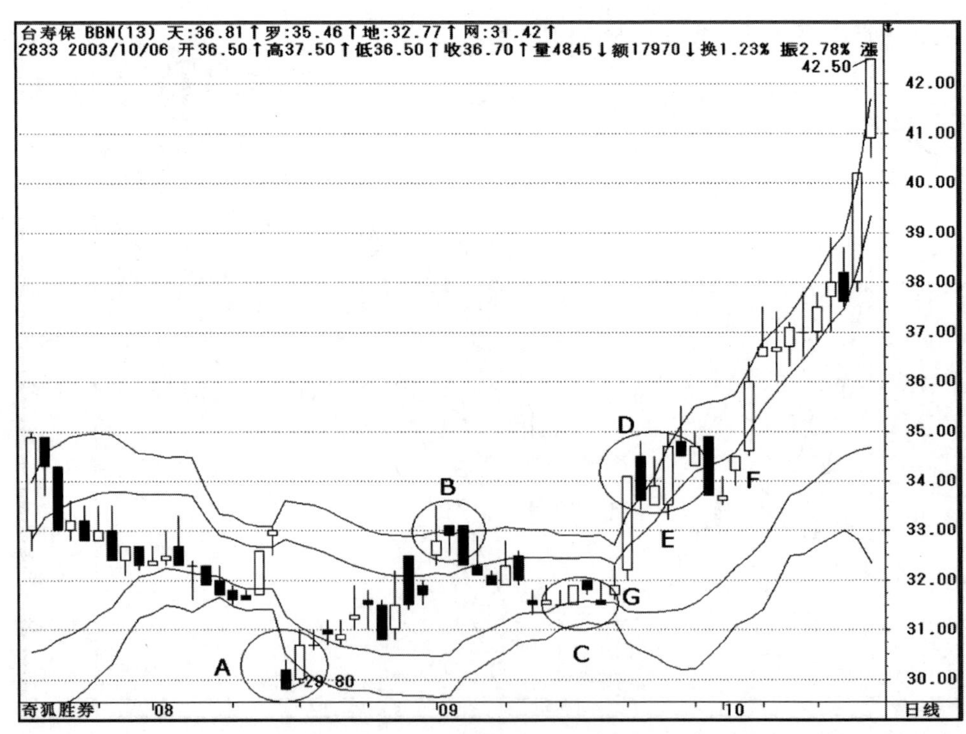

图 4-24　台寿保在 2003 年 8 月以后的图形

编号 D 处在长白线之后出现震荡，接着再出现编号 E 长白 K 线，震荡过程并没有将长白线低点跌破，所以呈现一个弱轧空的走势。编号 E 与之后的小 K 线，是属于“上扬三法”的组合，紧接着的编号 F 长白线攻击信号，就是暗示盘势即将轧空，股价将会涨到 45.00 元甚至 55.00 元以上。结果整个大波段涨到 57 元见顶，这种测量技巧请参考第六章的说明。

请看图 4-25。嘉食化股价在标示 A 的地方出现第一次天罗地网指标的收敛，在编号 C 的长白 K 线出现后，确立短期底部的成型，而编号 C 之后出现许多小 K 线，这是属于“上扬三法”的变形，我们戏称为“上扬 N 法”。无论如何，只要没有跌破长白线低点，就不能看坏短线多头。

接着编号 D 的 K 线再度打破僵局，但又接着形成“上扬 N 法”的结构，其目的在图形中不难看出，是要将天罗地网

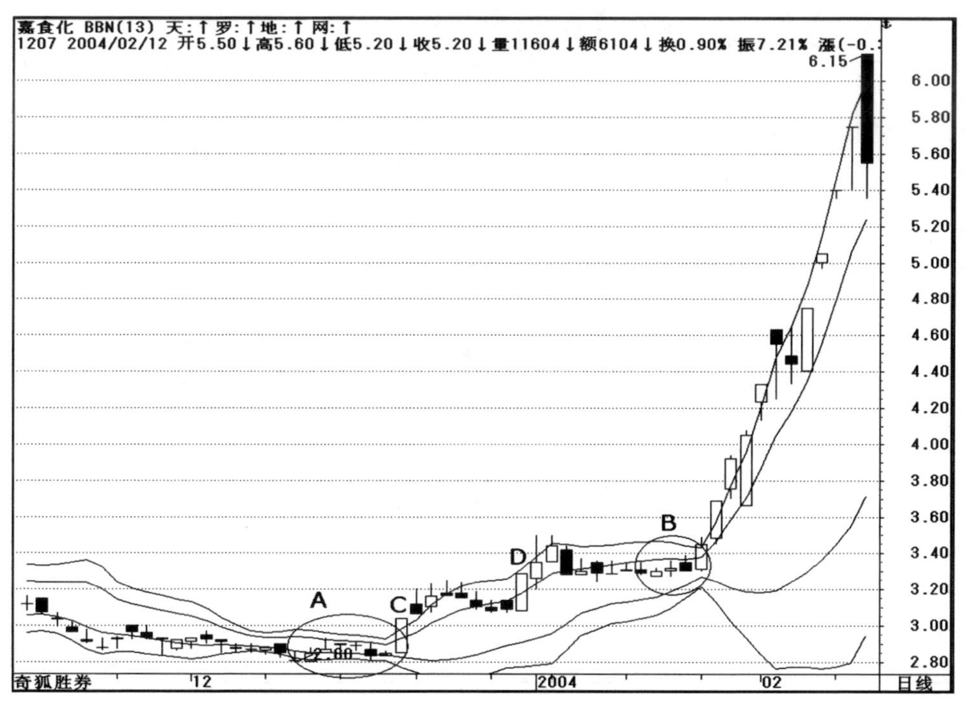

图 4-25　嘉食化在 2003 年 12 月以后的图形

轨道进行震荡后的收敛，在标示 B 处正是股价与信道收敛的呈现，那么只要在这里出现一根长白 K 线进行多方攻击，并且使轨道从收敛转成发散，股价就会进行“强轧空”的走势。

请看图 4-26。华邦电的股价在标示 A 之处进行第一次的轨道收敛行为，并且在多头攻击之后出现轨道发散，造成一个波段的强轧空走势。接着在标示 B 这里出现轨道收敛，并且迅速下跌到编号 C，这是“多头直接转空线型”。正常而言，股价做解救盘之后过 B 处的高点会做拉回的动作。

事实上，从标示 C 处开始的拉抬是相当强劲的，冲过 B 处的高点许多才拉回修正，这种是相当特殊的走势，称为“假破底真穿头”，是控盘主力积极做多的拉抬手法，因此当轨道在编号 D 处里再度出现收敛的时候，就必须积极做多，因为股轨道收敛后将随着出现发散走势，是强轧空行为，股价将会攻到 25.70 元以上。

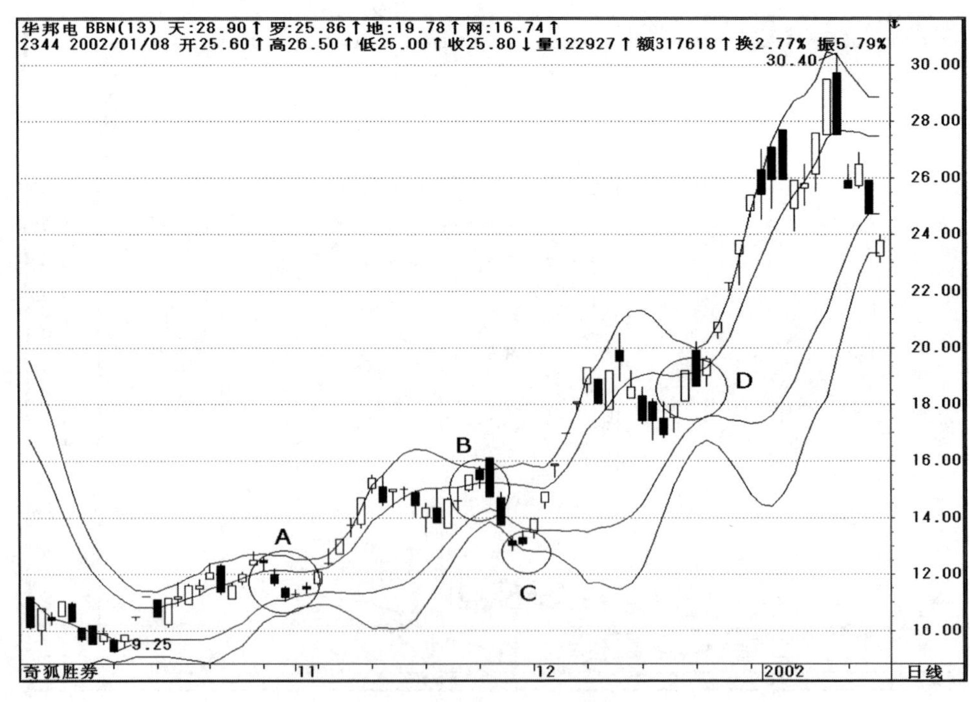

图 4-26 华邦电在 2001 年 12 月以后的图形

请看图 4-27。精英的股价在出现强杀多之后，于标示 A 处出现“阳子母”的组合，有利于股价止跌。止跌之后反弹到标示 B 这里，整段走势呈现“空头反弹转多线形”，接着股价并没有将这一个转多线形形成一个有效的底部，也就是说没有出现有力的多头表态，只有震荡走高的盘势，而这样的震荡走高，也没有将编号 A 之前的长黑母线压力吃掉，所以这是一个弱势反弹，道氏形态上也是一个“上升旗形”的反弹。

接着在标示 C 处出现止涨，并直接将股价从天线压到网线，是“多头直接转空线形”，且又跌破道氏形态的上升轨道下缘，因此标示 D 处出现的长黑日落 K 线，正是空头发动攻击的起点，盘势自然会以强杀多来呈现了。

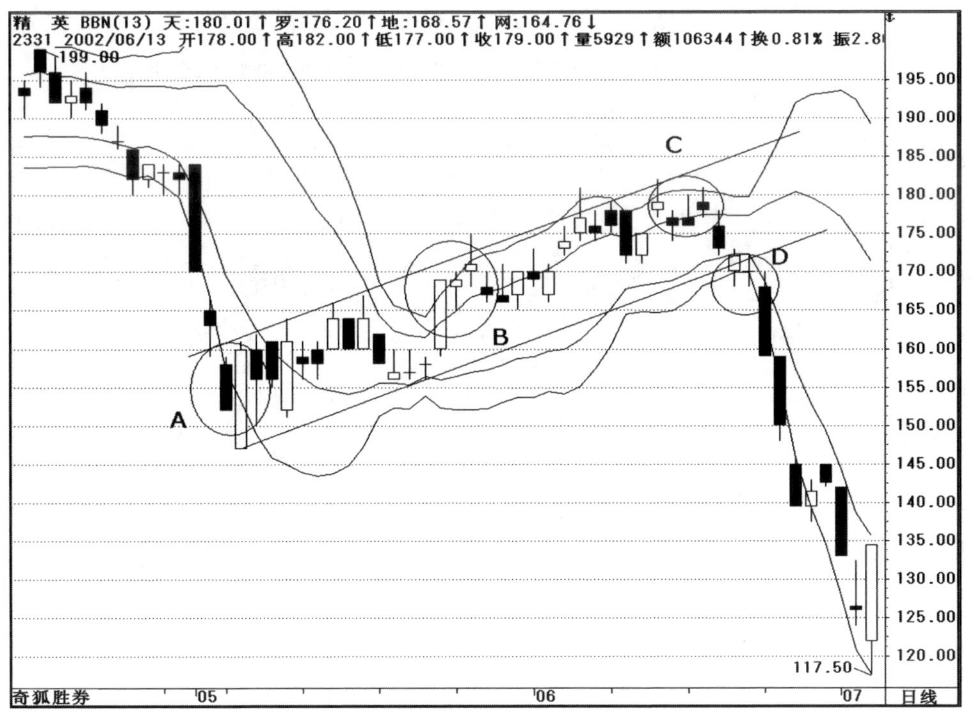

图 4-27　精英在 2002 年 5 月以后的图形

请看图 4-28。智邦在创下当时高点 31.20 元之后，形成“阴母子”的组合，股价从标示 A 跌到标示 B，属于“多头直接转空线形”，而从标示 B 到标示 C、D 这一段，由两段“空头直接转多线形”组合而成，利用比较原理，显然多头较弱，因为两次的转多无法将一次的转空吃掉，标示 D 的反弹最高点也只是与标示 A 等高而已，并没有过高，所以解救盘不成立。

接着从编号 D 处直接掼到编号 E 这里，属于“多头直接转空线形”。在多头已经气弱的背景下，再出现转空线形一次，通常暗示头部即将完成，而编号 E 处竟没有出现任何反弹，就直接杀多。

头部完成后通常会做一段逃命波，虽然直接杀多没有交待这一段逃命的走势虽然也有，但是并不常见，因此在标示 F 处开始止跌并直接拉一波用“空头直接转多线形”来做逃命也不过分，当然，也可以利用这样的走势做解救盘。

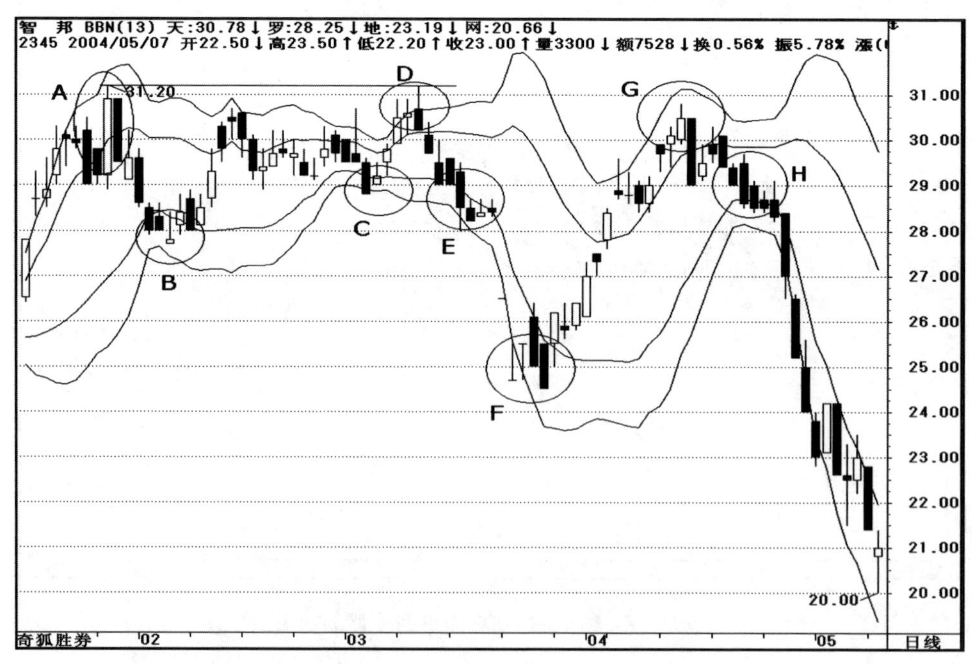

图 4-28 智邦在 2004 年 2 月以后的图形

编号 G 处止涨是因为出现了空头信号的“回转线”，“回转线”之后是“下跌三法”，接着就破坏三法的反弹结构，股价再度跌到地线以下，呈现转空行为。因为拉高到编号 G 既然没有解救盘出现，那么就是定为成逃命反弹了，既然如此，股价只好向下寻求支撑，支撑无效，接下来就会出现杀多走势，满足整个浪潮要完成的下跌目标。

至于要跌到哪里？请各位读者不妨在阅读完第六章之后，再回过头来尝试自行测量看看。

第五章

黄金比率的空间关卡与移动平均线

本章原本是放在“主控战略开盘法”这一本书里的，因为当时编辑过程中发现书本太厚，故而省略掉部分内容。这一部分不仅可以与不同的技术指标搭配，更是趋势强弱程度的重要参考，在这一个章节中，我们先将基本的逻辑厘清之后，再尝试与移动平均线搭配起来研判，可以更精确地掌握均线的有效度。

在《主控战略开盘法》这一本书中曾经提到，在一个 K 线中，不论其红黑，取最高点和最低点来切黄金比率，图形当中有一个 50%的地方，称之为“中值”，又称为“多空均衡点”。如果收盘价收在多空均衡值之上，为多头优势，而在多空均衡值之下，为空头优势。

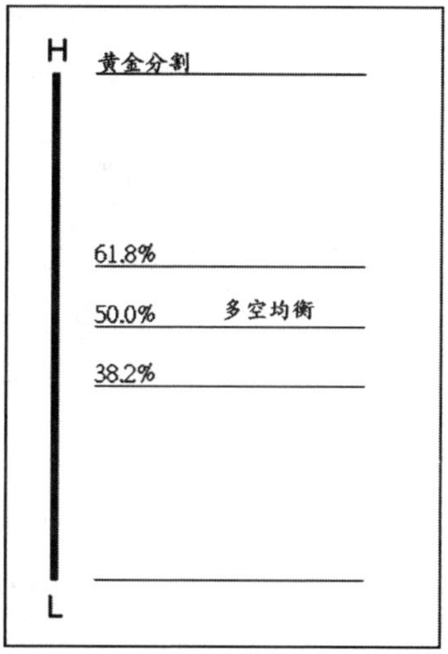

如果再继续将这一个幅度利用黄金比率进行切割，那么图形中有一个 61.8%的标记，也就是高低幅度的 0.618 位置，如果收盘价可以收在这一个位置之上，我们就可以说：

H 黄金分割

61.8%

50.0% 多空均衡

38.2%

L

多头不但占优势，而且此 K 线为强势 K 线，但是对空头而言，却是形成劣势的局面。

而图形中有另外一个 38.2%的标记，也就是高低幅度的 0.382 位置，如果收盘价收在高低幅度的 0.382 这一个位置之下，我们就可以说：多头不但占劣势，而且此 K 线为弱势 K 线，但是对空头而言，却是形成优势的局面。

计算的方法相当简单：

标示 61.8%位置的数值＝$(H-L)\times 0.618+L$

标示 38.2%位置的数值＝$(H-L)\times 0.382+L$

这一部分不仅可以运用在单根 K 线或是多根 K 线组合的探讨，也可以将测量的范围扩大，转成波段、月线、周线，甚至分线上的运用。在运用的原则上，基本的范畴仍然不脱 0.618、0.5、0.382 这三个基本的数据。

运用的过程中必须要特别注意，当我们针对波段探讨的时候，并没有严格要求一定要收盘价位站上(或跌破)计算出出来的关卡价位，只要在股价行进的过程当中曾经穿越，其目的就算已经完成，当然收盘价站上(或跌破)的 K 线有其特殊的意义存在，这里暂时没有探讨这样的意义。

在以下的说明过程中，为了说明的方便，在讨论反弹的时候就不探讨回档的作用，同样的，在讨论回档的时候就不探讨反弹的作用，这样可以避免阅读的时候产生混淆，但是这并不代表观察股价波动只使用单一方向的模式来观察，因为任何股价波动过程中都会有相互对应的回档与反弹，所以任何时候都要两种波动相互比对，自然就可以轻松的掌握股价涨跌力道。

简单的说，股价的任何上涨行情就用反弹的方法与前面波段比对，股价的任何下跌行情就用回档的方法与前面波段比对，常常练习，就可以看出多空力道消长的变化了。

我们先就回档过程中，如何运用黄金比率来观察。

第一节　回档时的探讨

在探讨回档的思考逻辑中，我们完全以中环这一档股票作为连续性的思考范例，请看图 5-1。中环这一档股票在下跌至 11.25 元之后与前一日形成“阳子母”的 K 线形态，其中母线收盘收高，收在当日 0.618 的幅度之上，且带有较长的下影线，因此这个“阳子母”的 K 线形态，对止跌可能会有所帮助。随即出现长白线对“阳子母”产生形态的突破，并且上涨到 13.2 元(标示 H 之处)之后进行压回。

这里暂且算一个上涨或是多头反弹的波动，因此取标示 H～L 这一段切割黄金比率，而股价从 H 压回到标示 A 这里时发现又形成“阳子母”的 K 线形态，而回文件比率也只到 0.618 的幅度而已，属于弱势回档，故对多头有利，因此只

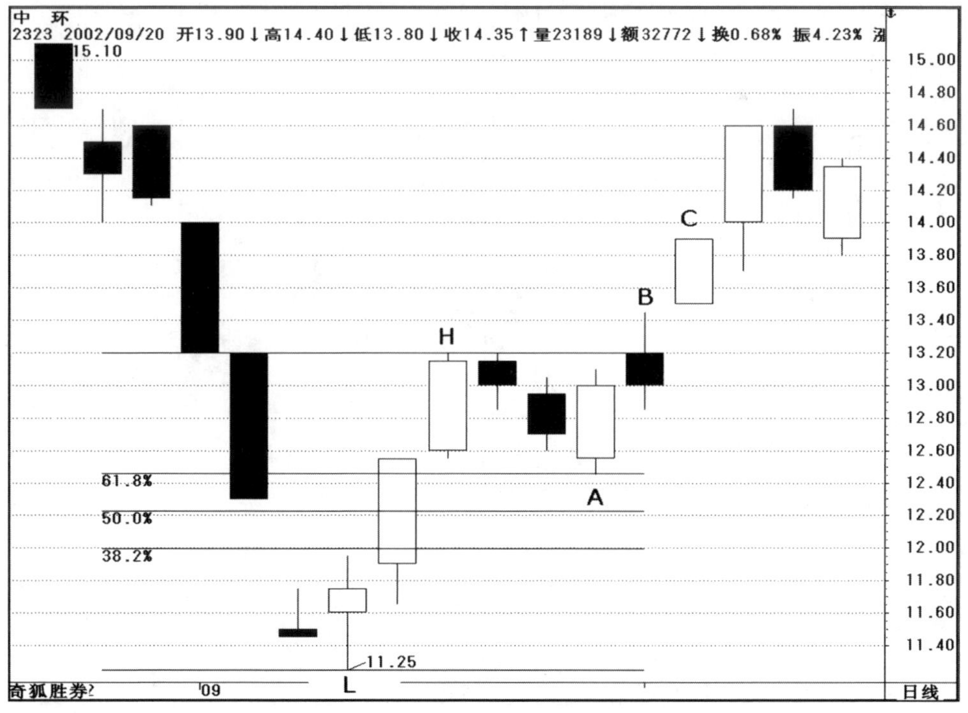

图 5-1　中环在 2002 年 9 月附近的图形

要出现形态突破，就可以再度进场做多。

标示编号 B 之处是暗示即将突破，因为这是黑 K 突破，多头力道不强，而标示 C 之处出现跳空实体长白线，完全没有上下影线，这里就是确认股价突破，又称为“短线追买点”。但是就整个格局而言，股价仍处于强烈下跌趋势过程，因此这里出现的追买点，仅能视为短线追买，目的是抢反弹波动，并非多头回升行情。

请看图 5-2。当股价从 11.25 这里持续上涨到标示 H 的高点才进行股价的回档，所以将标示 H～L 这一段取出黄金比率来观察。当出现编号 A 的长白线时，虽然看起来相当扎实，但是该根 K 线曾经跌破 0.618 的比率位置，所以后续股价没有做出多头有效攻击并再创新高，暗示这里的支撑效果有待存疑，结论就是有机会还要再压回修正一段。

图 5-2 中环在 2002 年 10 月附近的图形

当压回到编号 B 的框框处时，出现了“镊底”的形态组合，而且这一个形态对多头有利，且低点尚未跌破 0.5 倍幅的多空均衡点。因此，只要出现多头表态且突破编号 B 的形态，就是多头买进点，而这里也将使小浪潮转成中浪潮的上涨，故出现买进信号宜强力作多。从图中观察，编号 C 是跳空实体长白线，正是短线多头的再攻击信号。

请看图 5-3。股价持续上涨到 18.00 元(标示 H 之处)之后开始进行回档，我们仍然将 H～L 这一段涨幅切出黄金比率来做回档强弱程度的观察。

我们发现在编号 A 这里出现有利空头的“镊顶”组合，而且镊顶低点也跌破 0.618 的比率位置，因此反弹不创前波高点将对空头有利，标示编号 B 处先出现多头表态的长白线，再形成对空方有利的“镊底”组合，且“镊底”被跌破，所以长白攻击对“镊顶”而言只是假突破行为，既然要假突破就是要进行真拉回，拉回的目标可以利用黄金比率估算，也

图 5-3　中环在 2002 年 12 月附近的图形

可以进行力道的测量。

当股价二度打穿黄金比率 0.382 的位置时，在标示编号 C 的位置时才出现止跌迹象，也就是“阳子母”的形态，母线也为一根“铁钉线”，因为已经跌破 0.382 的位置，我们称为“强势回档”。

接着“铁钉线”又与隔一根形成对空方有利的“镊顶”组合，后续不但没持续下跌，反而上涨。为何对空有利却能上涨呢？请看图 5-4 的详细说明。

在实战操作上，我们总不能等到股价跌到“铁钉线”的位置(最低价 13.00 元)才知道大势已去吧？这样不早就被断头了吗？所以要领先知道趋势已经有错误的讯息，必须利用较小的波段来进行测量，所谓“见微知巨”是也。

我们在图 5-4 当中取出标示 H～L 这一段来切黄金比率，我们发现在编号 A 这一根就出现严重的多头疑虑，投资人可

图 5-4 中环在 2002 年 11 月附近的图形

以找出一箩筐理由，比如说标示 H 是“墓碑线”，接这是对空有利的“镊底”组合，在标号 A 这一根 K 线出现后，“墓碑线”的反转信号已经成立。“镊底”形态也被跌破，在黄金比率测量上，更形成了强势回档的状态，所以这一根 K 线的出现，就让人有怀疑头部是否已经完成的疑虑？而标示 A 后续的 K 线竟看不见一根多头表态，因此不必等到跌破标示 L 的颈线低点，也可以知道大势不妙了。

既然在图 5-3 中可以观察出来跌到最低价 13.00 元的位置已经属于强势回档，即跌破了 0.382 倍幅位置，未来要上涨通常不容易做出直接 V 形反转，而是会有底部行为，因此我们将图 5-3 中编号 C 的位置放大成图 5-5 来探讨。

在图中取标示 H～L 的“铁钉线”(又称为槌子线)当日做黄金切割的动作，当然它和前一笔也形成“阳子母”形态，与编号 A 形成“镊顶”，编号 A 和 B 形成“阴母子”，编号 C 回到了 0.382 的位置，仍属于强势回档。在不破 L(13 元)之前，“铁钉线”的支撑力道仍在，我们可以视这一段的过程

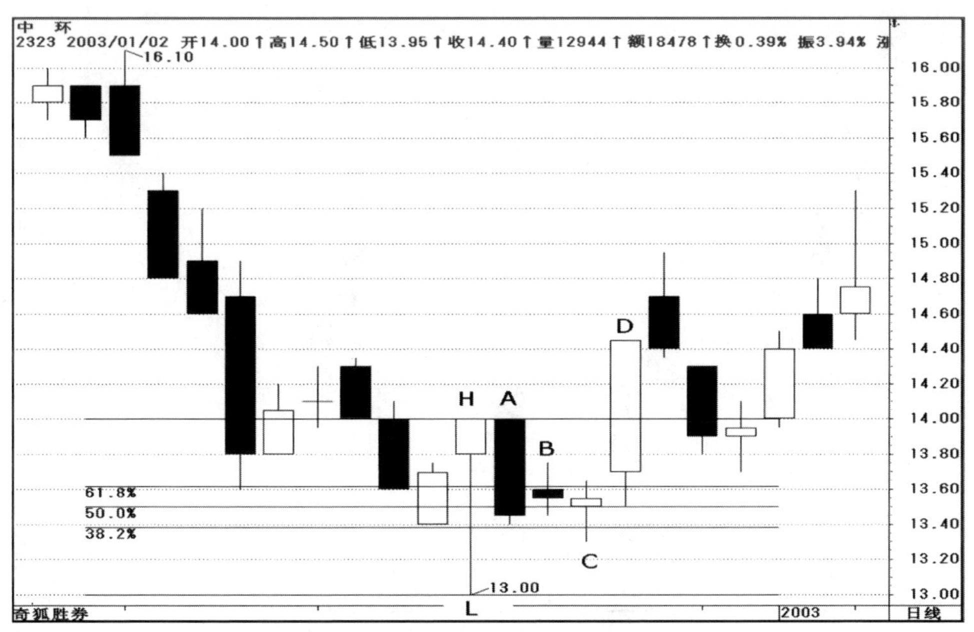

图 5-5 中环在 2002 年 12 月底附近的图形

为打底阶段，也就是说未来创高也不容易多头的强势攻击，因此当我们发现编号 D 的长白线攻击之后，股价是收黑压回，自然不会感觉意外，而是本来就应该如此的正常行为反应。

承接上一张图继续讨论，既然还在打底阶段，操作策略就要依照自己的能力进行规划。

在图 5-6 中，取 H～L 这一段涨幅切黄金比率，我们可以发觉股价仍然压回到 0.382 的位置，属于强势回档。当然，编号 H 的前一根长白线属于多头表态，自然有相当程度的支撑，所以在强势回档加上多头支撑的情况下，可以研判仍属于打底阶段。因此下一次的上涨必须要再创编号 H 的高点，不然就有机会将编号 A 的低点跌破，甚至跌破长白线的低点。

编号 B 出现日出长白线，属于短线多头的攻击行为。但是攻击力道明显不足，请读者不妨将编号 B 与编号 H 前一根长白线来互相比较。长白线是直接创新高，显然多头力道比

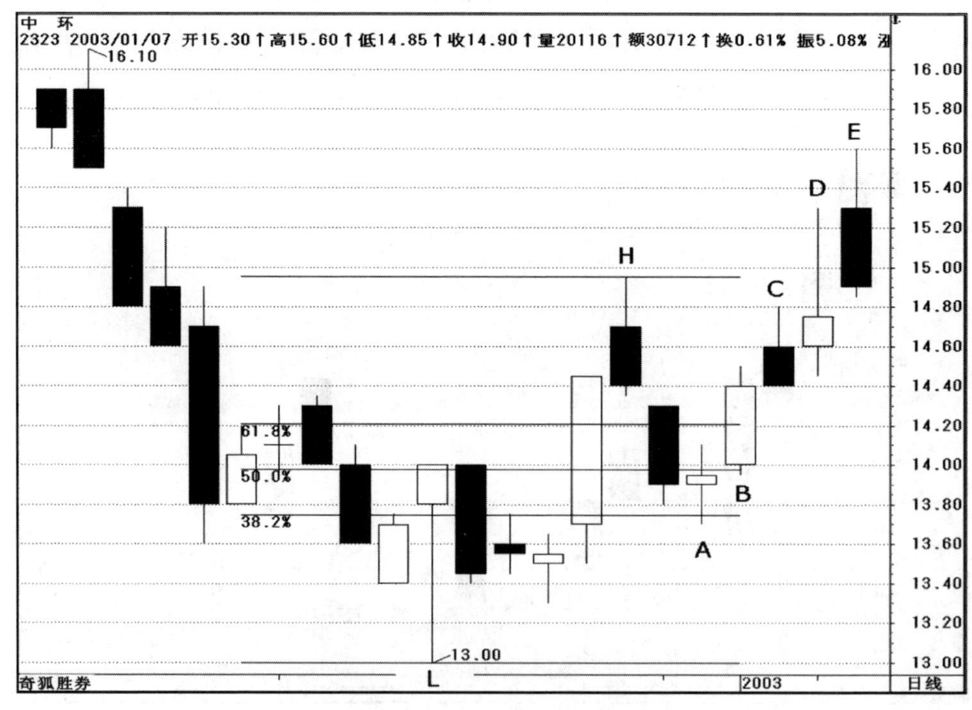

图 5-6 中环在 2003 年 1 月附近的图形

较强，当然它的高低幅度也比较大。

编号 B 的高低幅度比较小，也没有创新高点。所以编号 H 的高点水平线仍然是一个重要的压力关卡，因此从编号 C 开始到编号 E 这三根 K 棒线，都留有不同程度的上影线，正是证明了编号 H 处有相当程度的压力，每到多头攻击到该处时，自然就产生卖压将股价压回而形成了上影线。

编号 C 开始到编号 E 这三根 K 线的颜色虽然黑红相间，但是其行为表现与白三兵的“步步为营”和“大敌当前”的模式类似，也就是说它们是白三兵的另一种变化形态，只是没有以白线呈现而已。笔者想要说的是在“主控战略 K 线”这一本书中列举的 K 线组合形态属于基本形态，读者应该多从其代表的内涵，体会更多变化的形态。这样，在观察连续的 K 线图过程中，自然可以体会到股价波动的真实意涵。

股价在标示 H 之后出现压回，请看图 5-7。所以我们再取标示 H～L 这一段涨幅切出黄金分割率，发现编号 A 这一根 K 线为一根“上十字线”，最低点没有跌破 0.618 的位置，属于弱势回档，接下来再切割 H1～L1 这一根“上十字线”，收盘价收高在日 K 棒线的 0.618 倍幅上，所以是属于具有支撑意义的多方 K 线。

在回文件模式与 K 线力道上均有利于多方的情况下，只要向上走高，就有机会形成波段发动，所以在编号 B K 线出现之后，就暗示股价已经要向上发动，而且在低档的底部已经处于完成的阶段。

请看图 5-8。股价从 13.00 元开始起涨到 18.90 之后出现止涨的行为，因此取标示 H～L 这一段涨幅切割黄金比率，股价先跌到 0.618 的位置之后反弹无力再下跌，跌到编号 A 的位置也正巧是 0.5 倍幅之处，这里出现连续的“镊底”、“镊顶”组合，K 线都对空方有利，如果这里再续跌就会往 0.382 的幅度。然而却出现“阳子母”的形态，转成对多方有利，因此此处必须针对“镊底”、“镊顶”的组合做“逆

图 5-7 中环在 2003 年 1 月附近的图形

图 5-8 中环在 2003 年 4 月附近的图形

向思考”。

而股价从标示 A 处开始做出一个小波段的反弹，同时宣告“镊底”、“镊顶”的组合从对空有利的情形转化成支撑形态，这一小段的反弹如果呈现反弹无力的现象就会持续下探，所幸股价反弹呈现有力现象。所以，回档时遇到支撑线型通常会出现支撑力道，等待确认之后宜注意是否出现短线买进信号。

当回到编号 B 这里出现长白线的止跌线型，也正好再度测试黄金比率 0.5 倍幅的位置，但是股价仍然创新低，且打穿“镊底”、“镊顶”的组合，因此要做多买进必须还要有比较有利的买进理由。

我们将整个上涨的波段格局放大，如同图 5-9 所示。请将图 5-9 与图 5-8 做相互比较，其中编号 A、B 所标示的符号不变，差别在于最高和最低的取舍不同。

图 5-9　中环在 2003 年 4 月附近的图形

图 5-9 中取 11.25～18.90 切出黄金分割率，从上涨以来最大的格局来看，编号 A、B 的回测不过是穿越 0.618 的位置而已，因为编号 A 曾经跌破过 0.618 的位置，所以反弹时无法再创新高，导致回档呈现编号 B 再测试一次。因此在整个大格局中，编号 A、B 的低点只能算是弱势回档，对整体趋势而言，多头仍属于处在有利的背景。

我们将图 5-9 中编号 B 的地方来放大观察，看看出现编号 B 的长白线之后能让多头创新高的理由是什么？图 5-9 中编号 B K 线放大之后就是图 5-10 中低点标示 15.70 元的棒线，从这里开始反弹到标示 H 的 17.10 元，取图 5-10 标示 H～L 这一段来切黄金比率。

当压回后出现编号 C 的 K 线，这一根 K 线因为跌破过 0.382 的位置，所以视为强势回档，当编号 D 的长白线出现之后，这里也就可以定位成为盘底格局。因为编号 D 已经再

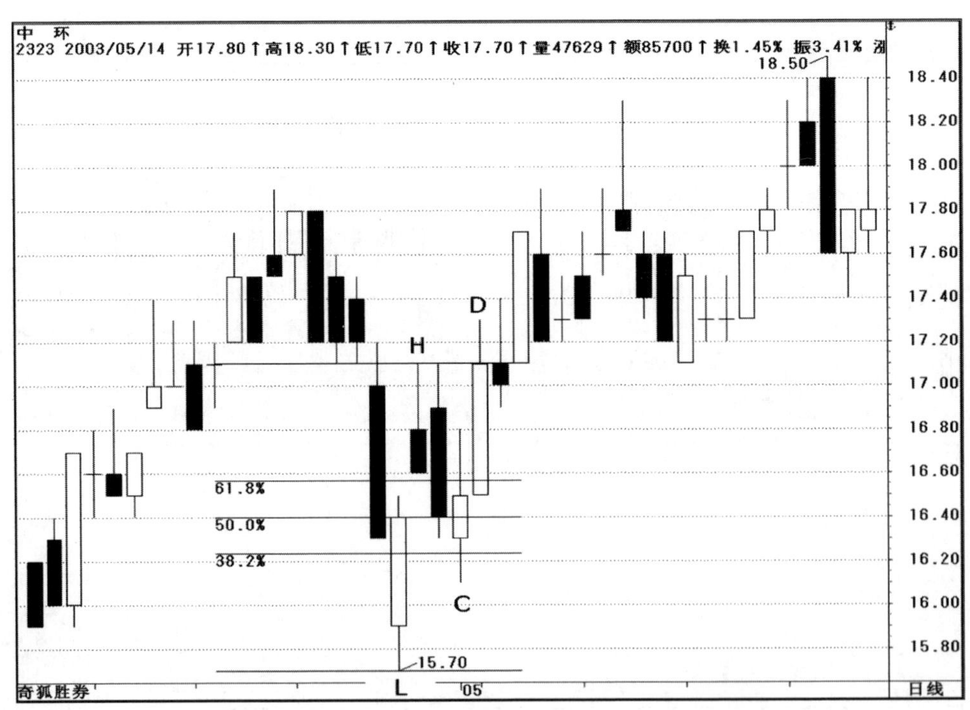

图 5-10　中环在 2003 年 5 月附近的图形

创短线波段的新高价，短期多头趋势已经成型，所以编号 D 的 K 线正说明了盘底暂时成功，有机会持续向上挑战，接下来只要出现弱势回档，那么对股价的多头走势就会有所助益。

延续图 5-10 的走势观察，在图 5-11 中股价盘出短期底部之后持续上涨到 18.30 元，亦即标示 H 处开始出现压回，故取 H～L 这一段涨幅切出黄金比率观察，发现在编号 A 这里尝试支撑，此为“蜡烛”线形，接着再出现连续的十字线，形成“母子”形态。

因为编号 A 的回档只回到 H～L 这一段的 0.618 比率位置，属于弱势回档，因此极容易再创新高点，创新高之后出现了一个“阴子母”的形态组合，如编号 B 所示，会有这样的走势，肇因于编号 H 的“吊高线”压力相当重，而“阴子母”的形态组合看起来是一个强烈的反转信号，尤其是两根 K 线都收黑且收最低，并且在“相对高档”，多头能否化解危机？

图 5-11　中环在 2003 年 5 月中旬附近的图形

从图 5-12 中发现，阴子母的形态低点被下影线打穿，但是收盘价没有收低在母线之下，多头仍有一线生机，再取图中 H～L 这一段涨幅来切割黄金比率，发现编号 A 正好点到 0.618 位置，整段幅度而言属于弱势回档，接着编号 B 出现对多头有利的“镊顶”形态组合。

这一个“镊顶”的组合相当有意思，第一根是“类吊高线”，上影线极长，显然是受到编号 H 这一根长黑母线的空头压力影响，属于正常反应。通常会认为“类吊高线”是对空头有利，既然如此，就不应该会出现下一笔白线形成“镊顶”的组合，且此组合转变成对多有利，这时候就要运用“逆向思考”的模式。所以当出现编号 C 的 K 线时，就可以大胆切入，而这一次的发动最高涨到 29.30 元，从 15.70 元开始涨幅为 86%。

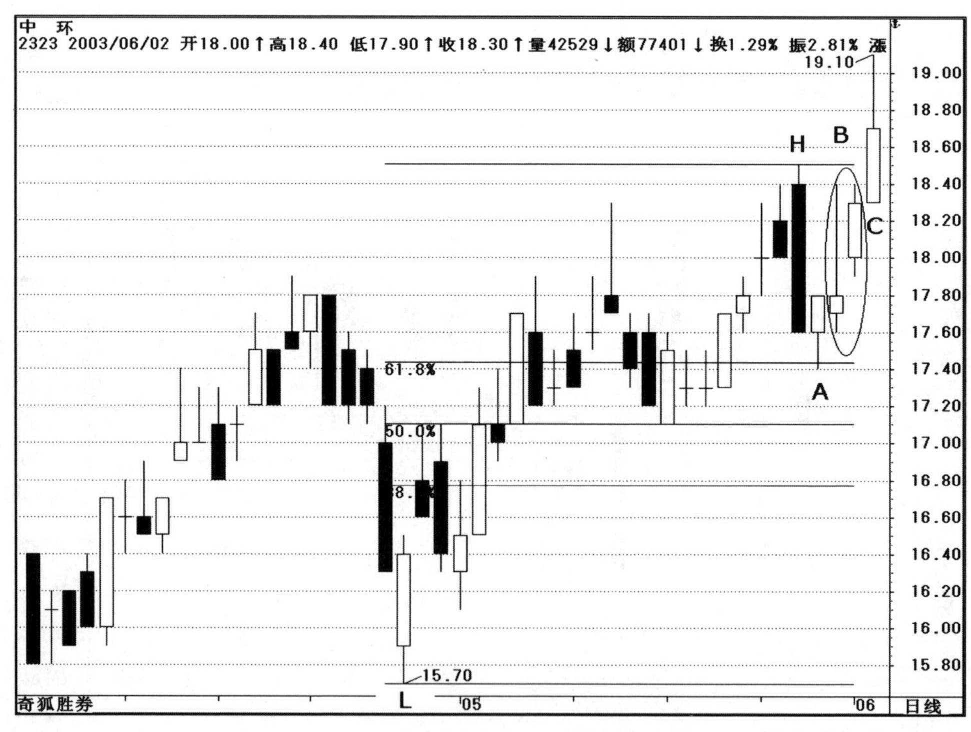

图 5-12　中环在 2003 年 6 月附近的图形

因此只要善加运用黄金比率去观察股价波动的变化，再搭配 K 线形态巧妙运用，不难掌握股价最佳的发动时间点。

让我们来回顾整个股价波动，请看图 5-13。从 11.25～29.30 整个波段结束，总共上涨 18.05 元，涨幅是 160.4%，整个股价波动依照黄金比率的定义作合理的行进，这里所描述的才是真正属于实战技巧之一的观察方法。

第二节 反弹时的探讨

请看图 5-14。股价从最高点 12.75 元回跌到 10.30 元，因此取这一段 H～L 的跌幅切出黄金比率，发现编号 A 的 K 线是一根“墓碑”，因为在 0.382 的位置下就出现止涨，属于“弱势反弹”。弱势反弹暗示的是多头力道不足，因此一不小心股价就会出现破底的走势。

图 5-13 中环在 2002 年 9 月至 2003 年 7 月附近的图形

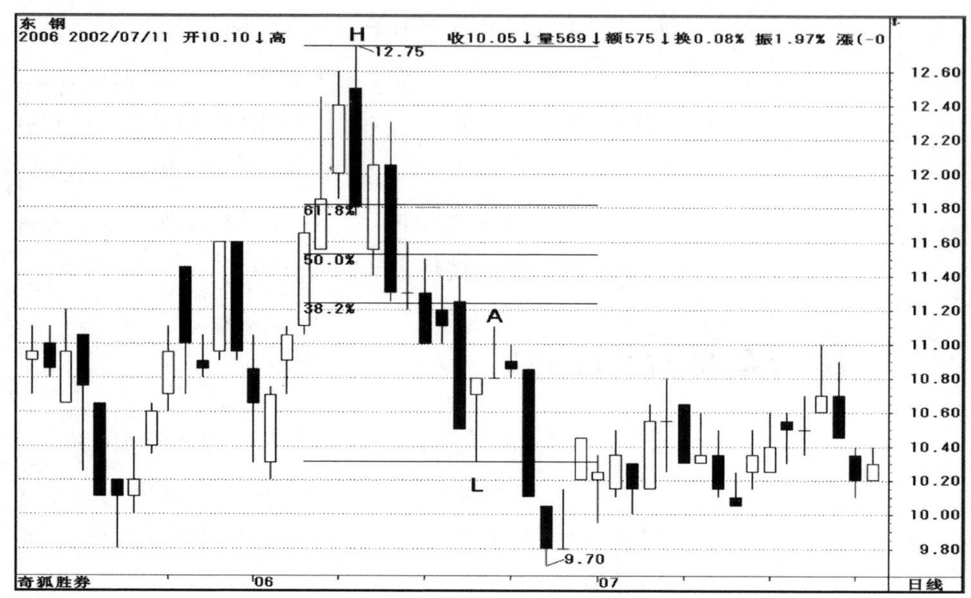

图 5-14 东钢在 2002 年 6 月附近的图形

我们可以很清楚地在图形中看见，在编号 A 之后，股价就没有高点，同时再破底并滑落到 9.70 元才尝试止跌。

接着请看图 5-15。股价从 9.70 元开始进行反弹，所以还是取 H～L 这一段的跌幅切出黄金分割率，从图形中可以发觉它是历经两段上涨走势才反弹到编号 A 的位置。而编号 A 是一根“吊高线”，随后股价便进行压回，整个反弹格局仅撞到 0.382 的幅度就止涨，属于弱势反弹的格局，所以股价不小心还会续创新低。

那么为什么有时候股价会做两段上涨走势，有时候只走一段或是三段呢？答案还是与黄金比率有关，因此只要能够活用，就可以看穿股价基本的波动原理，请看下一张图的说明。

我们接续图 5-15 的说明，来探讨为何股价会呈现两段上涨的理由。从图 5-16 中，我们取墓碑线的高点到 9.70 元的低点，也就是标示 H～L 这一段跌势来切黄金分割率，发现在标示 A 的这一根 K 线，已经穿越整段跌势的 0.618 幅度，对这一小段跌势而言，属于强势反弹，所以有机会拉回打底。

图 5-15　东钢在 2002 年 7 月附近的图形

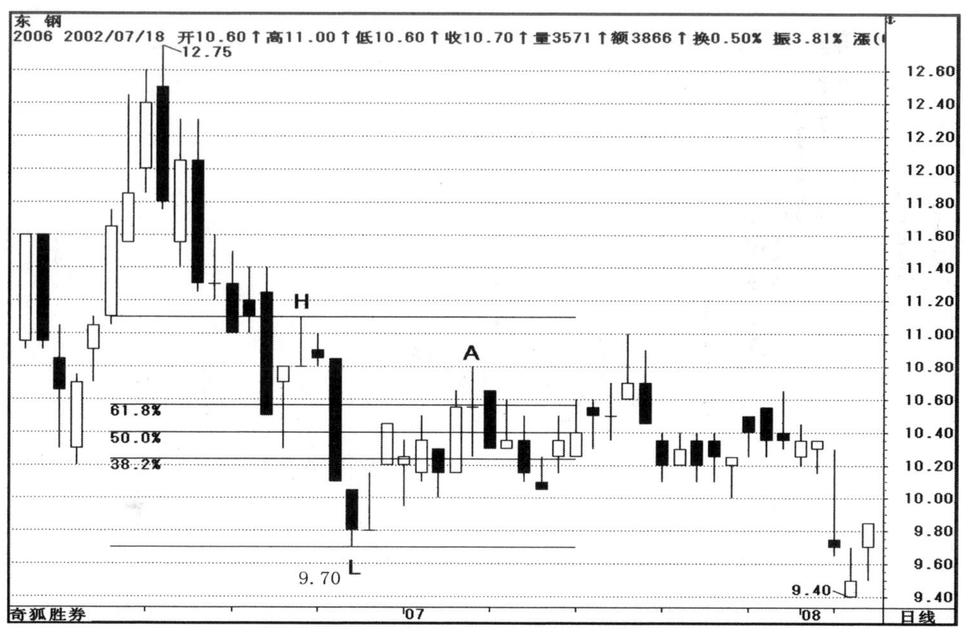

图 5-16　东钢在 2002 年 7 月附近的图形

打底的目的就是要将原本对空头有利的趋势转换成对多头有利的趋势，如果这一个目的没有达成，则属于失败的反弹的行为，因此后势仍需持续观察追踪，不能用以偏概全的研判方式去判断股价的波动。因此当回到图 5-15 的轮廓来观察的时候两段反弹仍属弱势，因此不排除还会有破底的机会。

请看图 5-17。股价因为连续的反弹无力，所以持续下挫到标示 L 之处，而这里出现了对多有利的“镊底”形态，因此取 H～L 这一段跌幅切出黄金比率。

对整体趋势而言，反弹未达 0.382 的位置就是弱势反弹，因此出现编号 A 的“K 冰”线，属于不利多头，再呈现回档走势中，再出现对多头有利的“镊底”组合(标示编号 B 之处)，因为这两根也是槌子线，所以只要呈现形态突破，就可以持续反弹，可惜后续的行为是形态跌破，那只是反映弱势反弹之后可能呈现的再次破底现象了。

图 5-17 东钢在 2002 年 8 月附近的图形

在图 5-18 中，出现连续的下跌走势中，于标示 L 之处创下新低 6.95 元，亦呈现“蜡烛”线，该笔棒线幅度相当大，故定位成有机会止跌，而编号 A 果然以较小的蜡烛线反弹，至于是否能让反弹持续进行，就先取 H～L 这一段切出黄金分割率来观察。

结果编号 A 这一根 K 线已经穿越 0.618 倍的幅度，且压回时一直没有跌破编号 A K 线的低点，当出现编号 C 的实体长白 K 线就宣告反弹持续进行。当反弹到编号 B 这里又形成“阳母子”的形态，因为对空方有利，所以只要注意低点跌破就是进行回档打底，而反向思考是如果未来突破“阳母子”的形态高点，就是空头错误信号，也就是暗示要突破标示 H 的高点了。

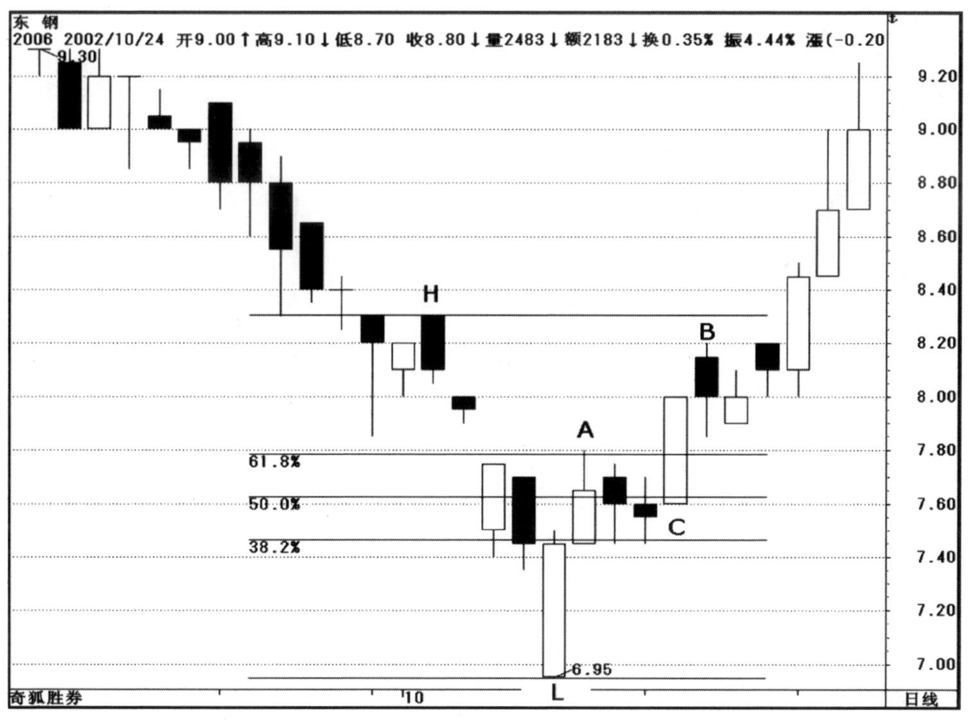

图 5-18 东钢在 2002 年 10 月附近的图形

股价在持续进行反弹之后，出现了如图 5-19 所显示的图形。这里取 H～L，也就是 10.45 元到 6.95 元这一段跌势来切黄金分割率，编号 A 这里正好突破整段的 0.618 倍幅的位置，同时也做出对空方有利的“镊底”组合，后续并跌破镊底，跌破之后没有续跌，反而再反弹做出编号 B 的“镊顶”组合。

这里要思考的是趋势已经呈现强势反弹，压回震荡是合理的，出现对空方有利的组合形态也是合理的，但是整体走势却没有造成较深的回档，反而在高位震荡，不正是代表多头处于强势当中吗？因此只要出现多头表态，就容易产生波段行情。编号 C 这一根长白线就是属于多头向上攻击表态的明确信号，该根 K 线也宣告将挑战 H 的压力。

图 5-19　东钢在 2002 年 11 月附近的图形

我们再回到描述这一只股票开始下跌的价位 12.75 元，请看图 5-20。以 12.75 元取到最低 6.95 元这一段跌幅来切出黄金分割率，发现编号 A 的类似“吊高线”线型突破 0.618 的倍幅，接下来产生回档，再反弹出现编号 B 的“吊高线”线型再创新高，这样的情形属于强势反弹，回档时只要不破坏多头结构，就可以准备做多买进。

因为我们探讨的幅度越来越大，所产生的股价反应也会越来越大，在没有破坏多头结构的时候，如果能够再度出现上涨，则涨势也会比较大，请看下一页的图档，自然就会明白这样的道理。

图 5-20　东钢在 2002 年 12 月附近的图形

接着上一张图的叙述，我们尝试从图 5-21 中找出多头趋势结构没有被破坏的理由。这里标示 A 和 B 的地方与图 5-20 标示 A 和 B 的地方是一样的，H 和 L 代表的地方也一样。

在这张图中，从标示 A 开始的回档低点分别为 C、D、E 三个地方。我们可以很清楚地发现，这三个低点一路垫高，高点也持续创高，所以多头趋势持续，而且是属于向上的调整浪潮，所以只要调整结束，股价就会以喷出或是轧空的走势来表态，而这一波的涨势，从 6.95 元涨到 16.50 元，整整涨了 137%。

图 5-21 东钢在 2002 年 7 月附近的图形

第三节 与移动平均线的搭配

整体而言，在第一节与第二节中，已经将波段力道的比较方法之一——黄金比率的强弱关卡，作了基本的运用说明，再搭配《主控战略 K 线》、《主控战略开盘法》两本书中的观念运用，应该可以对股价波动逻辑有一个更深入的认识，有了这些基础，在金融市场中的操作，已经可以立于不败之地，投资人只要想办法更精进自己的技术分析，并且调整好操作心态及观念，那么自然可以在这一场金钱游戏中游刃有余。

接下来我们要再为读者建立黄金比率关卡与移动平均线搭配的基本观念和研判技巧，更详细与深入的实战整合技巧就有赖各位读者朋友们自行练习与观察。

请看图 5-22。我们将股价与 65*MA* 结合起来研判。台扬从 25.60 元高点下跌，先跌破 65*MA* 之后出现杀多走势，没有出现象样的反弹，一直跌到 13.15 元才开始出现止跌反弹，当反弹到标示 A 的地方时，股价正好撞到下降中的 65*MA*，同时也满足 25.60～13.15 元这一段的黄金分割中的 0.382 倍幅。

图 5-22　台扬在 2003 年 1 月附近的图形

在当时，我们应该这样思考：

(1) 下降中的移动平均线是一种压力，遭逢压力且出现对多方不利的K线形态，应该准备退出。

(2) 反弹到黄金比率的0.382倍幅，为弱势反弹，因此出现对多方不利的K线形态，应该准备退出。

因此在当时的技术面，是告诉我们要准备将手中持股多单退出，不宜观望。

当股价在图5-22中反弹到标示A之处的高点是18.40元，接着续看图5-23图形的变化，股价果然从反弹高点18.40元开始滑落，确认点就是在18.40元的隔一笔出现日落黑K线。这种遇压止涨拉回是股价“正常”的反应，因此出现卖点该卖时却不卖，无疑会侵蚀获利或者让亏损扩大。

在图5-23中，股价从18.40元拉回跌破前低之后，又再度出现反弹，反弹穿过65*MA*之后，根据均线与股价对应的惯性原理，会再回测均线的支撑，此时均线必须将下降扭转成上升才会形成有利的反弹格局，故短线上在标示A的地方也应该抱着持股准备退出的操作策略。

再将该下跌段切割黄金比率，发现标示A的位置正好穿过0.5倍幅的地方，属于正常力道的反弹，暗示到此处后股价如果压回仍有震荡整理的力道。

而我们也可以拉出一条简单的上升趋势线，如标示B所示，跌破该趋势线除了证明空头力道尚强之外，破线前的“镊顶”组合，确定是一个K线形态的压力，未来反弹到此必须先做出解套的行为，解套后再守住多头支撑才有持续上涨的力道。

在编号E的地方正好呈现对“镊顶”形态做出解套，但是在解套之后却又出现对空头有利的“回转线”，并再度跌破标示C的短期上升趋势线，暗示反弹到0.5倍幅后的震荡走势有结束的疑虑，而且是对空头有利。

当股价跌破两个反弹低点如标示D所拉出的上升趋势

图 5-23　台扬在 2003 年 3 月附近的图形

线，股价随之出现“杀多”走势，自然不必感到意外，这就是从细节波动能观察到整体格局的走向才是合理的最佳范例。

请看图 5-24。神达从低点 11.70 元开始反弹，穿过 65MA 之后测试均线支撑，再拉到 15.50 元的高点之后开始进入震荡修正的走势，此时取 11.70～15.50 元的空间切黄金比率，当压回到 0.618 倍幅时，正好撞到已经翻扬的 65*MA* 支撑。

在标示 A 的地方除了 65*MA* 均线支撑之外，就回档的空间而言，对多方也相当有利，而 K 线形态先是出现“阴子母”，再出现对多有利的“镊顶”形态，此时在支撑成立的背景下，只要能够出现多头的表态，将会有另一个“浪潮”发动的多头行情。而标示 B 出现长白线并且形成“均线三合一”的指标发动现象，因此多头宜积极买进，获取另一个浪潮的波段利润。

图 5-24 神达在 2004 年 9 月附近的图形

请看图 5-25。台泥股价在高档盘即标示 A 之处出一个头部之后，出现均线三合一下跌，掼破当时还在上升的 65*MA*，因为 65*MA* 均线尚在上升，所以依据惯性原理股价会往均线靠近，而均线也会慢慢扣抵高价，从上升转成走平，形成对股价的盖头反压，因此出现的多头走势只能视为反弹，既然如此，取整个下跌段切割黄金比率空间，观察反弹的强弱程度。

在标示 B 的地方正好撞到 65*MA* 的均线反压力道，这里是属于葛兰碧八大法则中的卖出点，同时也反弹到整个下跌段 0.382 倍幅的位置，属于弱势反弹，因此这一根类似“避雷针”的 K 线形态就可以先行退出(或是逢高放空)，因为弱势反弹很容易盘底失败并出现再度破底的走势。

确认反弹结束的方法很简单，我们可以拉出如标示 C 的

图 5-25　台泥在 2004 年 3 月附近的图形

上升趋势线来观察，当跌破上升趋势线时又出现均线三合一下跌，因此为积极追空点，放空后可以获取下跌的波段利润。

请看图 5-26。在标示 A 的地方出现三重底的打底行为，并拉出一波涨势之后，65*MA* 渐渐走平，股价也压回测试季线支撑。这一段涨势利用葛兰碧法则研判可以视为涨升初期的初升段走势。

股价出现压回，我们需要观察回档强弱程度时，就可以切割黄金比率空间，我们发现股价打到黄金比率 0.5 倍幅的地方时，出现了如标示 B 的“镊底”K 线形态，同时也打到 65*MA* 的支撑，因此出现标示 C 的日出红 K 线，又同时呈现均线三合一的起涨模式，故为做多切入点，买进之后有机会可以赚取主升段的波段利润。

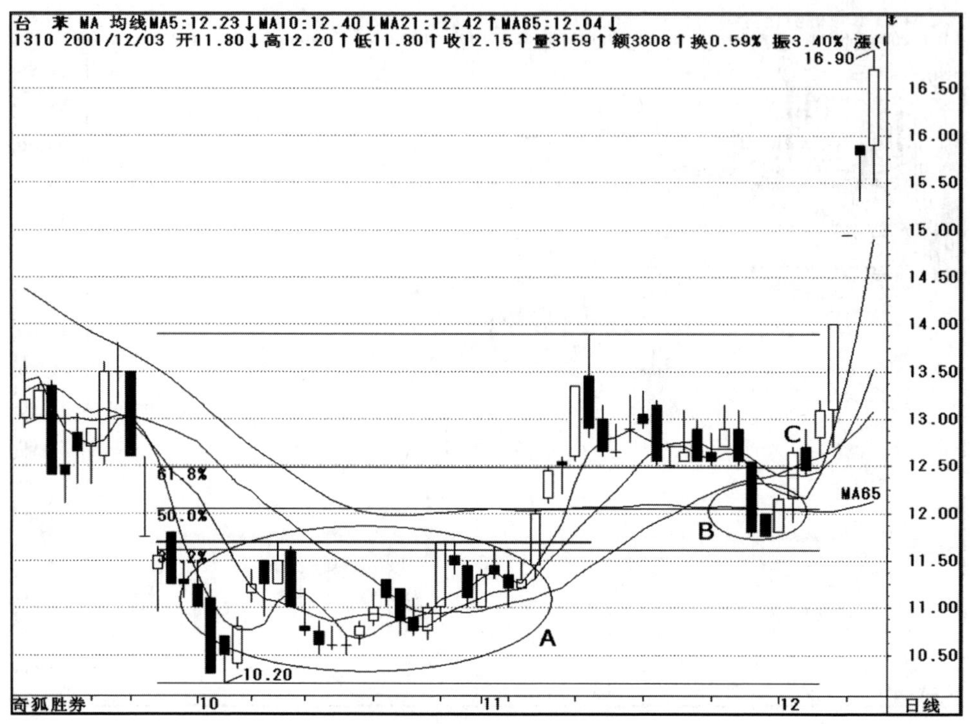

图 5-26 台苯在 2001 年 10 月附近的图形

到此，第五章已经告一个段落，想要将整个多空力道调整的逻辑搞清楚，别无他法，多多练习看图而已。如果把本章的观念再与下一章结合，自然可以更清晰地掌握股价的走势，所以请各位读者在练习之后，赶紧进入下一章节吧。

【本章自我练习题】

练习 7：请尝试将最高价＝50.00 元，最低价＝20.00 元，这一个股价区间的黄金比率关卡计算出来。

练习 8：在下图中，股价已经回文件到标示 A 的位置，假设股价到这里就结束修正，操作策略是什么？理由呢？

练习 8 的图形

第六章

目标测量与移动平均线

所有研究技术分析的投资人，莫不以可以推测到未来的满足目标区为主要的研究方向，因为如果有一个方法可以告诉我们股价“有机会”涨到何处，那么在拟定操作策略的过程中，将会产生相当大的帮助。

笔者以前在研究技术分析时曾经对预估目标下过一段时间的苦功夫，甚至有点走火入魔地想办法求精确的数字，往往追求只有小数点误差的算法，虽然有时候真的可以这么准确的推算出，但是更严重的问题却伴随着发生，我竟然只为了推算这样精准的数字，却忽略了该如何操作的逻辑思维。曾经推算到的波段满足高点数字，竟然出现与实际走势分毫不差的现象，并且伴随上影线，一副要反转的样子，然心中的沾沾自喜才过了一天，立刻被创新高的股价弄得目瞪口呆，心中直犯嘀咕怎么会如此？

后来才发现，预估目标区的目的仅在于策略的拟定与实际走势应该如何去应对，好比说，当股价出现买进信号时，买进的成本如果是 20.00 元，而我预估出来的目标区在 30.00 元，那么此时买进的相对风险较低，利润的幅度较大，因此可以买进，而当股价上涨过程中，离目标区越接近时，我们考虑的就是不要再继续追买，反而要考虑将手中持股出脱，也就是接近目标区时的位阶，称为“相对风险区”。

既然预估股价的目的是帮助我们拟定策略，而如何善用测量工具，恰当的去预估股价可能的涨升(或下跌)目标，就是我们这一章节的重点。请各位读友们注意，我们重视的是怎么测量比较合理，而不是求非常精确的数值。只有合理的预估方法，才能帮助我们能恰当地解读股价的波动。

本章节介绍的测量方法，是大家耳熟能详的黄金比率。在前一章已经将《主控战略开盘法》这一本书中有关黄金分割(即 0.618 和 0.382)的空间分割法做了更进一步基本的叙述，这里是要利用费波那奇数字衍生出来黄金比率倍幅(我们可以称为黄金螺旋的比例数字)来测量波段。虽然都是利用黄金比率的概念，但是运用方法与第一章却不相同，这些比率我们制作了一张表格，请各位读者先过目(表 1)。

这一个表格是运用费波那奇数字分别为分母、分子计算出来的，不管是前一章的用法或是在本章的叙述，都可以将它套用在股价与成交量的研判上。但是必须要提醒读者注意，这些叙述都是基本的研判技巧，比较深入的技巧有赖于读者自行做更深入的探究。

在表格之后，我们将为各位读者说明如何使用的方法，并且结合一些实际研判的例子来做说明。当然，为了让说明更加清楚，所用的图档会比较多，同时也会利用其他本章曾经介绍过的一些观念与 K 线组合形态，做出综合的研判，期待在这一章之后，可以让读者们有一些整合研判的基本观念。

如何使用这一个黄金比率的表格来推测股价可能的波段满足点呢？如果我们假设分母是某一个浪潮第一次上涨的行情，那么第二段上涨的行情正常而言根据波浪理论的定义会有满足黄金比率的对应关系。

那么分子就可以视为第二段上涨可能的比例。如果分子越大代表上涨的力道越大，所测出的目标区就会越高，如何运用以及做出合理的规范？必须从黄金矩形(The Golden

表 1　费波那奇数字的比率表

分母 \ 分子	1	2	3	5	8	13	21	34	55	89	144	233	377
1	1.00	2.00	3.00	5.00	8.00	13.00	21.00	34.00	55.00	89.00	144.0	233.0	37.0
2	0.50	1.00	1.50	2.50	4.00	6.50	10.50	17.00	27.50	44.50	72.00	116.5	188.5
3	0.333	0.667	1.00	1.667	2.667	4.33	7.00	11.33	18.33	29.67	48.00	77.66	125.6
5	0.20	0.40	0.60	1.00	1.60	2.60	4.20	6.80	11.00	17.80	28.80	46.6	75.40
8	0.125	0.25	3.75	0.625	1.00	1.625	2.625	4.250	6.875	11.13	18.000	29.130	49.130
13	0.77	0.154	0.231	0.385	0.615	1.00	1.615	2.615	4.230	6.846	11.080	17.920	29.000
21	0.476	0.0952	0.1429	0.238	0.381	0.619	1.000	1.619	2.619	4.238	6.857	11.090	17.950
34	0.029	0.0588	0.0882	0.147	0.235	0.384	0.6176	1.000	1.618	2.618	4.235	6.853	11.090
55	0.0182	0.0364	0.545	0.0909	0.1455	0.236	0.3818	0.618	1.0000	1.6180	2.6180	4.2360	6.8540
89	0.0112	0.0225	0.0337	0.0562	0.0899	0.146	0.236	0.382	0.618	1.0000	1.6180	2.6180	4.2360
144	0.0069	0.0139	0.0208	0.0347	0.0556	0.0903	0.1458	0.236	0.382	0.618	1.000	1.6180	2.6180
233	0.0043	0.0086	0.0129	0.0125	0.0343	0.0558	0.0901	1.459	0.2361	0.382	0.6180	1.0000	1.6180
377	0.0027	0.0053	0.0079	0.0133	0.0212	0.0345	0.0557	0.0902	0.1459	0.236	0.3820	0.6180	1.0000

Rectangle)的比例关系来探讨起。

图 6-1 所示 ACGF 这一个矩形就是黄金矩形。黄金矩形的边长其比例为 1.618 比 1。想要构成一个黄金矩形，先取一个边长为 2 的正方形(ACDB)，再从某一边的中点(E)为圆心画一个圆弧，在边长延长线取得交点 G，就可以得到一个黄金矩形 ACGF。

证明的过程我们省略，有兴趣的朋友可以利用毕达哥拉斯(Pythagoras)的直角三角形关系来证明，这里我们只讨论结果。从图形中的关系，我们可以列出一些关系式：

$CG=\sqrt{5}+1$； FG =2， 所以 $CG/FG=(\sqrt{5}+1)/2=3.236/2=1.618$

$DG=\sqrt{5}-1$； FG =2， 所以 $DG/FG=(\sqrt{5}+1)/2=1.236/2=0.618$

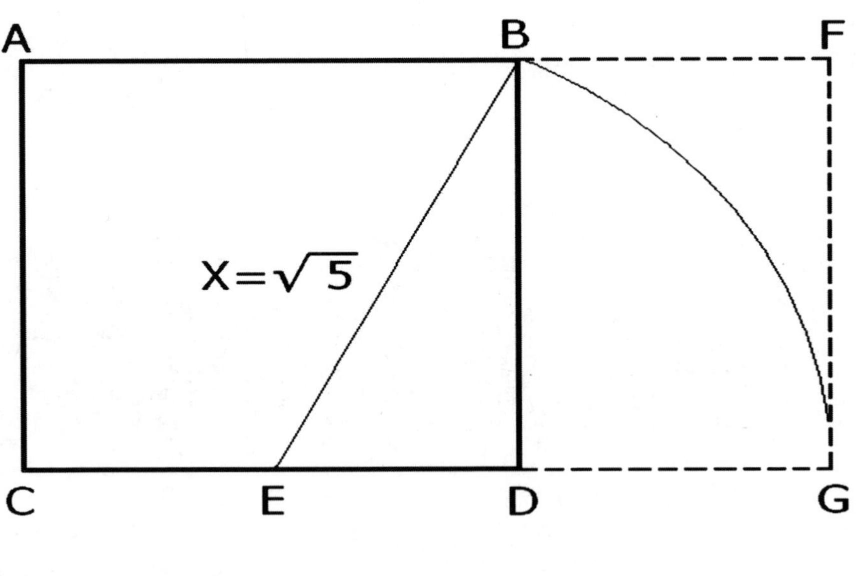

图 6–1

这一个算式告诉我们，在一个黄金矩形中边长的比例是 1.618，接着我们就运用一些小技巧，将这样的关系套入目标测量当中，请看图 6-2。

在图 6-2 中将原始作图边长标示上去，让各位朋友可以更加清晰知道他的关系，我们再以 G 为圆心，原始正方形边长 2 为半径画一个圆弧，再相交于 CD 的延长线上 K 点位置，那么我们就可以将矩形的边长拉直，形成一条 CK 线段，这一个线段又可以分成 GK、DG、CG 等不同的小段。

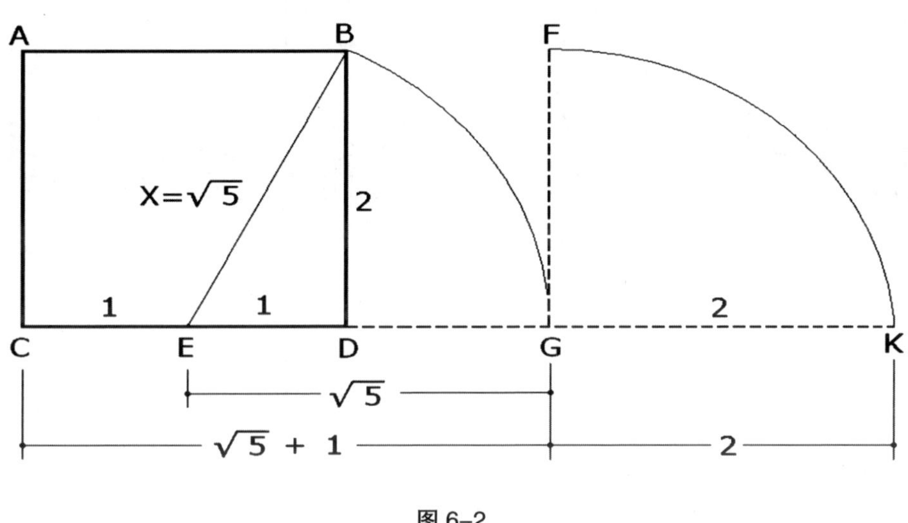

图 6–2

接着我们再将边长关系的比例简化，如果将 GK 长度定位 1，那么 DG＝0.618，则 CG＝1.618，这么作的目的就是要将这样的比例关系套在股价上运用。假设 GK 这一段是某一个上涨的小波段，后续对应的上涨波段有 DG、CG 这两小段。为了说明方便，我们将图 6-3 转正，并且配上简单的股价折线图来对应黄金矩形的图形。

在图 6-3 当中，我们可以清楚的见到 H～L＝GK＝1，H～H1＝DG＝0.618，H～H2＝CG＝1.618，也就是说第一段上涨假设是 H～L，那么第二段上涨就有可能是 H～H1 或是 H～H2。

如果反应的是 H～H1 这一段，我们可以说上涨的力道是减缓的、不足的，是一个多头失败的攻击；如果反应的是

H～H2 这一段，我们可以说上涨的力道是加速的、有力的，是一个多头成功的攻击。因此多头的标准攻击盘，假设第一段上涨了 1 个单位，整段上涨应该有 1＋1.618＝2.618 个单位。

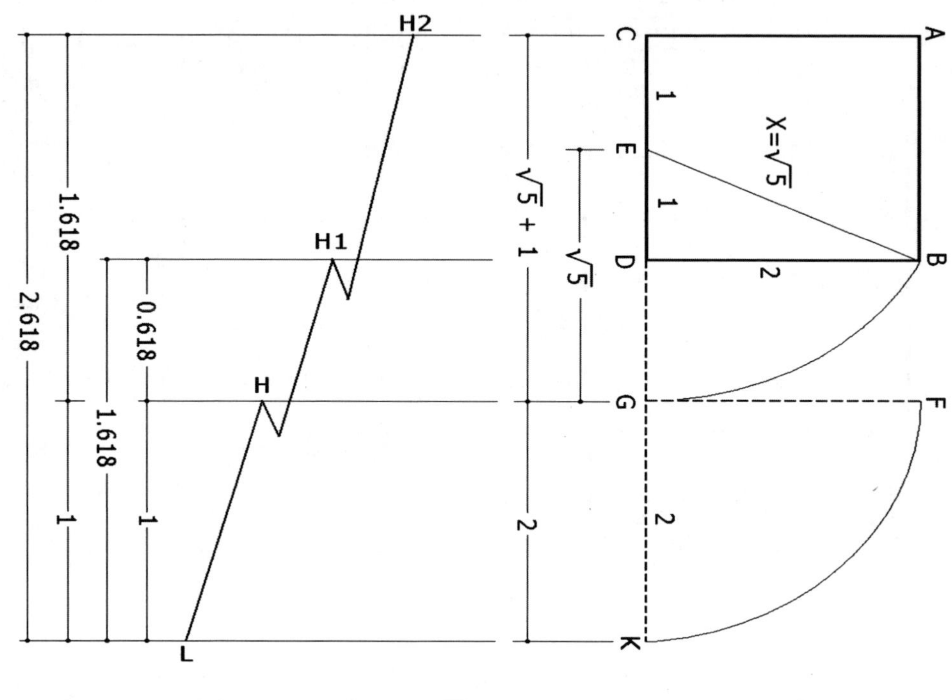

图 6–3

不论强弱，计算的方式如下：

H1 的目标＝(H－L)×0.618＋H　或 (H－L)×1.618＋L

H2 的目标＝(H－L)×1.618＋H　或 (H－L)×2.618＋L

一般软件会采用后面的算式，列出 H2 的满足点时，图形会标示 2.618 的标记。

这样的推演结果告诉我们，标准的多头攻击应该符合黄金比率，也就是要满足 H～H0 这一段的比率。这时候我们再回到最先前的表格探讨，呈现 2.618 比例的，可以找到一个关系；89/34≈2.618，也可以说第一段上涨 34 点。第二段标准的多头攻击盘要上涨 55 点，整段上涨共 89 点的幅度，故得到 2.618 的比例；或者是说第一段上涨 34 天，第二段标准的多头攻击盘要上涨 55 天，整段上涨共 89 天的时间，故得到 2.618 的比例。

图 6-3 的说明是为了容易套入股价波段的看法，有了上述的基本观念之后，再用黄金螺旋形(The Golden Spiral)来说明则观念会更加清晰，请看图 6-4。一般黄金螺旋会将图 6-1 进行对角线的切割(意思是收敛)，在这里将以向外扩散的画法来说明。

原始的黄金矩形长宽比是 1.618∶1，我们就以此比例画出最原始的黄金矩形，如图所示 A。以矩形 A 的长为半径画圆弧取出一个矩形 B，则其长＝1＋1.618＝2.618，宽＝1.618，长宽比＝2.618∶1.618＝1.618∶1，还是黄金矩形的长宽比，所以矩形 B 为一黄金矩形，只是长变成 2.618，宽变成 1.618 而已。

同样的道理，再以矩形 B 的长为半径画圆弧取出一个矩形 C，则其长＝1.618＋2.618＝4.236，宽＝2.618，长宽比＝4.236:2.618＝1.618∶1，还是黄金矩形的长宽比，所

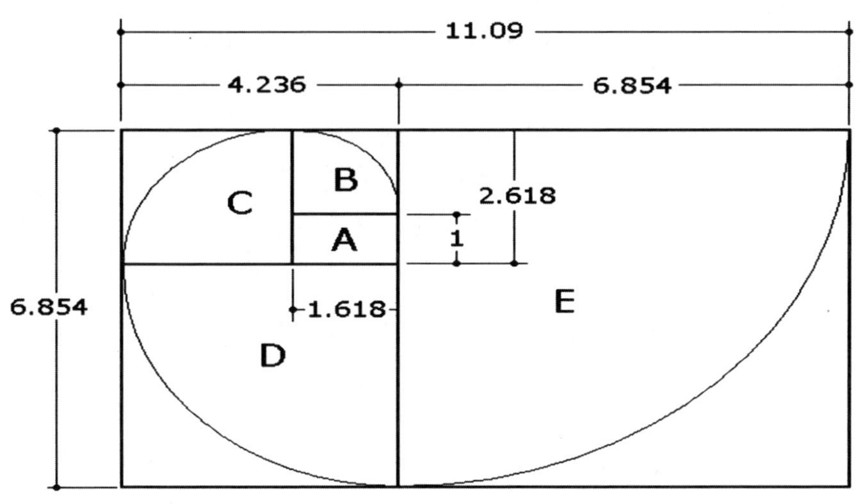

图 6–4

以矩形 C 为一黄金矩形，只是长变成 4.236，宽变成 2.618 而已。

依此类推，可以不断的向外扩展出越来越大的黄金矩形，每一个黄金矩形的长宽比都是 1.618∶1，只是边长越来越大，从原来的边长 1，扩大为 1.618、2.618、4.236、6.854、11.09、17.944……到无限大。

各位读者有没有发现，这些黄金矩形的长竟是费波那奇系数所计算出来的比率表。也就是说，由黄金比率(1.618 或 0.618)所扩散或是收敛出来的黄金螺旋比例，可以无限扩张或是缩小，是一种对数或是等角螺旋形的形态。根据文献，细菌的繁殖、陨石撞击地面的坑洞、松果的果瓣排列、蜗牛与鹦鹉螺的壳、海浪的波动、动物的角纹、向日葵及雏菊的花纹排列、身材比例、甚至去氧核糖核酸的比率、台风的漩涡与太空中的星云，都呈现对数螺旋的形态。除了以上所述在生物学与自然界上已经得到许多实证之外，举凡建筑、美术、音乐等等，都可以实际取的运用，那么套用在反应人类行为所表现的股价波动上，自然有其实用之处。

那么我们如果假设现在股价是往上涨的，多头处于强势的走势当中，股价的波动应该持续向外扩散，那么除了使用图 6-3 所推论出来的比例之外，更可以根据图 6-4 黄金螺旋的观念，取得更高的比例数字。这些黄金比率的数字越大，代表的行情就越强，因为黄金螺旋的数字是从 1 开始扩大为 1.618、2.618、4.236、6.854、11.09、17.944……到无限大，其中 1 的数值在实战上定为为原始上升段，而扩散的数字除了用图 6-3 推出的 1.618 和 2.618 之外，我们习惯上还会采用 4.236、6.854 这两组数字的比例。

将这些比例套入一般软件采用的算式，如下：

继续扩散的目标 1=(H－L)×4.236＋L

继续扩散的目标 2=(H－L)×6.854＋L

当这些比例的关系计算好之后，就可以分别给予这些目标定位，如果说上涨的过程中，只达到 1.618 的倍幅，我们可以说他是一个弱势的多头攻击；如果攻击到 2.618 的倍幅，是正常的多头攻击，也是正常的卖点；如果攻击到 4.236 或是 6.854 的倍幅，是多头强势的攻击，而这里通常往往是短线的相对或绝对卖点。

上述公式是量测上涨用，如果是向下测量，公式要变动成：

基本测幅的目标 1＝H－(H－L)×1.618

基本测幅的目标 2＝H－(H－L)×2.618

继续扩散的目标 1＝H－(H－L)×4.236

继续扩散的目标 2＝H－(H－L)×6.854

当然，这样的计算方式也可以套用在空方趋势中，而且所有的线图，不论是分线、日线、周线或是月线，都可以使用。

实战运用

请看图 6-5，铼德这一只股票在 1999 年的周线图，该股从 88.50 元开始起涨，出现的第一个段落高点是 126.00 元，因此我们取这一个段落计算出所有可能的黄金比率目标区，这些数字当成我们未来的参考依据。

其中超强的目标＝(126.00－88.50)×6.854＋88.50＝345.525，也就是未来股价涨升到 345.00 元附近，为绝对卖点区域，当股价进行到此，操作策略应该是持股多单逢高退出，如果是空手的人已经不适合再持续追价，至于做空则是必须等一等，必须等到原始多头趋势被破坏之后研判当时线型是属于什么样的修正，再行订定放空的交易策略。

散户投资人的悲哀是往往受到市场热络气氛的迷惑，在相当高文件位置接收未来还会更好的讯息，忽略可能出现的风险而盲目追价，最后导致投资金钱上的亏损，因此学习技术分析的目的之一便是帮助投资人分辨这里是什么位阶的相对位置。

图 6-5　铼德股价在 1999 年开始出现多头攻击的目标测量

结果铼德在创下 355.00 最高(穿越预估目标价 345.52 元)之后，股价就出现迅速的拉回(其中包含除权缺口)，如果没有技术分析告诉我们相对位置的风险性，所遭受的损失将不仅有金钱而已，还有心理的煎熬与悔恨。

接着我们来看图 6-6，这是明电在 2002 年日线走势图，我们取当时最高 86.00 元为起点，到 78.00 元这里为一个小段落进行黄金比例的测量，计算出向下修正的正常目标区＝86.00－(86.00－78.00)×2.618＝65.06，另一个目标区＝86.00－(86.00－78.00)×4.236＝52.11，在图中可以很明确的看出打穿 65.06 的目标区之后出现“镊底”的 K 线形态，而且是对多方有利，因此可以视之为短线止跌，但是短线止跌不一定是可以做多，必须等到 K 线日出之后才能确认。

虽然止跌后出现向上的走势，但是在下跌的背景中，因此这里的多头信号，只能视为多头的反弹行情，也就是针对

图 6-6　明电股价在 2002 年的走势

下跌的行为做出向上的修正，这一段反弹走到标示 A 的地方之后，正巧撞到前波“镊顶”的 K 线形态，逢压未过再度使股价出现日落下跌，因此就有机会让盘势往下一个目标前进。

通常操作策略是打到 2.618 倍幅时，如果有短线空单可以伺机回补，同样的，这里就不适合追空，必须等到反弹结束后，出现空头信号再动作比较妥当。

接着股价继续往 4.236 的幅度前进，当时股价已经接近要除权，所以不想参与除权者就可以先退出，然盘势出现除权的缺口仍然照算，也就是不必将线图填权，盘势利用除权缺口满足 4.236 的幅度在技术面上是可以接受的，因此在穿越目标价 52.11 元之后到达最低 48.50 元再出现长白线止跌，堪称相当合理。

同样的方法也可以运用在期货操作上，只要是任何线图就可以使用，但是切到分线必须注意分文件周期选择的合理性。图 6-7 是台指期货 30 分线图，读者可以选择更细的线图，可视每个人习惯的操作时间周期而定。

我们取 5422～5295 这一段为初始测量段，将它有机会出现的目标都计算出来：

第一个目标＝(5422－5295)×1.618＋5295＝5500.49

第二个目标＝(5422－5295)×2.618＋5295＝5627.49

第三个目标＝(5422－5295)×4.236＋5295＝5832.97

当突破颈线 5422 的位置时，我们进场的目的是期待股价冲到 5500 这里，而当穿越 5500 的价位之后，短线多单可以先退出，但是因为没有翻空信号，所以不能做空，而短线多单没有退出的就采机械式操作法，取一个观察价位，当它跌破后出现的反弹逢高将持股退出，没有跌破就持股续抱，目的是上看下一个目标，因为到达 1.618 倍幅算是一个弱势的攻击，穿越 2.618 倍幅才算是一个正常的多头攻击走势，

图 6-7 台指期货指数的 30 分钟线图

通常股价一发动，一个多头的走势是可以满足 2.618 这一个目标区的。

当股价穿越到 4.236 倍幅时，通常都是一个相对的高点，短线到这里出现的修正幅度会比较大，时间也会比较久，因此这里是属于做多风险区，积极做多讨不到便宜。至于是否可以续攻到下一个目标，必须等修正后的走势来做决定。也就是说满足每一个目标区之后都会有一个相对应的修正走势，来修正前一波上涨的幅度，修正之后出现的多头攻击，才能假设有机会往下一个目标前进。

这里投资朋友会有一个疑问，怎么知道是否真的可以满足目标？当然不会知道。所以要有操作的策略与止损、止盈的机制，这里先做一个简单的描述。比如说，股价穿越颈线之后，我们在买进的位置附近设一个止损价位，跌破止损应该要退出观望，未破前就持股续抱。

当股价持续上涨时，止损的位置跟着往上提高，这是行进间的用法，称为“移动式止损法则”。当止损点超过成本有一定的空间时，此时碰触到止损点后出场还有获利时，这一个点位变成止盈点，止盈点也应该跟着股价的推移不断的改变，称为“移动式止盈法则”。没有跌破止盈以前继续持股，而黄金比率倍幅告诉我们的是可能完成的目标，接近或是穿越目标，不考虑做买进，而是考虑做卖出。这一个整个流程称为“机械式操作法”，完全以实际走势为研判，买卖不带任何一丝感情。

空方的操作亦然，这样的思路与逻辑，是操作者应具备的基本条件。

请看图 6-8，光宝科技在 2003 年 5 月的时候出现第一段 33.70～30.80 元的攻击走势，这一段走势操作者可以不必切入，毕竟没有必要去冒风险，也是我们常说的：操作只取最容易操作的那一段，头尾不要去操作的观念。

接着我们利用该段，将黄金比率倍幅做一个计算：

图 6-8 光宝科技在 2003 年 5 月附近的线图与信道指标

第一个目标＝(33.70－30.80)×1.618＋30.80＝35.49

第二个目标＝(33.70－30.80)×2.618＋30.80＝38.39

第三个目标＝(33.70－30.80)×4.236＋30.80＝43.08

我们与信道指标结合在一起，观察股价与 21MA 乖离的程度，并且结合图 6-9 中的移动平均线指标，设置买进信号与停损、停利点。我们先看图 6-8。标示 A 这边，股价已经沿着其中一条信道上缘涨升一段时间，暗示我们股价处于正乖离过大的背景中，当穿越 2.618 的倍幅之后，暗示我们股价经满足多头上涨的正常目标区，这里不再做多头进场的动作，只考虑卖出信号，怎么卖？待会儿请参考图 6-9 的图档与其说明。

同样的道理，当股价穿越 4.236 的倍幅之后(在标示 B 的地方)，是属于多头的相对卖出位置，风险更高，出现修正则幅度或者时间将会更大，因此只考虑卖出的动作。卖出可以用日落线来定位，也可以利用移动平均线来控盘，接着我们就以相同的位置，来观察如何利用移动平均线做买卖。

请看图 6-9，取 33.70～30.80 元这一段来观察当然有他的理由。从标示 G 这里就发现，是 5*MA* 和 10*MA* 黄金交叉的行为，同时也让股价产生 33.70 元的高点，随即股价在标示 H 处出现小缺口压回，再出现“蜡烛线”止跌，使股价产生短期底部的低点，这一段的走势正是本章之前所描述的打底行为。

底部的样子出来，当然可以取 33.70～30.80 元这一段为基本测量目标，什么时候怀疑这是一个底部呢？当标示 D 的这一根长白线日出攻击就可以这样定位，而标示 A 这一根长白线则称为“确认”！同时标示 A 这一笔长白线又呈现“均线三合一”的起涨模式，因此标准买点就是标示 A 这一

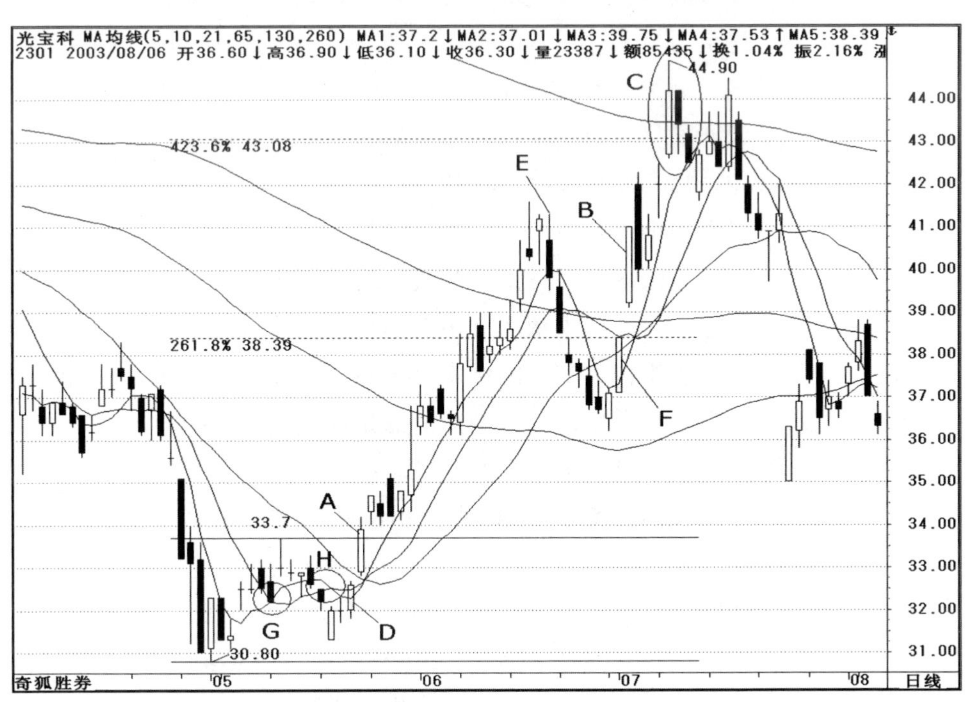

图 6-9　光宝科技在 2003 年 5 月附近的线图与移动平均线

根K线。

那么标示D这一日能否买进呢？当然可以，而且相对的利润也会比较多一些。至于可以买进的理由除了怀疑底部有机会成立之外，还因为它是一根日出攻击线，同时也站上5*MA*和10*MA*的移动平均线，我们称为“短线攻击信号”。

买进之后如何利用机械式操作法来观察盘面？短线利用5*MA*来观察是一个不错的选择，当然也可以利用10*MA*来观察，笔者建议可以依照股性之不同选择不同的均线，该范例假设以5*MA*来观察，当买进之后股价撞到1.618倍幅与2.618倍幅之后(意思是注意短线卖出信号)，股价一直沿着5*MA*持续上涨，并没有跌破5*MA*，直到在标示E的位置，也就是穿越2.618倍之后的第9日才出现跌破5MA，这里就是买进后的第一次卖出信号了。

又因为从满足2.618倍之后股价超出甚多才回档，暗示未来尚有推升到更高倍幅的机会，因此仍须注意拉回后的买进信号，标示F这一笔长白线宣示多头止跌的强烈企图心。编号B更是跳空上涨的另一次“均线三合一”的起涨模式，因此这里将有机会往4.236的倍幅前进，而在标示C这里穿越之后，出现跌破5*MA*的指标信号，正式宣告此上涨已经完成了一个该有的段落。

从图6-9知道了一些买卖的原则之后，接着我们利用茂硅这一只股票来做一个多空循环的轮廓说明。在以下的说明将会忽略掉大部分的买卖点研判，请读者们依照之前的叙述来思考、套用即可，当然最好是由读者们根据自己的操作习惯来拟定自己所需要的操作策略。

我们从图6-10来观察。18.80元是该股当时长线下跌的某个最低点，我们不知道未来是否还会创低？所以做买进动作时，就是等待他盘底完成，一般是运用底部形态来观察，当然，如果读者的实战技巧熟稔，也体会到K线逻辑的真谛，在底部整理过程中仍有机会进行布局，不过我们不必非

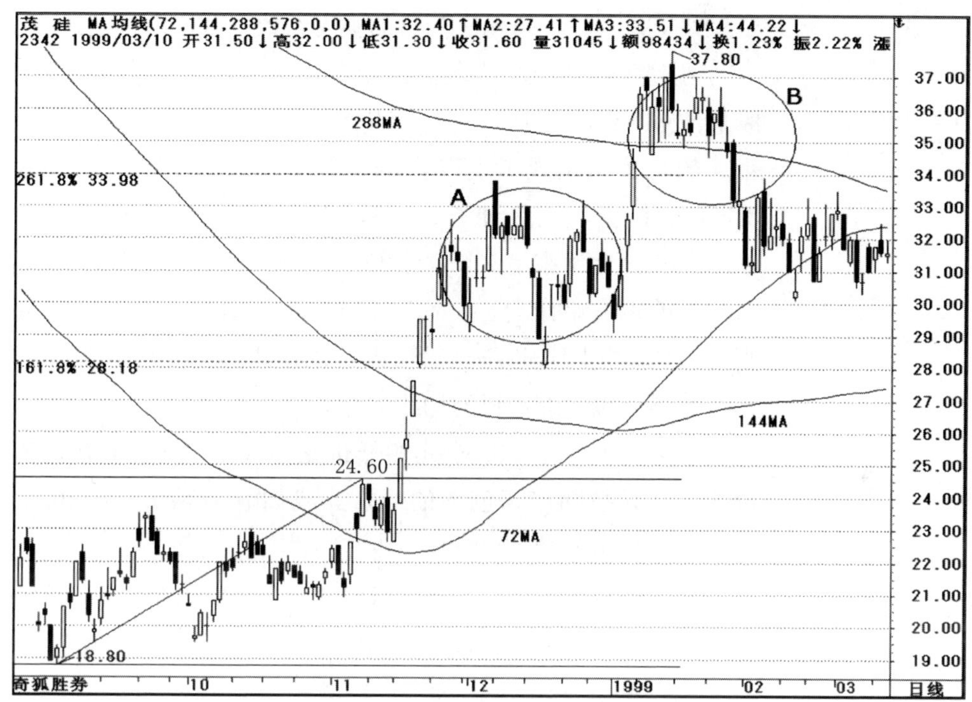

图 6-10 茂硅在 1998 年 9 月以后的走势图

得如此，等到底部完成都还来得及切入，如此也可以帮助我们规避掉一些风险。

我们取 24.60～18.80 元这一段初始测量，这样量的理由除了与底部形态有关，也与笔者个人钻研的“推浪三部曲”心得有关，这个技巧需要有一些基础，也不方便公开披露，因此读者只要认识底部形态就可以利用黄金比率来规划，当然也不一定取段非得与笔者相同，而如何取得最佳化，除了让自己的经验值提升之外，就是要加强、巩固技术分析的基础。

从 72*MA* 来观察，24.60 元之后的拉回是穿越 72*MA*，且 72*MA* 已经开始扣抵低价，所以股价压回之后没有跌破 72*MA*，出现日出攻击突破压回的高点 24.60 元，正是多头宣告将持续往上攻坚的信号。至于为什么移动平均线的参数是设 72*MA*、144*MA*、288*MA* 呢？那是因为当时台湾的交易制度为一个星期交易 6 日，市场上当时的惯用参数是这些组合之故。

通常突破长期均线之后都会有相对应拉回的修正走势，股价冲过 144*MA* 之后，一路涨升到接近 2.618 的位置，即标示 A 的位置，出现了震荡修正，而标示 B 的位置则是穿越 2.618 的位置，也穿过了 288*MA*，正常而言，随后出现的修正时间应该会越来越久，请各位读者注意，这里的修正当要与均线的走势略作配合，均线是向下的，自然有牵引股价拉回的力道，拉回过程中，就必须寻求原均线的支撑，或者是已经翻扬呈现向上走势的均线支撑。

请看图 6-11，20.50 元的低价是该股从图 6-10 中的高价 37.80 元拉回修正创下的低点。我们取 26.70～20.50 元这一段为初始测量，计算出：

第一个目标＝(26.70－20.50)×1.618＋20.50＝30.53

第二个目标＝(26.70－20.50)×2.618＋20.50＝36.73

图 6-11 茂硅在 1999 年 8 月以后的走势图

股价也分别在穿越 1.618 和 2.618 倍幅之后出现修正，其中在穿越 2.618 倍之后，立刻又拉抬一段，或许在这里操作是想要股价穿越 4.236 的幅度，问题是我们观察前面的走势来“比较”，穿越 1.618 倍都出现相当时间的修正，为何穿越 2.618 倍整理时间这么少？答案只有两个，一个是多头太强，要直接冲关；一个是它只是一个向上调整行为而已。无论是哪一组，只要停损、停利的法则运用得宜并彻底执行，在操作过程中理应不会遭受操作上的损失，就算不幸产生停损，也可以控制在一定的程度之内。

而该股从 41.10 元的高点拉回修正走势又是如何？请参考下一张图的说明。

请看图 6-12。茂硅股价从 41.10 元的高点拉回修正之后，时间相对较久，也多次测试两年线 576MA，而季线 72MA 也持续向上推升中，所以在拉回低点 32.50 元附近盘一个小

图 6-12 茂硅在 1999 年 12 月以后的走势图

底之后。出现第一段的攻击走势，所以我们取标示 A 这一段为初始测量段，将波段高低点带入公式计算，得到：

第一个目标＝(39.90－32.50)×1.618＋32.50＝44.47

第二个目标＝(39.90－32.50)×2.618＋32.50＝51.87

第三个目标＝(39.90－32.50)×4.236＋32.50＝63.85

比照线图，可以很明显观察到他的走势与目标区之间的关系，其中在穿越 2.618 倍之后再冲一小段才做明显的拉回，这里可以利用短期移动平均线来进行“机械式操作法”，因此卖点不会有所疑虑，修正之后再度出现短线攻击，暗示我们股价将往 4.236 倍满足，在修正过程中也可以取当时小波段进行测量，也就是图中标示 B 的这一个小段，从图中我们可以明白看出，股价的最高价 64.50 元，不但满足标示 A 这一段的 4.236 倍，也满足标示 B 的 1.618 倍。此处的意义是说，短线有卖出信号，而中波段告诉我们的是已经到了相对要卖出的点位，短线多单也已经没有再买进的理由，在见到高点之后又出现日落黑 K，就应该将手中多单退出，最迟也要在反弹盘头时逢高退出。

在图 6-12 高点 64.50 隔一笔做出买出动作之后，紧接着请看图 6-13，股价从 64.50 元修正到 50.50 元，接着再做出反弹达到等高点 64.50 元，随即压回盘一个小底之后出现多头攻击，此时可以取 64.50～50.50 元为修正后一个攻击段落来做测量之用，分别算出目标价是：

第一个目标＝(64.50－50.50)×1.618＋50.50＝73.24

第二个目标＝(64.50－50.50)×2.618＋50.50＝87.30

第一个目标是直接跳空涨停突破，所以直接下看第二个目标，在标示 A 之处满足第二个目标之后股价出现日落线暗示将会止涨，此时可以退出观望或是采用停利的机制来控制风险，后来又迅速拉高，创下 93.50 元的高点之后股价才又再度回软。

回软的过程在标示 B 的地方跌破前波正反转低点支撑，

图 6-13　茂硅在 2000 年 3 月以后的走势图

该笔是一个十字线而形成的转折，支撑颇强，所以标示 B 的地方才有机会出现长白线的支撑现象，但是无论如何已经曾经跌破过了，所以从 B 这里开始反弹只要没有再创新高，我们要怀疑盘势不是盘头，就是进入“中段整理”。

而在标示 C 地方出现长黑止涨，股价也压回，所以这里形成头部或是进入整理的机会增高，当然此时手中应该没有任何多单持股，最多只可以有短线空单，而短线空单只是想要获取短线修正的利润而已，其中细微的差异与策略应该要区分清楚，不然股票操作就容易变成猜谜，与无头苍蝇胡乱飞没有两样。

我们从图 6-14 可以看出，整张图有大型头部的轮廓，这里不是看图说说故事，而是有技术面的理由支持，而这些研判法则是通用的，可以接受验证并且适合任何一种线图的才算数，如果只能适用于某一些现象，那么这样的研判法则

图 6-14 茂硅在 2000 年 4 月以后的走势图

或许要考虑修正甚至扬弃。

理由其实很简单，修正过程中出现的反弹波动，如果出现的是多头攻击波，那么多头走势就会持续延伸，如果出现的是弱势攻击波，就有机会将这一个反弹形成头部，我们取图中 82.00～68.00 元这一段来计算，很显然的只攻击到 1.618 倍的位置股价就迅速拉回，先前我们就定义过了，只到 1.618 倍是一个弱势攻击，正常攻击应该要到 2.618 倍。

当然只有这样的理由稍嫌薄弱，一定是先前的修正过程出现问题，后来多头的攻击又出现问题才会造成多头的疑虑，并使股价反转，我们只要接着看图 6-15 就可以一目了然。

我们先看标示 A 的 1.618 倍幅目标＝65.18 元，标示 B 的 1.618 倍幅目标＝70.97 元，股价在打到 72MA 的时候(标示 C 之处)也同时穿越标示 B 的 1.618 倍幅，也就是说这一段修正空头也是弱势攻击而已，既然如此，在 72MA 尚具有支撑且还属于上扬走势中，如果多头还有可为，怎么会后续出现的多头攻击只攻到 1.618 倍幅？此为疑点之一。

就算多头满足 1.618 倍幅之后休息一下再继续攻击，其实也不过分，那么这一个假设如果成立，就不会出现图 6-15 标示 D 这一段的空头下跌力道被发挥出来了。但是这一段已经是确认的行为，对于操作者已经太慢。当然，根据实战技巧更可以清楚地观察多头反转点，这里就黄金比率来探讨依然可以看出多头失败之处。

在标示 D 这一段的连续压回，我们可以察觉它是跌破前波正反转低点的，如果多头没有问题，也就不会在标示 E 处连一个像样的反弹都没有就出现以长黑杀破 72*MA* 的走势，再加上满足 92.00～82.50 元这一段走势的 2.618 倍幅目标＝67.13 元(标示 F 之处)，就完全证明头部完成，这是空头的修正，未来至少修正到 56.00 元以下。

图 6-15 茂硅在 2000 年 4 月以后的走势图

在图 6-16 中，所表示的是 92.00～82.50 元这一段的下跌力道，在整个下跌走势过程中不妨也比照跌破移动平均线后股价的反应，这样也可以测知力道强弱程度。其中在满足 2.618 倍幅的目标之后，股价曾出现一小段反弹，但是相当弱势，随即再度破低，接着就满足 4.236 倍幅的目标＝51.76 元，当时最低来到 51.00 元，同时也正好点到了年线 288*MA* 的支撑，且 4.236 倍幅也是相对满足点，此处空单宜先退出，当然更不适合再持续追空，正常情形下，这里会出现一个时间较久的反弹修正。

图 6-16 茂硅在 2000 年 6 月以后的走势图

满足 4.236 倍幅后出现的反弹能否让整个股价趋势变稳，并且呈现反转向上的多头走势？观察重点就用本书第一章的观念来说明。请看图 6-17。

在图 6-17 中，我们取整段下跌波段，也就是 92.00～51.00 元这一个区间来做黄金分割的观察，当我们取好之后发现，股价的反弹连到 0.382 的幅度都没有，所以这可以定位是弱势反弹，既然是弱势反弹就不排除还会持续创下新低点。

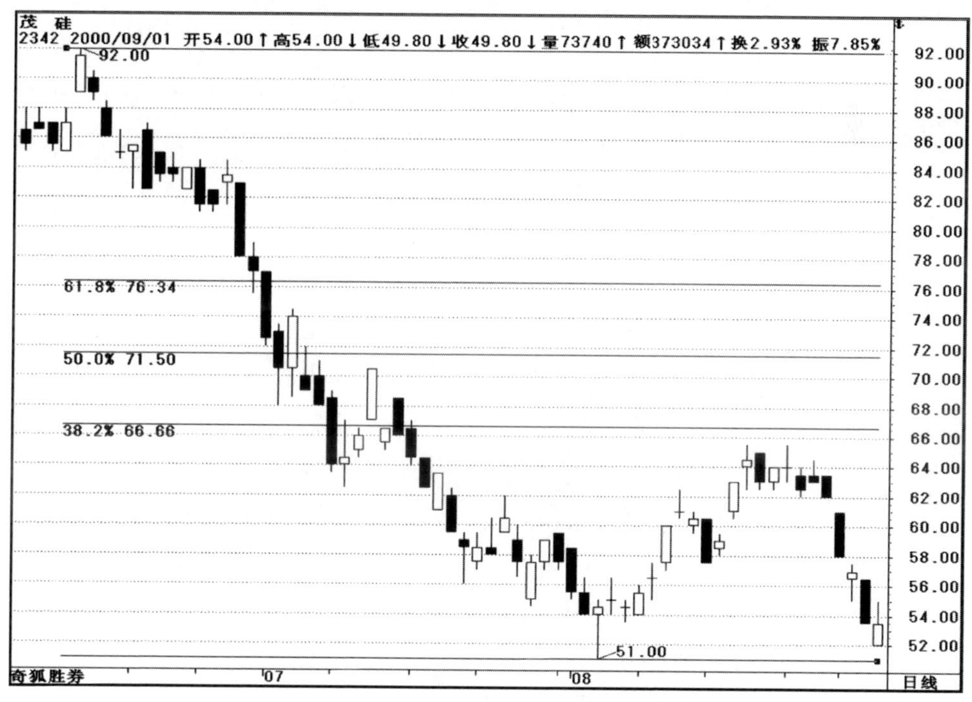

图 6-17　茂硅在 2000 年 7 月以后的走势图

假设未来还有低点，那么目标区应该如何预估呢？不要忘记我们从高点开始测量的一些比例倍幅还有一些没有满足，请看图 6-18。

图中保留了两段测量，一段是从 93.50 元的高点取段，另一个地方是从 92.00 元的高点取段，他们的所计算出来的倍幅与相对应股价位置，就留给读者们观察了。

当股价在图 6-18 中分别穿越了 6.854 倍幅和另一段的 4.236 倍幅之后，正常而言，也应该要出现一些反弹走势才合理，当时股价是跌到 16.50 元的，我们就从图 6-18 转换到图 6-19 来继续观察。

在图 6-19 中，股价从 16.50 元开始反弹，这是针对空头的相对满足价被穿越的行为，反弹的强弱程度，读者朋友可以依据第五章和本章的研判重点交互验证，这里不再赘述。

在这里要探讨下跌波中持续的探底行为，我们取 28.70～23.40 元这一段来计算相关的可能目标区：

第一个目标＝28.70－(28.70－23.40)×1.618＝20.12 元

第二个目标＝28.70－(28.70－23.40)×2.618＝14.82 元

第三个目标＝28.70－(28.70－23.40)×4.236＝6.25 元

当股价跌破第一个目标 20.12 元之后，出现一些反弹的行为，这里有时候会让投资人误以为股价转强，其实是股价“逃命”的行为，如果没有分辨清楚，操作策略又错误，甚至听信小道消息而做买进，将会蒙受相当大的损失。因为股价破底穿头之后不应该再破底，这样表示主力急着走(所以称为逃命)，那么这里将会是一个下跌的“趋势中继站”而已，股价将再持续向下探底。

而股价跌到第二个目标区 14.82 元之后，反弹依然弱势，盘整更是欲振乏力，因此不排除下探更低的目标区，也就是 4.236 倍，但是笔者仍然要强调，目标区并非一定会来，尤其是距离原始测量点越远的地方，风险性就越高，相对利润也很惊人，因此建议善用移动平均线的停利法则来做机械式的观察，这样就可以帮助我们规避掉不必要的风险。

当然这一个方法也有可能会导致我们的利润缩水，但是这要事后才能验证，在股价行进的当时我们别无选择，只能采取适当的动作保护自己。除了移动平均线之外，也有许多

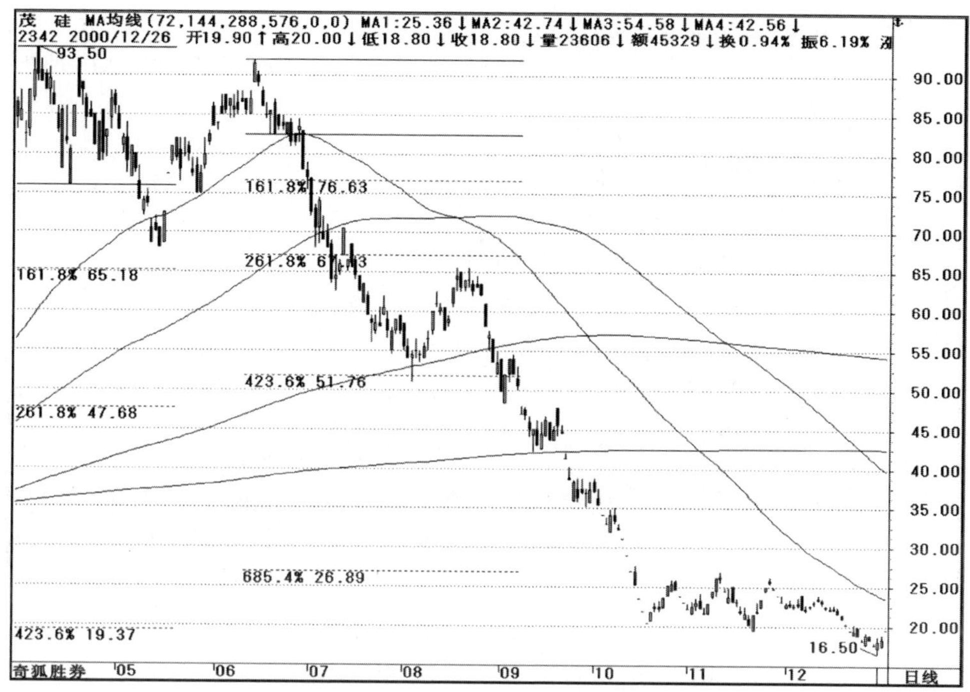

图 6-18　茂硅在 2000 年 5 月以后的走势图

研判的法则，只要合理，都可以使用，重点在于切实的执行，卖早了或是补空补的快了而导致利润的减少，不在我们需要计较的范围之内。

从图 6-19 中，我们可以看见，股价最低是跌到 5.25 元，也穿越了 4.236 倍幅的目标 6.25 元。当满足 4.236 倍幅时，请问各位，我们这时候应该采取什么样的动作和思维呢？

答对了，此时因为已经满足 4.236 倍幅，所以股价有机会进行时间较久的反弹波动，故有空单者宜先伺机回补空单，空手者观望，想做多单，只有“抢反弹”的操作策略而已。

图 6-20 示范的是一个小技巧，除了原始测量之外，再利用其他下跌段测量。用这一个方法主要的原则是从中间切入的测量段，其重要性不能凌驾于原始测量段，虽然他往往会捉到最接近实际走势的点位，但是它仍然是属于参考的辅助作用而已。

图 6-19 茂硅在 2001 年 4 月以后的走势图

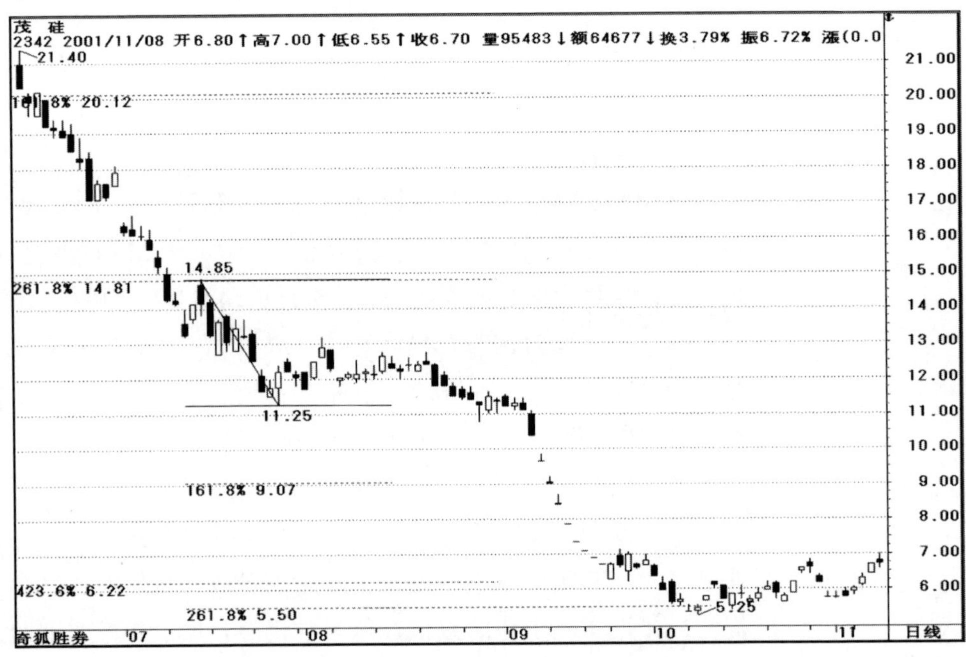

图 6-20 茂硅在 2001 年 7 月以后的走势图

在图中我们取 14.85～11.25 元这一段来计算相关的黄金比率倍幅，我们可以发现 2.618 倍幅的价位是 5.50 元，与最低点 5.25 元相差不多，而且是在穿越 5.5 的目标之后，隔一日就创下了最低价 5.25 元，完全符合 K 线路径行为，当中的奇妙之处，颇令人回味。

接下来看最低点 5.25 元之后股价的行为。请看图 6-21，我们先取第一小段攻击波动 6.20～5.25 元分别计算出 1.618、2.618、4.236、6.854 这些倍幅的目标，从图形中发现，股价就撞到每一个目标区之后拉回再攻，直到穿越 6.854 的倍幅之后出现几根长黑的压回。

请各位读者注意，此时移动平均线仍然是采用旧的参数，台股后来改变交易时间，变成一个星期只有 5 个交易日，所以均线周期可以根据新的交易日制度来修改，但是图中列举的是长周期均线，变化并不大，可以晚一点再做更改无妨。

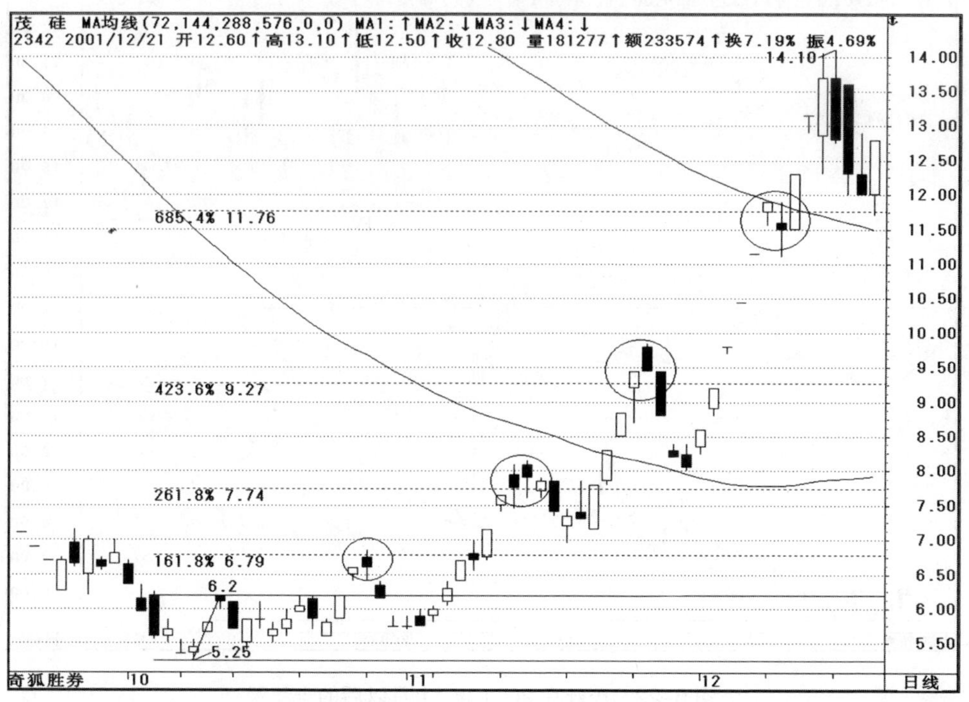

图 6-21　茂硅在 2001 年 10 月以后的走势图

提到均线，要提醒读者观察突破均线之后都会有对应的拉回走势，这几乎是不可避免的，尤其是在下跌波动穿越长期的移动平均线之后。

在图 6-21 我们已经发现，最大倍幅 6.854 已经用完了，股价如果持续上涨怎么办？有部分技术分析研究者是采用持续扩大的黄金倍幅来观察，比如 11.09、17.95……本人不采用这种方法，而是利用个人钻研的实战技巧中关于浪潮的模式来观察，或者是将完成 6.854 这一段合并成一段来重新测量。本书将采用后者来说明，这样才能有效的、明确的观察出股价波动真正的意图。

因此我们就取图 6-21 中，从 5.25 元起涨到完成 6.854 倍幅最高点 14.10 元为一个完整的段落，进行另一个黄金比例的测量，请看图 6-22。

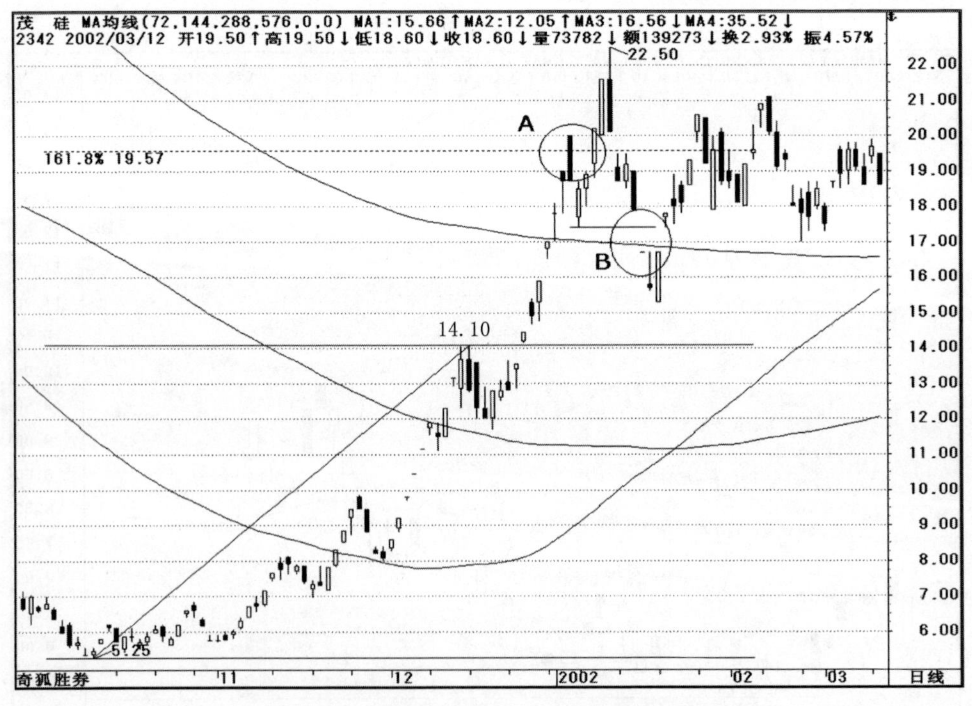

图 6-22 茂硅在 2001 年 11 月以后的走势图

在图中我们发现股价穿越年线 288*MA*，将有震荡拉回的走势，同时也在标示 A 的地方满足 1.618 倍幅的目标 19.57 元，后来股价虽然再度拉高到 22.50 元，但是在压回过程中又出现一个“多头错误信号”，也就是标示 B 的地方跌破前波正反转低点，这里的走势暗示未来股价将进行盘整走势，差一点将进行盘头，至于是哪一种，必须根据后续股价行为表现来推测、确认。

我们先将图面范围放大，在图 6-23 中取创高点之后的下跌段为测量，计算出下跌的第一个目标是 1.618 倍幅的 10.85 元，当跌到满足之后(即标示 B 之处)就出现一个反弹走势，至于在标示 A 的起跌点应该如何掌握，请各位读者看下一个图例。

图 6-23　茂硅在 2002 年元月以后的走势图

请看图 6-24。既然已经知道股价在 22.50 元创高后的拉回将进入盘整或盘头走势，退出观望是一个最佳的策略，唯有如此，才能以一个旁观者的身分客观的看待股价的波动，在这里我们将移动平均线调整成修改交易制度后，个人惯用的参数，分别是 5*MA*、10*MA*、21*MA* 和 65*MA*。

从图形中可以清楚地见到，股价先是跌落到 65*MA* 之下，接着股价出现反弹，但是却受制于 65*MA*，因为当时 65*MA* 已经开始扣抵高价，并呈现转折向下，所以变成了反弹的阻力，其中标示 A 的地方出现“镊底”K 线形态的跌破，反弹后在标示 B 这里又撞到季线 65*MA*，且再度出现“镊底”K 线形态的跌破，到这里已经有一个头部模样。接着在标示 C 这边出现一笔跌破头部颈线的跳空下跌黑 K，形成标准的“均线三合一”的下跌模式，因此后续股价出现急速下挫，自然也就不在意外了。

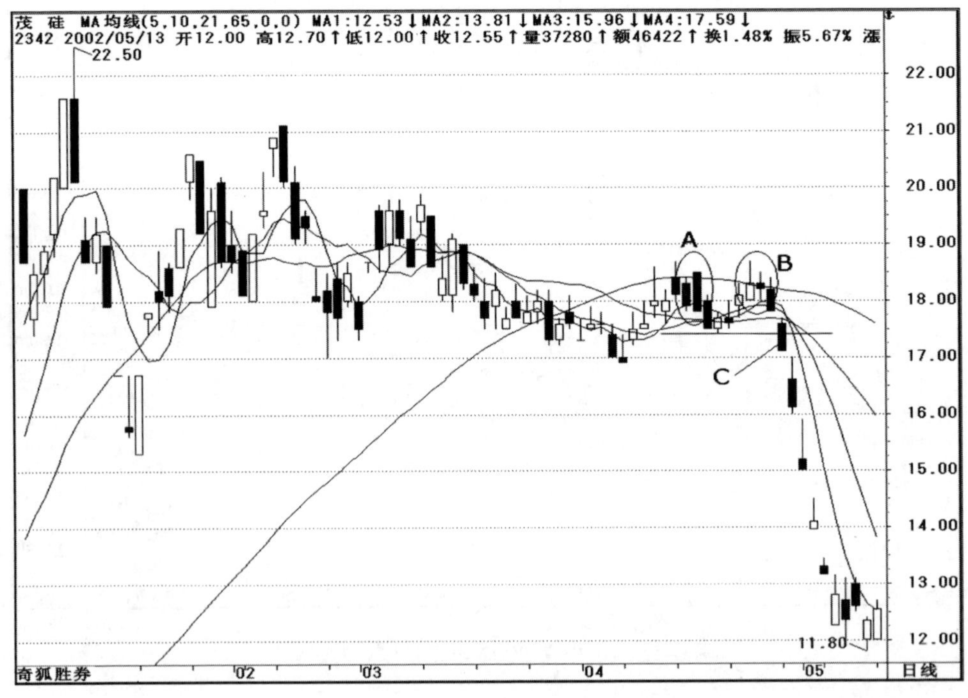

图 6-24 茂硅在 2002 年元月以后的走势图

紧接着我们持续把整个线图范围拉大，观察 22.50～15.30 元这一段下跌力道其他倍幅满足的情形，至于反弹过程中的细部观察，请各位读者自行体会验证。

在图 6-25 中，股价每次反弹均呈现弱势，然后再创新低，在 2002 年 11 月底恩师李教授就曾以技术线型推断该公司基本面有严重问题，结果 11 月底之后出现一波拉抬逃命走势，开始盘跌之后进行崩跌走势，崩跌之前已经接近 2.618 的测量倍幅，忽然出现消息面的推波助澜而开始崩跌，并使股价穿越 2.618 倍幅没有出现任何反弹。

请看图 6-26。股价穿越 2.618 倍幅之后没有出现反弹并非常态，这是异常行为，尤其是出现公司基本面有严重疑虑的重大利空，每日杀跌停的过程想当然是不容易出现反弹的，结果公司到暂停交易之前从未打开跌停。

后来在 2003 年 7 月 30 日又恢复交易，此时股价进行一

图 6-25　茂硅在 2002 年 2 月以后的走势图

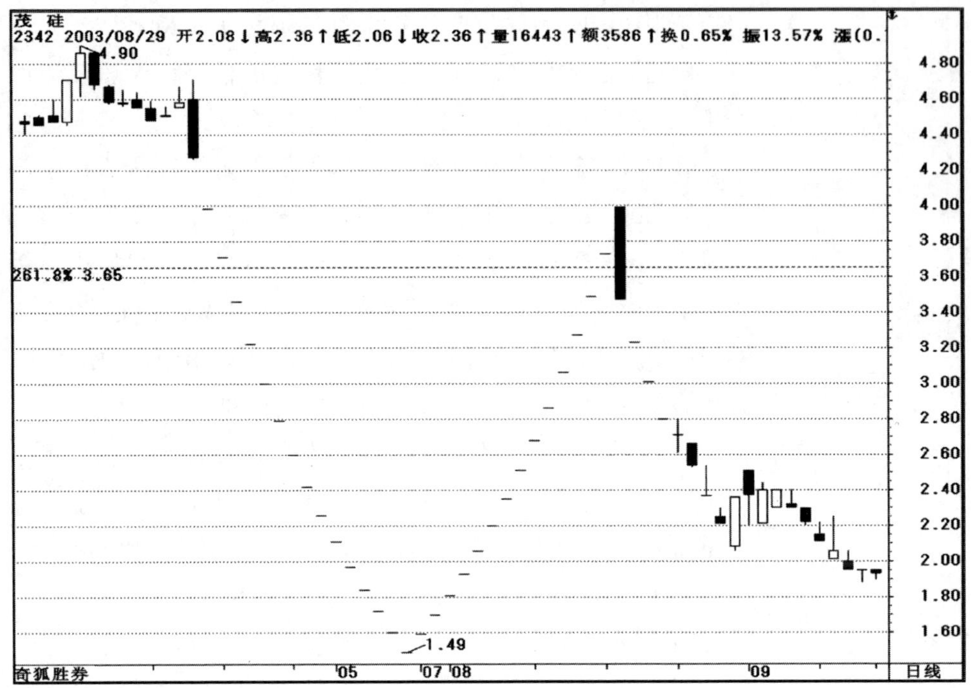

图 6-26 茂硅在 2003 年 5 月附近的走势图

个连续涨停的反弹波动，这一个反弹的目标如何预估？我们回过头思考一个道理，当股价正常跌到 2.618 倍幅的时候应该要出现反弹的，结果因为利空事件没有任何反弹，那么这时候的反弹是否应该拉到原本 2.618 的位置才合理？所以我们看见连续涨停拉高到穿越 2.618 的目标数字 3.65 元之后，股价在隔一日就爆出大量呈现止涨并再度迅速拉回的走势。

这样的运用相当少见，但是各位读者是否也感到非常奇妙呢？观察股价波动的方法如果正确，那么就会觉得研究技术分析是一件实用、有趣的事了。

【本章自我练习题】

练习 9：请尝试计算下列图形中取段的部分，每一个黄金螺旋比例 1.618、2.618、4.236 与 6.854 的目标值。

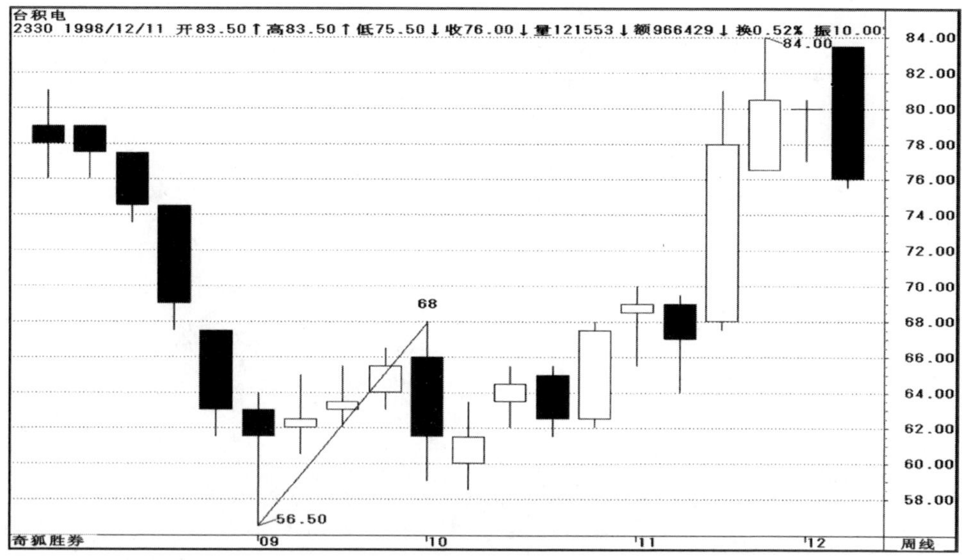

练习 9 的图形

练习 10：请尝试说明，当图形中满足 6.854 的比例目标之后，股价合理的走势应该以什么模式进行？操作策略应该如何拟定较为妥当？

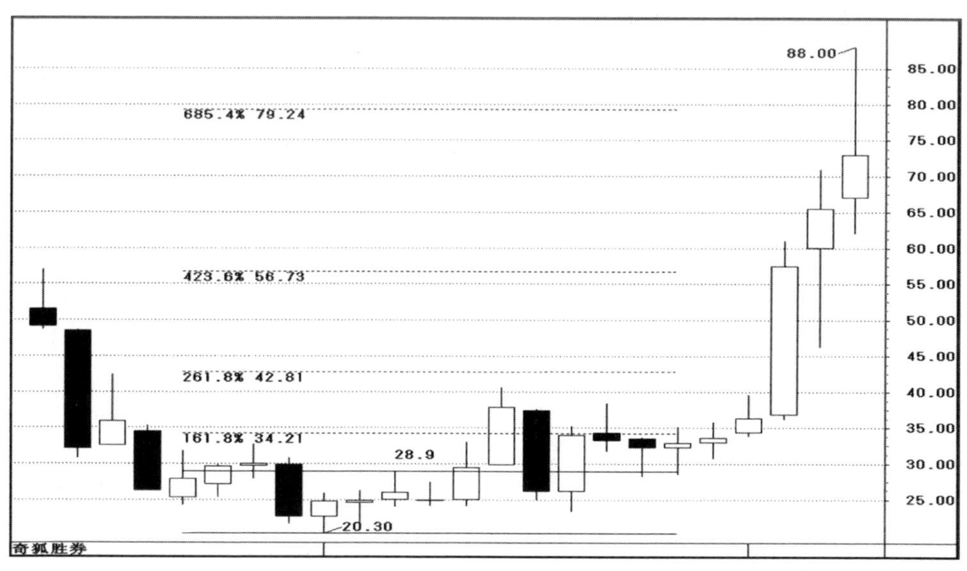

练习 10 的图形

练习题的参考答案请详见附录。

结 语

这一本书的完成，以谢佳颖老师所编辑《技术分析理论与实务》，与 Appel & Hitschler 著作的《Stock Market Trading Systems》(台湾曾经过翻译过)这两本书为参考书籍(以上两书均已绝版)，再加上许多个人关于均线、指标的独特见解和实战操作经验，所以这是一本市面上少见的专门讨论移动平均线的书籍。

在本书编辑过程中，谢老师曾建议将程序交易与利润测试的观念与方法导入，但是个人倾向“主控系列”的书籍是一种技术分析的入门书，放入太多学术性的探讨，恐怕引不起投资人的阅读兴趣，因此这一方面暂时从缺，多少有一点抱憾，也请读友们海涵。

因为笔者的工作与证券业毫无瓜葛，这一本书能够在工作之余利用有限的闲暇时间完成，除了研究技术分析是自己极大的兴趣外，家人的支持与各位读友们的鼓励、鞭策，无疑是最大的动力。

在个人的网站上，开辟了读者专属讨论区(名称：主控读者专区)，读友们提出许多的问题讨论，也使我必须不断思考这些价波动的逻辑，无形中研判的敏锐增加不少，而一起浏览讨论区的读友也有相同的收获，这样良性的互动，让彼此增进、提升对技术分析研判的准确度，正是个人设立读者讨论区的目的。

有不少读友反映在阅读“主控战略”这一系列的书籍时颇为吃力，但是我相信在吃力背后有许多热心的读友会在网站上互相讨论、帮忙解决问题，我也会竭尽所能为各位说明书中描述不够详细的地方。也就是说在吃力之后，通常伴随着是结实累累的甜美果实，您我都在这股海中翻腾搏斗，如果不一起成长进步，那么就很容易在这凶险的地方灭顶！

因此在这一本书的最后，个人依照惯例，邀请各位读友们驾临个人架设的网站参与讨论，这样才能将这一本书的价值无限延伸，而不是只买了一本书而已。同时也请各位读友不吝指正、鞭策。

另外，请各位读友注意一些关于网站上的相关事项，务请各位配合。在我的网站上注册是完全免费的，注册时请先查阅网站上的【网站问题与解答】，注册过后才有办法开启专属讨论区的权限。因为开启步骤有一点繁琐，请各位读友在取得进入讨论区的权限时要写 e-mail 给我(e-mail 请参考网站首页的连接)，不要利用网站上的私人传讯功能，并且请说明是哪一本书的读者，也要记得写网站上的注册账号，其他就不需要任何证明了。我收到您寄来的 e-mail 之后就会为您开启讨论区的权限，并会回复一封简单的通知信函给读者，此时就可以进入讨论区一起讨论了。

最后，感谢各位读友对“主控战略”系列书籍的支持，也希望大家在阅读本书之后，能在技术分析的研判技巧上有点提升的作用。谢谢大家。

阿民的网站：http://h870500.ez-88.com

阿民欢迎大家的光临

附 录

移动平均线的策略拟定

此章节是个人几年前的作品，原始文章发表于“一休股市散户策略联盟”所发行的“散户宝典”光盘中。当时的目的是提供一种简单的操作策略来依法实施，让散户投资朋友可以将复杂的股市变化、众多的技术分析简化，并在操作过程中不必被许多的消息面、市场面、资券变化等所影响，更不必参考太多的技术指标而不知如何适当的研判。所拟定的机械式进出策略，虽然以前的技术分析技巧稍嫌稚嫩，现在回顾看来，仍有一股清新之意，又该策略是利用移动平均线与简单成交量来拟定的，正好与这本书的主题相契，故将该文重新改写。

改写时尽量保持原本策略的精神，但是修改掉当中描述不周全或是语词不顺之处，个人希望这一个章节是一种示范性的作用，而不是绝对性的教条或法则，也就是说各位读者可以依照、参考这样的模式，去订定属于自己的进出原则。除了不一定要用移动平均线来作为操作的依据之外，也可以修改均线中的参数，尤其是本章节的范例均线周期较短，适合短线投资朋友，对于中长线布局的朋友这样的方法可能并不适合。

基本认识

这一单元示范的是如何运用短期移动平均线进行操作策略的拟定，运用的技术指标有3MA、5MA、10MA这三条关于价的移动平均线。同时搭配成交量的指标做参考，成交量中并加上5MV和21MA两条量的移动平均线。

一、多空趋势的研判

股价短期的多空走势，我们以10MA的走向来定位，当10MA走势向上时，为多头走势，如果均线向上的角度较陡，则为强势多头，均线向上的角度较平缓，则为弱势多头。反之，当10MA走势向下时，为空头走势，如果均线向下的角度较陡，则为强势空头，均线向下的角度较平缓，则为弱势空头。

当均线走势为强势多头时，做多较为有利，不适合放空操作。如果是弱势多头，必须要观察该段走势是否为多头行情中的盘整，或是空头行情中的反弹，前者为伺机介入多单操作，后者为伺机放空避险操作。

当均线走势为强势空头时，做空较为有利，不适合多单操作。如果是弱势空头，必须要观察该段走势是否为空头行情中的盘整，或是多头行情中的回档，前者为伺机介入空单操作，后者为伺机进行多单操作。

在以上的描述当中，我们该如何研判该段属于盘整盘？简便的方法是利用3MA和5MA的交叉现象，当这两条均线呈现交叉两次，出现一个类似横着写的8字，就可以认定该段为盘整行情，操作者可以先行退出观望，或者是将当时高低点取一个箱型观察股价波动的强弱。

在图1中，标示A的位置，股价在均线下方，且10MA也向下，因此定位此时的走势为空头行情。在标示B的位置，股价在均线上方，且10MA也向上，因此定位此时的走势为多头行情。在标示C的位置，短期均线呈现纠结的8字链状，故为箱形的整理模式。

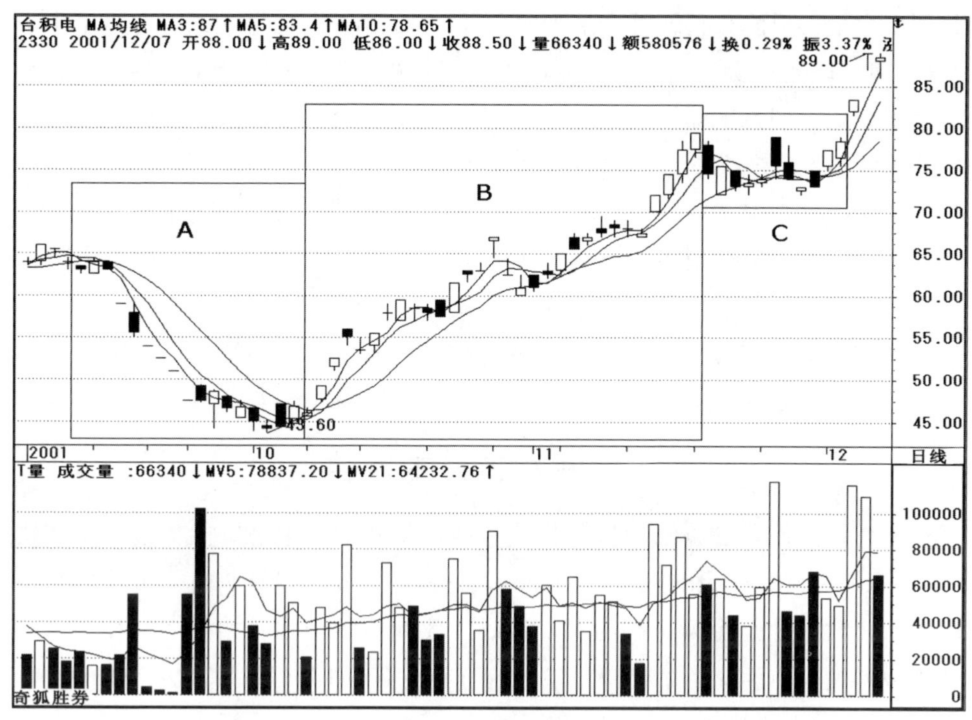

图附 1　以均线定位多空与箱型整理走势

二、名词认识

在定位买卖点之前，先将一些基本名词做个说明。

K 线收红：收盘价大于开盘价，如果是开收同价线，如十字线，则今日收盘大于昨日收盘视为当笔 K 线收红。

K 线收黑：收盘价小于开盘价，如果是开收同价线，如十字线，则今日收盘小于昨日收盘视为当笔 K 线收黑。

价涨：今日收盘大于昨日收盘。

价跌：今日收盘小于昨日收盘。

价平：今日收盘等于昨日收盘，这种情形只有当日开收同价时才需要探讨，因为他没有实体可以断定红黑，今天收盘又等于昨天收盘，因此今日视为“垫档日”，将研判的动作移动到隔一日进行。

量大：当 10*MA* 向上时，而且 5*MV* 大于 21*MV*(即呈现黄金交叉之后)，那么只要成交量大于前一天就符合量大的条件；当10MA向下时，或者在5*MV*小于21*MV*(即呈现死亡交叉之后)，必须要量大于前三日才算是量大的条件。成交量大于前三天的目的是让短期3*MV*可以形成向上的走势，这样代表的意思是短期动能在不利多头走势过程中可以保持充沛。

量缩：只要成交量比前一日小就是量缩，不需要其他相对条件。

接着，我们将介绍如何定位本法的买卖点。在这里建议当方法确认之后，就是依法进行，当然在进行实际操作之前，必须先测试拟定的方法是否适宜。这里的买卖点是用成交量来定位，再看到K线的确认，因此是属于实战技巧当中的“以量破价”法则之一。

三、买卖方法的定位

因为这是以量破价法的操作模式，故操作法则以量为定位，请运用口诀“量大看红黑，量缩比涨跌”来做切入。这些是当操作者认为有必要去执行进场时，需要决定是否为正确的买卖点时才要使用的规则，如果当时认为风险较高或是没有前面几个章节所呈现的指标讯息(比如说葛兰碧八大买则的买卖点)，那么就不需要去执行这些研判。

买点：当收盘价保持在3*MA*下方，若某天收盘价站上3*MA*时，准备做买进动作，空头则是做回补动作。

(1)当10*MA*是向下时或是5*MV*小于21*MV*，如果站上3*MA*，必须具备下列条件才买进(如果是空头回补，可以反手作多)。

① 成交量大于前三日。

② K线收红。

(2)当10*MA*是向上时而且5*MV*大于21*MV*，如果站上3*MA*，必须具备下列条件才买进。

① 成交量大于前一日。

② K线收红。

或者是

① 成交量小于前一日。

② 价格上涨。

请特别注意操作原则，没有符合上述条件，纵使站上3*MA*也不做买进动作。

当10*MA*向上时，我们称为多头，此多头可以分为强势多头和弱势多头。在强势多头中的买进是正常的操作模式，在弱势多头中的买进是异常的操作模式，一般是在反弹波动中抢反弹的行为。

任何的买进行为，买进后未出现获利之前，我们只考虑停损问题，不考虑以3*MA*跌破与否作为卖出的操作依据，标准停损点是：买进的当笔K线低点设停损，跌破后伺机出场。而当开始获利之后，就交由3*MA*的关卡价来控盘，当股价上涨出现波段行情之后，出现收盘价确认跌破控盘的3*MA*时，为停利卖出点。卖法请参考“卖点”的叙述。

在强势多头，只有考虑买进做多，不考虑做空。当出现箱型整理的征兆时，请将研判重点转到“箱型的观察与买卖”。在弱势多头，做多时宜酌量买进，并严设停损与做好资金控管，弱势多头一般是强势空头中的反弹行情，也可以在反弹力竭的关键点位采放空操作※。

卖点：当收盘价保持在3*MA*上方，若某日收盘价跌破3*MA*时，准备做卖出动作，空头走势时则可以采融券放空。

(1)当10*MA*是向上时，如果跌破3*MA*，必须具备下列条件才可以卖出。

① 成交量大于前一日。

② K线收黑。

或者是

① 成交量小于前一日。

② 价格下跌。

(2)当10*MA*是向下时，如果跌破3*MA*，必须具备下列条件才卖出，卖出后可以顺手采放空动作。

① 成交量大于前一日。

② K线收黑。

或者是

① 成交量小于前一日。

注：目前台湾交易制度对于个股的融券操作（即放空操作）有平盘下不得做空的限制，因此往往第一放空点无法掌握到，如果想要放空只能逢高掌握止涨点或是等到信号出现的隔一笔才进行追空。

② 价格下跌。

请特别注意操作原则，没有符合上述条件，纵使跌破 3MA 也不做卖出动作，更不得融券放空。

当 10MA 向下时，我们称为空头，此空头可以分为强势空头和弱势空头。在强势空头中的卖出是正常的操作模式，在弱势空头中的卖出是异常的操作模式，一般是在回档波动中抢短空的行为。

任何的放空行为，融券后未出现获利之前，我们只考虑停损问题，不考虑以 3MA 突破与否作为回补的操作依据，标准停损点是：融券的当笔 K 线高点设停损，站上后伺机出场。而当开始获利之后，就交由 3MA 的关卡价来控盘，当股价下跌出现波段行情之后，出现收盘价确认站上控盘的 3MA 时，为停利回补点。买法请参考“买点”的叙述。

在强势空头，只有考虑卖出或放空，不考虑做多。当出现箱型整理的征兆时，请将研判重点转到“箱形的观察与买卖”。在弱势空头，放空时宜酌量操作，并严设停损与做好资金控管，弱势空头一般是强势多头中的回档行情，最好在回档修正结束之后，积极寻找关键点位进行做多的操作。

箱形的观察与买卖

出现箱形的时机，一般区分成为三种结构，分别是盘头、盘底或是中段整理。中段整理初期我们习惯先取小箱形，这一个小箱形若在多头时期出现，跌破箱底后转成短期空头，则为道氏整理形态中的下降形态。反之，如果在空头时期出现，突破箱顶后转成短期多头，则为道氏整理形态中的上升形态。

当 3MA 和 5MA 连续交叉两次之后，就可以取箱形，不管是先发生黄金交叉还是死亡交叉，取法是当第二次交叉一发生的时候，就以当时的高低点取出箱形，当箱形成立时，买进信号必须要呈现成交量大于前三日，K 线收红，而且为强势日出线，收盘价必须站上箱顶，且 3MA 呈现向上的走势。

买卖点参考范围

当股价出现一个相对低点后止跌开始反弹，低点日不算，隔日算起三日内都属于可买进的安全范围，若在此范围内出现的买点符合买进原则就要买进。超出此范围不得买进，避免买在短线反压的相对高档区。

当股价出现一个相对高点后止涨开始回档，高点日不算，隔日算起三日内都属于可卖出的安全范围，若在此范围内出现的卖点符合卖出原则就要卖出。超出此范围不得卖出，避免卖在短线支撑的相对低档区。

综合研判

⑴ 在 10MA 上升一段时间之后，股价会渐渐向 10MA 靠拢，且在 10MA 上升的这段时间中，出现三次以上的 3MA 买点时，表示已涨了一大段，股价随时有回档修正之可能，风险意识要提高，但是尚不适合做空，因为股价有可能是中段整理而已，并非盘头。在中段整理过程中做空，可能被轧末升段。

⑵ 在 10MA 下跌一段时间之后，股价会渐渐向 10MA 靠拢，且在 10MA 下跌的这段时间中，出现三次以上的 3MA 卖点时，表示已跌了一大段，股价随时有反弹上涨之契机，放空者注意补空点，作多者仍需以买点出现才作买进，避免因为市场悲观气氛过重，买进后遇到末跌段的多杀多。

⑶ 超过买卖参考范围的买进卖出，宜多谨慎，避免买在反弹无力点或是卖在低档止跌点，保守者不妨静待下一次买卖点出现。

⑷ 在 10MA 向上的斜度较陡时，有时会有发生黑 K 线，稍微跌破 3MA，但是利用扣抵法则发现 3MA 要由向上转成向下是几乎不可能的事，此时注意跌破的隔笔是否出现“多头强势表态”，如果成立，可以规避此不必要的卖点，持股不必卖出，如此可以不会被“一日回文件”的洗盘模式洗掉。

⑸ 在 10MA 向下的斜度较陡时，有时会有发生红 K 线，站上 3MA 而且出现买点信号的情形，但利用扣抵法则发现 3MA 要由向下转成向上是几乎不可能的事，此时注意突破的隔笔是否出现“空头强势表态”，如果成立，可以规避这一个不必要的买点，不作买进，避免买到“一日行情”的反弹模式。

实战运用范例

初学时，请先将图档说明与买卖点定义理解后，不急着进场操作，待仿真一段时间之后才尝试进场操作。机械式的实战操作要求的不是全胜，而是大赚小赔，也就是在 10 次操作过程中，大赚 3 次，小赚 4 次，小赔 3 次，而 2 次小赚可以抵过 3 次小赔，那么就算是一种成功的交易法则了。

在图 2 中，从 15.90 元的低点打出了一个类似底部的雏型，如果当时我们想要买进，就开始观察当时盘面的变化，本法属于“以量破价”法，因为成交量只会递增，成交价却会随着交易时间下上震荡，有时涨有时跌，所以要进场时先观察 10*MA* 均线走向，再观察成交量的现象。

我们看标示 A 的位置，成交量是缩小的，在当时 10*MA* 是向下的，所以成交量要大于前三日才考虑买进，因此今日虽然站上 3*MA*，但是成交量不足，故不做买进的动作。

等到标示 B K 线当日，发现成交量已经大于前三日之后，又收盘价站上 3*MA*，且 K 线收红，所以是买进点，同时在当日低点也就是标示 L 之处设下停损点，如果未来收盘跌破该处，我们就要趁短线反弹停损出场。

很幸运，股价在此买进后，一路日出上涨，出现了一个小波段行情，既然如此，我们就采用 3*MA* 来控盘，每天可以利用穿价原理计算明日破线参考价来做移动式停利，而股价在标示 C 的地方出现 10*MA* 向上，量小于前一日，股价下跌且跌破 3*MA* 的现象，所以持股卖出，但是 10*MA* 尚在上升，不建议做空。

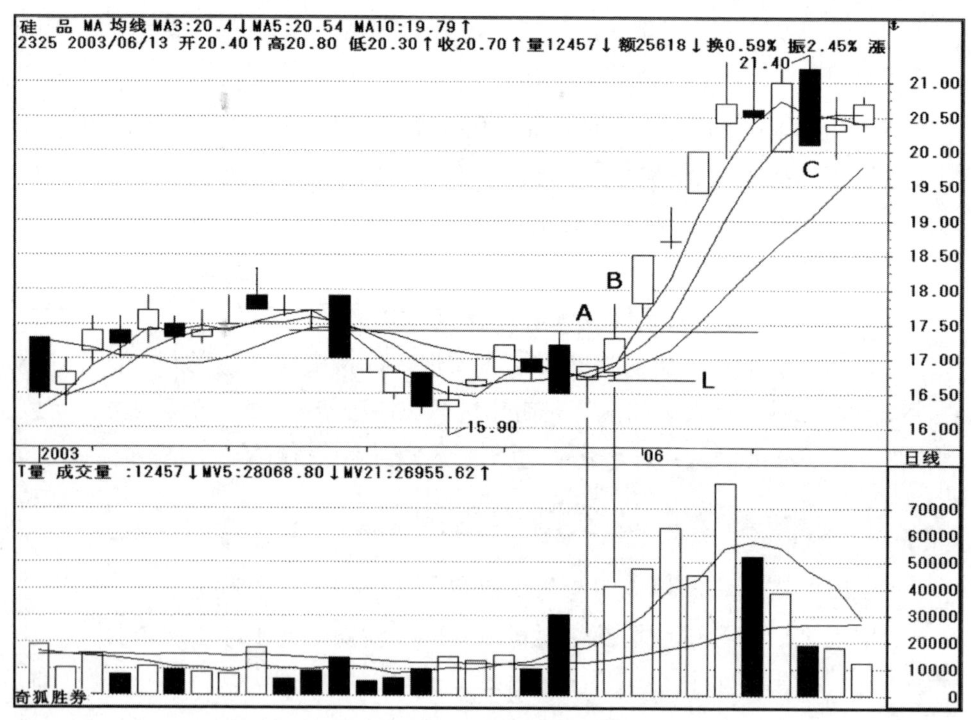

图附 2 买进范例之一

如果出现卖出信号时，如同标示 C 的地方是一笔中黑收低，正常情形下根据惯性原理，隔日盘中会有小反弹，此时再卖出反而会比当日还容易卖，且卖的价位会更漂亮，各位读者可以参考这种买卖的小技巧。

请看图 3。在标示 A 的地方 10*MA* 还在向下，当时出现量大于前三日、收盘站稳 3*MA*，且 K 线收红的买进信号，重要的是 K 线形态是“宝塔翻白”的多方强烈信号，因此低文件可以考虑短线进场，莫忘停损是设在标示 A K 线的低点。

股价买进后上涨到标示 B 的隔一日出现成交量小于前一日、价格下跌，且跌破 3*MA* 的卖出信号，此时我们发现，股价在卖出之后，并没有跌破标示 B 这一根白线的低点，这意味着多头力道尚存，再利用扣抵价发现 10*MA* 容易持续向上，等到出现编号 C K 线时(编号 C 前一日没有站上 3*MA*)，当时 10*MA* 是向上的，但均量尚未黄金交叉，所以要出现量大于前三日、K 线收红，且股价站上 3*MA*，才可以做买进的动作，停损并设于编号 C K 线的低点，没有跌破就不需要卖出，等到股价上涨，再转换成用 3*MA* 来控盘，收盘跌破时再执行出场的动作。

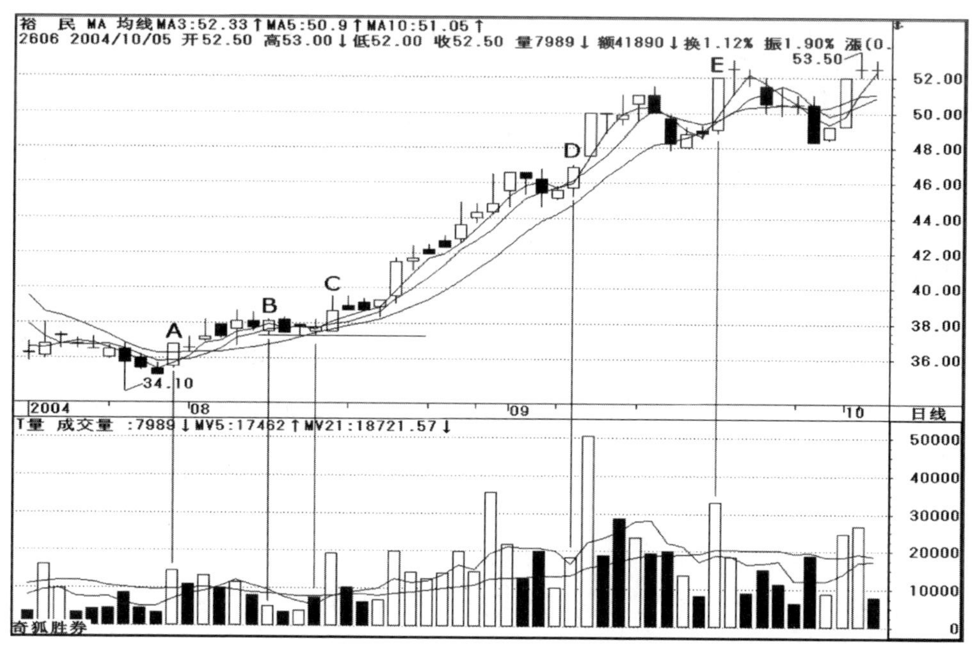

图附 3　买进范例之二

当股价上涨到编号 D 的位置时，10*MA* 向上且均量线也处于黄金交叉后的走势，所以此时的买点只要呈现：①量大于前一日、K 线收红或者；②量小于前一日、价格上涨，就可以注意买进点，当收盘站上 3*MA* 时执行买进动作。标示 D 是属于 ①的买进现象。

读者们可能会有一个疑问，如何确定收盘会站上 3*MA*？这个问题的解决方法在于盘中实时走势图的研判，当然还要有一点经验值在内，建议各位读者可以在接近尾盘时介入，因为真正的买讯不会在尾盘又掼破 3*MA* 值，另一个方法是以当时 3*MA* 的控盘参考价在实时走势图中研判，当盘中突破之后，该价位就会变成支撑，不会再跌破，就是可靠的信号。

股价从 34.10 元开始上涨之后，出现的买进信号已经有标示 A、C、D 三个位置，也就是说股价根据这样信号研判已经进入相对高档，接下来的买进信号风险会越来越高，对于一些细微的变化必须注意。

在标示 E 的地方，10*MA* 是向上的，但是均量线已经出现死亡交叉，这种现象在相对高档出现，有“量能退潮”的疑虑，所以标示 E 虽然符合量大于前三日、K 线收红且站上 3*MA* 的买进信号，但是已经有多头力道力竭的味道，投资人进场时宜多加斟酌，最好看看当时前方有没有压力。

请看图 4。裕民股价 60.50 元的高点是破坏趋势后的反弹高点，标示 A 的位置在 10*MA* 向上中，当时技术面出现量大于前一日、K 线收黑，且价跌破 3*MA*，所以是卖出信号，但是尚不适合融券操作。

当股价进行到编号 B 的时候，10*MA* 已经向下，均量线也呈现死亡交叉，因此对空方有利，编号 B 当日和前一日虽然在 3*MA* 之上，但是没有买进信号，所以是一种没有多头力道推动的弱势反弹。

编号 C 该日，是 B K 线反弹后首度跌破 3*MA*，且呈现量小于前一日、价格下跌的卖出信号，在空头有利的背景下，此时应该逢高作空。碍于台湾目前交易制度不得于平盘下放空，放空点可以等到隔日，但是作空停损点仍然是编号 C K 线的高点，没有跌损就放任让利润扩大，等到出现回补信号时再做补空动作。

接下来在标示 D 的地方股价站上 3*MA*，但是成交量没有大于前三日，所以不是回补信号，只是一个弱势反弹，而在标示 E 的地方则是呈现量大于前三日、K 线收红，且股价站上 3*MA*，因此是标准空单回补点。补空之后再度呈现下跌走势，

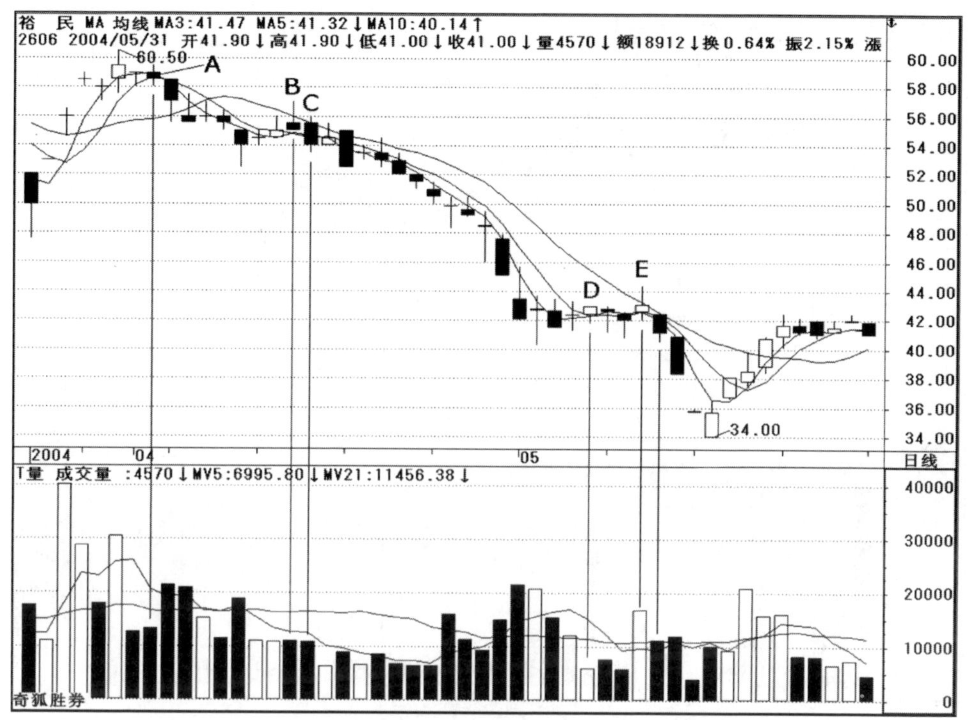

图附 4　卖出范例之一

因为从高档到目前为止，这已经是第三次卖出信号，所以属于相对低档。

接着请看图 5。楠梓电在高档处盘出一个头部，头部完成后，如果出现反弹是正常的现象，因此出现的买进信号需要多加斟酌，在当时 10*MA* 向下的背景中，标示 A 的地方出现量大于前三日、K 线收红，且收盘站上 3*MA*，故为标准买进信号或是融券回补点，假设当时因为错判还是做买进的动作，当日低点就是做多停损点。

而在标示 A 的隔一日，也就是标示 B 的位置，跌破 A K 线的低点，故为停损出场点，又当时 10*MA* 向下，可以采融券放空的动作，并取当日高点为作空停损点，当编号 C K 线出现时，均量线属于死亡交叉后的走势，编号 C 如果是进场点，必须呈现量大于前三日，显然条件不符，因此没有做多信号，也没有碰触到作空停损点，所以可以将编号 C 定位成极短线反弹。

股价后续没有突破停损价，且持续日落下跌，我们就可以放任空单利润扩大，就图 5 而言，股价从标示 B 放空后下跌到 13.25 元时，一直没有出现

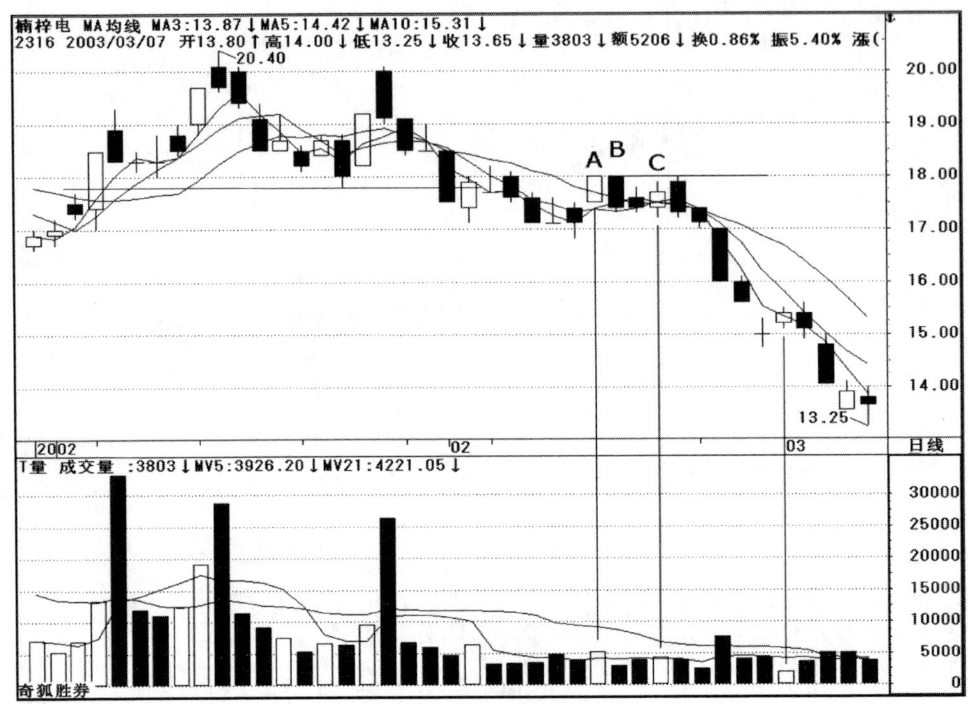

图附 5　卖出范例之二

融券回补信号。

当股价走势结束要划一个箱形当然并不困难，问题是一般的投资人在股价行进过程中对箱形的辨识往往不知所措，这里提供简便的法门，就是利用 3*MA* 和 5*MA* 生、死叉的关系来取箱，这可以说是实战技巧的入门，前文曾经叙述：“……取法是当第二次交叉一发生的时候，就以当时的高低点取出箱形，当箱形成立，买进信号必须要呈现成交量大于前三日，K 线收红，而且为强势日出线，收盘价必须站上箱顶，且 3*MA* 呈现向上的走势”。我们利用这一个原则来对照图 6 的走势。

在图中标示 A、B 之间，被圈起来的地方呈现两次交叉现象，因此就取当时最低价(标示 A)和当时最高价(标示 B)分别画出箱底和箱顶的水平颈线，接下来只要依法研判即可。而在标示 C 的地方虽然出现突破箱顶，量也大于前三日，可惜 K 线没有收红，故容易呈现“假突破”现象，股价从 C 处开始盘整，直到标示 D 的地方，出现量大于前三日、K 线为日出中红棒，且收盘站上箱顶，因此判定今日为“真突破”，理应于当日进场做多。

请看图 7。国扬股价出现 3*MA* 和 5*MA* 两次生、死叉之后取出一个箱形，在标示 A 的地方出现一个买进信号，即量大于前三日、K 线收红且站上 3*MA*，但是隔一日立刻开低向下跌破 A K 线低点，暗示买讯之后立刻出现卖讯是空头表态的行为，因此画圈处将非常容易形成所谓的“夜星”形态，因此整个形态对空有利，如果当时还持有多单，宜先将多单出脱，并且伺机寻找放空点。

编号 B 处是一根日落黑 K，且量大于前一日，并跌破箱底，像这种带量破箱底的技术现象，可以称为“量增杀的凶”，股价容易出现波段式的下跌，因此下跌过程中出现的买进信号，可以补空，但是不宜做多，因为空头必须将力道用尽才会止跌。

在图 8 中标示 A 的圈圈处，出现了 3*MA*、5*MA* 两次的交叉现象，故取当时的最高和最低画出箱形颈线，在这箱形整理过程中，最好能够利箱形内 K 线分辨出该箱形是对多头有利？还是对空头有利？

分辨方法也不难，先看当时 10*MA* 和均量线生死叉的现象，我们发现在标示 B 的位置时，出现了多头买讯，即收盘站上 3*MA*，K 线日出收红且成交量大于前一日，假设该日有人进场(或者说有主力在做防守)，那么该笔低点就是停损观察点，结果在箱形内震荡时，该根 K 线低点标示 L 之处并未跌破，接着在标示 C 的地方，因为均量线已经呈现死亡交叉，所以必须要量大于前三日、K 线收红且股价站上 3*MA* 才是多头攻击信号。

很显然，标示 C 符合多头攻击的条件，故当笔低点设停损，如果是有效攻击，其低点就不会被测试，请看图形来证明。后续再出现编号 D K 线，更是多头有力的明证，因为它也是量大于前三日、收盘站上 3*MA* 且为强势日出长白 K 线，但是这两笔都不是箱形内的标准买点，当然要进场也是可以的，看当时每个人操作的策略如何订定，如果没有买进者，从标示 B、C、D 这三日也说明这一个箱形的整理是对多头有利的。

标示 E 的 K 线虽然站上箱顶，量大于前三日，但是 K 线收黑，所以也不是标准买点，搞不好有“假突破”的可能，但是既然箱形对多头整理有利，不妨就静待确认信号再做多。而标示 F 这一根 K 线出现量大于前三日、K 线收红且站在箱顶上，所以是当日为多头买进信号，而会留下上影线较长的 K 线形态，我们怀疑主力在当时在作“一日洗盘”，到隔两笔后就可以确认了。

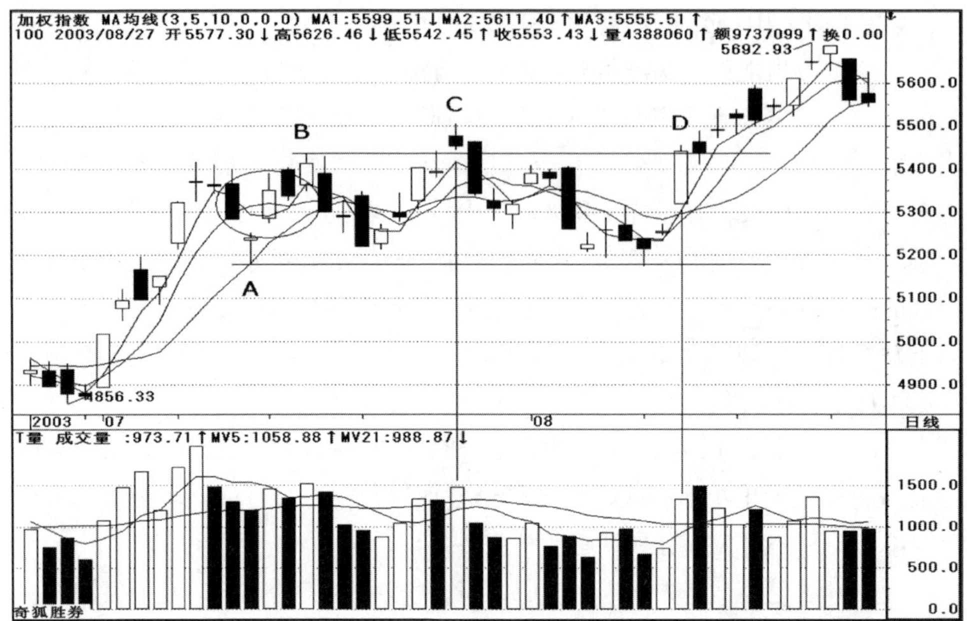

图附 6　箱形整理后的买卖点范例之一

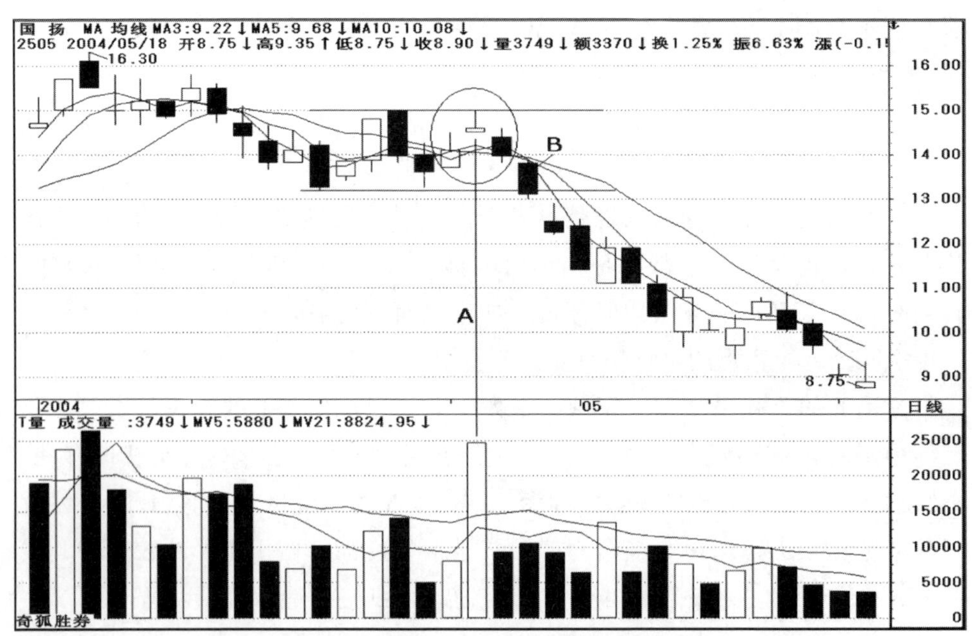

图附 7　箱形整理后的买卖点范例之二

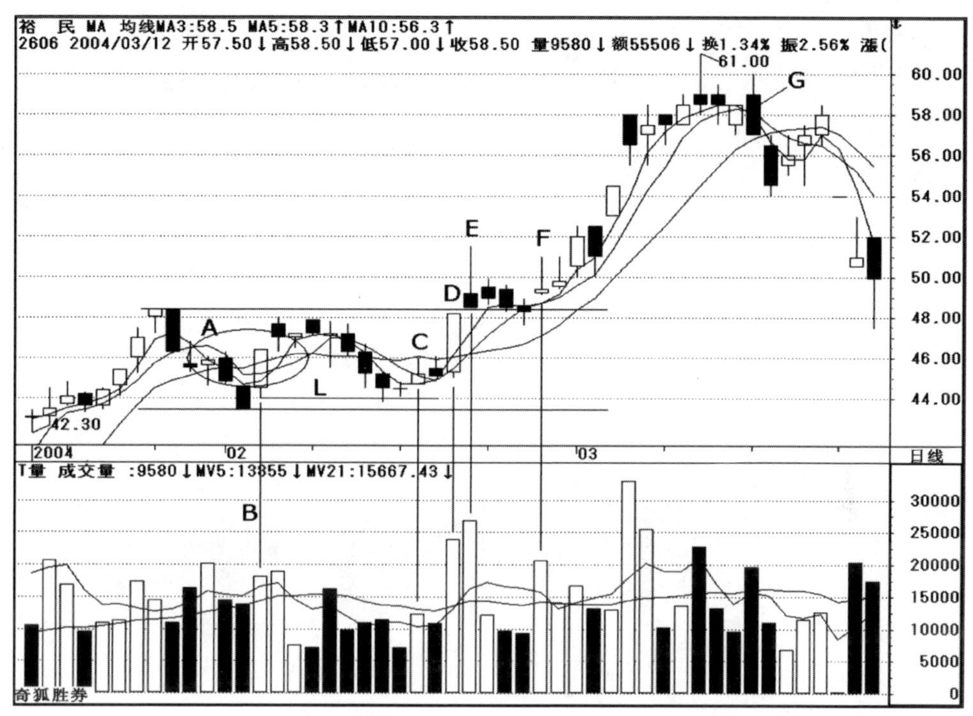

图附 8 箱形整理后的买卖点范例之三

小 结

不是每一档股票买进后都是急涨飙升的行情，如果买到飙股，当然用 3 日均价去控盘可以获取可观的报酬率；万一我们挑到的是缓步推升、或是涨一退二的股票，如果还使用 3 日均价去控盘，那么我们不但会增加买卖次数浪费手续费，更容易造成今日买进，盘整数日都在停损点之上却又没有出现利润，最怕遇到今日买进隔日赔钱卖出的现象，如此停损几次，恐怕对操作股票会失去信心，不久又会沦入以往追高杀低的宿命。

这是机械式操作的盲点，要规避这些盲点，除了停损点的原则不可以更动之外，其他倒是可以保持一些弹性，比如说，一文件缓步盘坚的股票，我们发现它是而沿着 10 日移动平均线来盘坚，那么停利点不妨改采用 10 日移动平均线来控盘，但是控盘的方法及口诀依然不变。当它以加速度脱离控盘均线急涨时，再改回用 3 日均价控盘即可，如此可以获取最大的报酬率，也可以避免在盘坚走势时过早卖出持股，反而丧失后续的大波段利润。

而最佳的操作方式，就是认识股价波动法则，在应该介入的时点，才使用这样的买卖策略，这样就可以只做稳当的波段，至于短期震荡走势的蝇头小利，不妨退出观望。

新书介绍

主控战略成交量

成交量的变化是股价趋势相当重要的观察指标，技术分析的书籍中也常常论及，但是这些成交量的观察法则，是否真正能帮助投资人观察到主力的意图？

我们常说，主力做线是容易的，做量是困难的，因为成交量必须用金钱堆砌出来，一个优秀的操作手没有将市场的筹码计算好，那么他可能要花费更多的子弹、洗更多次的盘，才能顺利地拉抬一档股票。

《主控战略成交量》这一本书的目的，不在于说明如何计算筹码，让投资人成为主力，而是要让投资人窥破主力“以量控盘”、“以量破价”的技巧，顺利地在主力控盘过程中，掌握洗盘结束的关键点，适当地买进该股，享受买在股价低档起涨点的乐趣。

而主力拉抬股价的目的，不外乎是以股票换现金，也就是出货，当手中持股多单涨升到达一个区域时，如何观察主力有出货嫌疑，进而顺势卖出手中持股，落袋为安，更是投资人必须学习的护身技巧。

因此，笔者计划在这一本书之后，着手撰写关于成交量的技术分析书籍，从浅到深，让投资人认识成交量的变化。这里举两个简单的例子说明，各位读者可以看出主力已经准备好上攻的意图了吗？又能够预估出主力准备在哪里进行出货的手段吗？

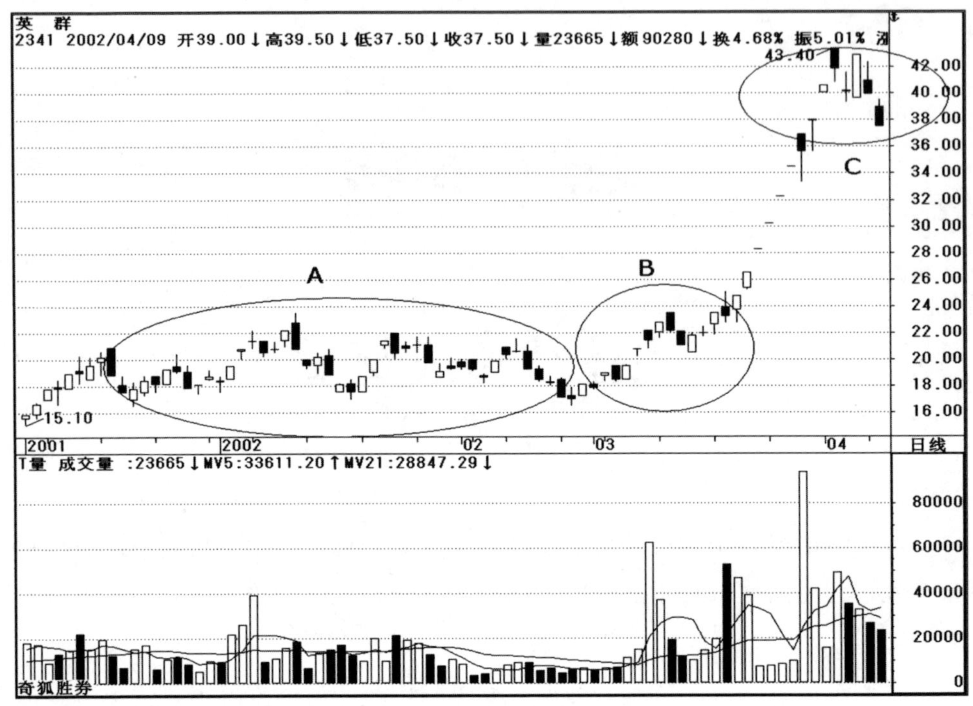

范例 1　英群中段整理后的主攻段走势

在上面这一张图中，英群的股价在 2001 年 12 月底附近即标示 A 之处进入所谓的“中段整理”走势，我们如何买在整理结束的发动点？成交量将是一个很便捷的观察信号。

在标示 B 的地方出现主力攻击洗盘的发动信号，这里成交量怎么变化才是标准洗盘模式，而为什么可以知道主力正在洗盘准备发动涨势？各位读者，您可以看出当中的端倪或是主力所打出的暗号吗？

又在标示 C 的地方，如何知道股价将进入出货区，又是用什么手法进行出货的手段呢？这些将在下一本《主控战略成交量》书中为您做详细的剖析。

股价在低档盘底的目的是什么？又为什么要拉出初升段？味全这一文件股票是一个标准范例。

该档股票在 2002 年 10 月之后(标示 A 之处)，开始进行盘底与底部洗盘的动作，接着急拉出一波涨势，我们可以根据底部洗盘模式得知主力已经积极布局，所以可以在他发动时同步介入该只股票，享受主升段的涨升乐趣。

这个技巧也将在《主控战略成交量》这一本书中为您做详细的介绍与实战

运用说明。

敬请各位读者期待！

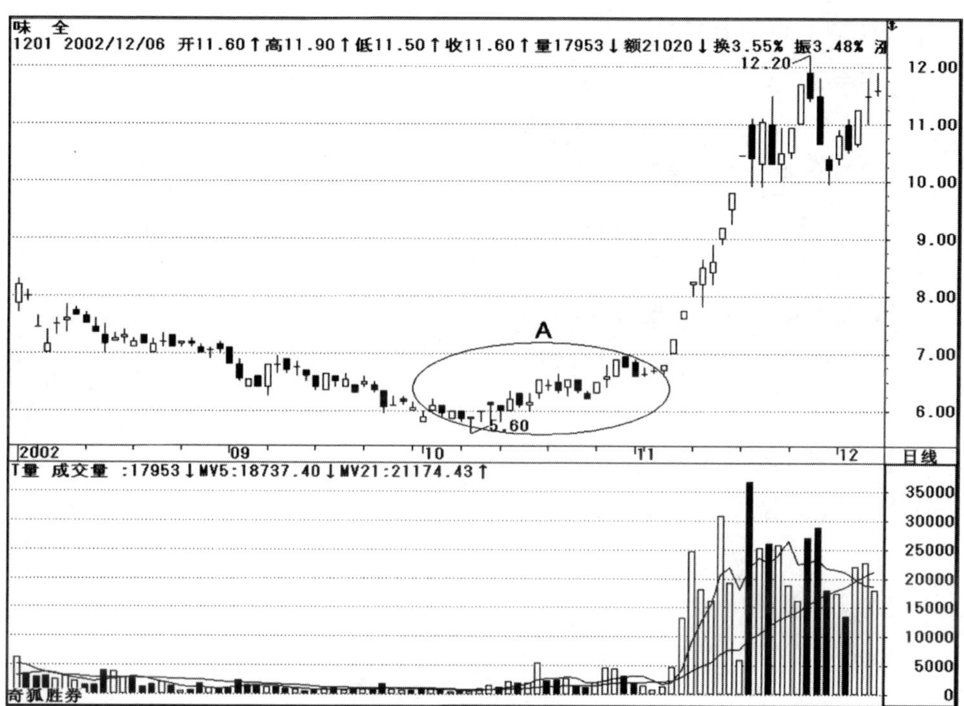

范例 2　味全在低档盘底之后拉出的攻击段走势

练习参考答案

【练习 1 的参考答案】

5*MA*＝48.2，10*MA*＝48.76。

【练习 2 的参考答案】

属于 65*MA*(季线)趋势和助涨的特性。

【练习 3 的参考答案】

属于葛兰碧八大法则中的法则 2。

【练习 4 的参考答案】

属于葛兰碧八大法则中的法则 8。

【练习 5 的参考答案】

扣抵的 K 线下，会有一个三角形的符号。

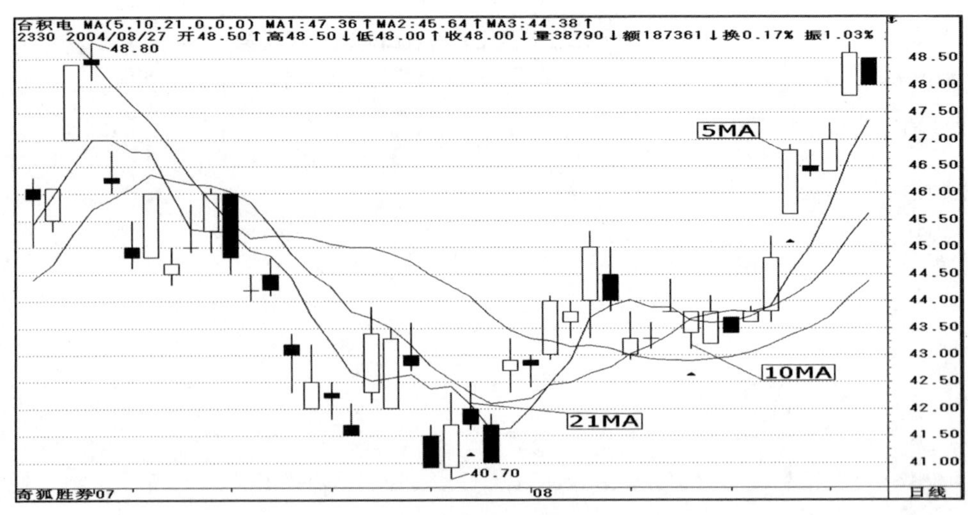

练习 5 的走势图

【练习 6 的参考答案】

A 转折参考价(明天参考价)＝2×46.4－43.8＝49

B 转折参考价(后天参考价)＝2×47－44.8＝49.2

C 转折参考价(大后天参考价)＝2×48.6－46.8＝50.4

【练习 7 的参考答案】

(50－20)×0.618＋20＝38.54

(50－20)×0.5＋20＝35

(50－20)×0.382＋20＝31.46

【练习 8 的参考答案】

操作策略为：伺机介入多单。

理由是：回文件到 1/2 的位置，对多头持续上涨是有利的。

练习 8 的走势图

【练习 9 的参考答案】

(68－56.5)×1.618＋56.5＝75.11

(68－56.5)×2.618＋56.5＝86.61

(68－56.5)×4.236＋56.5＝105.21

(68－56.5)×6.854＋56.5＝135.32

【练习 10 的参考答案】

当满足 6.854 之后的股价合理行为：进入盘整或是盘头。

而操作策略宜定为：此为高档风险区，持股准备逢高卖出手中多单，空手者保持观望，没有积极进场的理由。

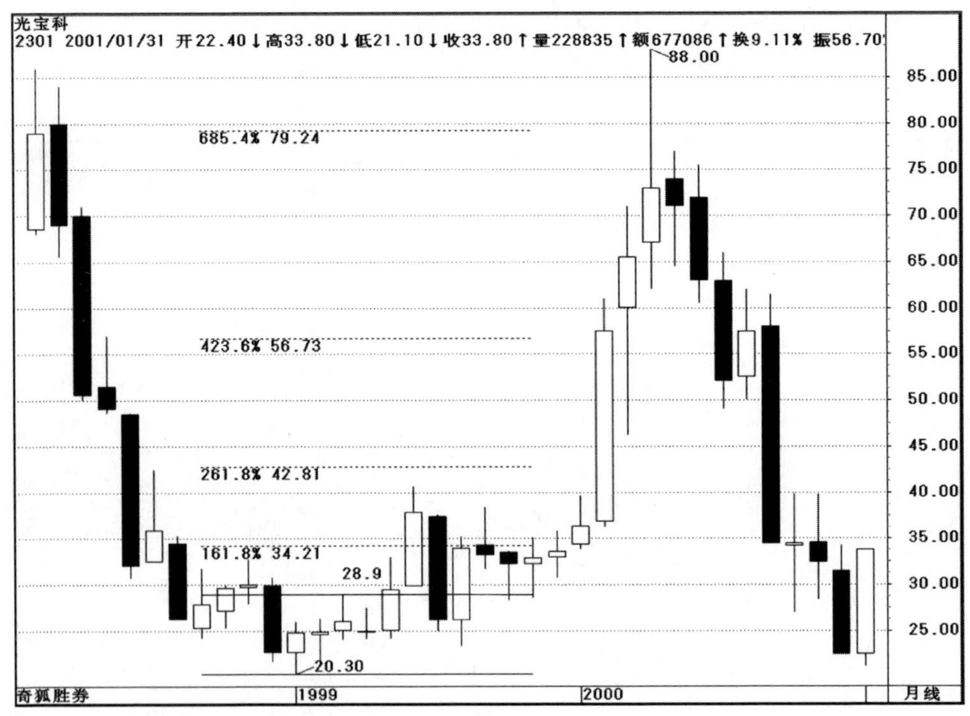

练习 10 的走势图